危機対応の社会科学
上 想定外を超えて

東大社研
玄田有史・
飯田 高 編

東京大学出版会

Social Sciences of Crisis Thinking Vol.1:
Getting over Unexpected

Institute of Social Science-University of Tokyo,
Yuji GENDA, and Takashi IIDA, Editors
University of Tokyo Press, 2019
ISBN978-4-13-030215-9

「危機対応学」刊行にあたって

危機対応の社会科学（「危機対応学」）は、社会に発生する様々な危機（クライシス）および社会そのものの危機的状況と、それに対する社会や個人の対応のあり方について、社会科学の観点から総合的に考察する新たな学問である（英語名はSocial Sciences of Crisis Thinking）。目的は、社会における危機の発生と対応のメカニズムの解明であり、同時にそこから危機を転機とするための諸条件を提示することにある。

その学問は、２０１６年度から開始された東京大学社会科学研究所（以下、東大社研）による研究プロジェクトの名称でもある。「危機対応の社会科学」が正式名称ではあるが、通称として危機対応学という呼び方が、開始以降、所内では使われてきた。

東大社研は、太平洋戦争終戦翌年の１９４６年（昭和21年）に設立され、２０１６年度はちょうど節目の70年目であった。１９４６年3月に起草された「社会科学研究所設置事由」では、「平和民主国家及び文化日本建設のための、真に科学的な調査研究を目指す機関」が構想され、日本における社会科学研究の面目を一新させることが、設置の目的とされた。根底には、戦争という人類にとって最悪の危機を、学問の観点や立場から防ぎ得なかったことへの、大学の役割に関する痛切な反省があった。

さらに東大社研では、日本と世界が直面している重要課題を研究テーマとして設定し、学内外の多くの研究者や実務家の参加を得つつ、3年から5年の期間をかけて進める「全所的プロジェクト研究」（以前は「全体研究」と呼ばれていた）を50年以上にわたって続けてきた。東大社研は、法学、政治学、経済学、社会学の研究者からなる研究所であり、専門分野基礎研究の力を結集し、総合的な社会科学研究を推進することを自らの存在意義と考え、社会科学の総合知を追求する〈学際的な共同研究の推進〉を活動の柱に掲げている。全所的プロジェクト研究は、この活動の根幹を成すものであり、2016年度から4年をかけて実施されてきたのが「危機対応の社会科学（危機対応学）」である。

研究所を挙げて取り組む全所的プロジェクト研究では、「基本的人権」「戦後改革」から始まり「転換期の福祉国家」「20世紀システム」「ガバナンスを問い直す」など、時代のニーズにあわせたテーマが適宜選ばれてきた。特定の専門分野を超えた研究テーマは、「今現在、日本と世界の人々にとって最も重要な社会的課題とは何か」について所内で議論を積み重ねた上で決定される。

一例として、2005年度から2009年度にかけて、全所的プロジェクト研究として実施された「希望の社会科学（希望学）」では、その目的が次のように述べられている。「21世紀に入り、『希望がない』という言葉をよく耳にするようになった。理由は何なのか。希望は、個人の心の領域にあるが、同時に社会の有り様ともかかわっているはず。どんな社会に希望は生まれ、失われるかを考えるのが、希望学だ。」このように希望学は「希望がない」という多くの人々が発する言葉や思いに向き合うことが契機だった。

それに対し、危機対応学は、現代の多くの人々が「危機に対応できそうにない」「危機が起きても自分（たち）は無力でしかない」といった意識や不安を抱いているのではないかという問いから着想された。危機には、戦争、侵略、恐慌、不平等、人口減少、自然災害、環境問題といった集団を脅かすものもあれば、健康、家族、仕事、教育、地域、人間関係にまつわる困難など、個々の生活に直結するものまで、様々な事態が含まれる。さらに、事実や確率として明確に認識された危機だけでなく、漠然と不安に感じていたり、言説こそ罷り通っているものの、はっきりとは同定できない危機もある。危機対応学では、人々により構築されてきた社会システムと関わる、あらゆる意味での社会的な危機を考察対象とした。

社会的な危機の意味合いは、個々や状況などによって異なるであろうが、いずれにせよ、そこでの危機とは「社会、組織、集団、個人等のその存立基盤が崩壊する可能性のある事態」と考えられる。そのような崩壊のおそれを前にして、「よくわからない」「どうにもならない」「考えたくない」といった諦念や厭世気分が、多くの局面で社会に広がりつつあるのではないか。危機対応のうち、対応を特定の事態に対する「なんらかの決定および行動」とすれば、危機に際し、事前と事後の両面において、ふさわしい決定や行動とは何かを「想定」すること自体、ますます困難となっているのが、複雑化する現代社会の特徴とも言える。

このような状況認識の下、危機の存在はいかに想定される（されない）のか、それに対するふさわしい対応とはいかに実行できる（できない）のかといった問いを、社会科学の知見を結集しながら、危機対応学では研究してきた。

シリーズ「危機対応学」は、4年に及ぶこれらの研究成果を取りまとめたものである。危機対応学では、テーマを特化し、岩手県釜石市を対象に、地域における危機の位相と対応を多角的に調査する総合地域研究と、国境を越えた危機のメカニズムを国際政治、国際法、国際経済の観点から分析する国際危機研究も行ってきた。本シリーズは、上下巻からなる危機対応の社会科学に関する学際研究と、これらの地域研究と国際研究各1巻の全4巻から構成されている。

危機対応学で考察してきた研究の多くでは、「危機はつねに管理可能である」と想定するのではなく、むしろ「危機はいつか起きる」「危機はときとして避けられない」と考えることを基本スタンスとしてきた。そのため危機対応学では、エンジニアリング的観点から、リスクを管理制御しようとするリスク管理論とは一線を画すことも意識した。

その上で、将来不可避的に訪れるであろう危機に対し、目をそらそうとするのでなく、かといって深刻になりすぎるでもなく、何とかなる（できる）と気負いなく受け止めて、やりくりしたり、ときにはやりすごしたりするための、社会的・個人的条件を探し当てることを目指した。各研究者によるその探求の成果が、本シリーズには収められている。

「危機対応学」全4巻では、現代社会が抱える危機のあり方について、社会科学の総合知による見通しを示すことを通じ、今後様々な危機が起こっても「対応できる」という手ごたえ、もしくはそのためのヒントを示していく。

東京大学社会科学研究所

はしがき

「危機対応の社会科学（危機対応学）」の発端は、東大社研の直近の全所的プロジェクト「ガバナンスを問い直す」にさかのぼる。同プロジェクトでは、ガバナンスをめぐる議論を、現代の世界および日本の抱える課題が凝縮したものと捉え、研究を重ねてきた。その結果、『ガバナンスを問い直す（Ⅰ）（Ⅱ）』（東京大学社会科学研究所・大沢真理・佐藤岩夫編、東京大学出版会、２０１６年）をはじめとする複数の書籍を刊行し、世に問うてきた。

その成果の一つに、『ローカルからの再出発――日本と福井のガバナンス』（宇野重規・五百旗頭薫編、有斐閣、２０１５年）がある。きびしい財政状況のなか、地域の課題を多様な主体間の連携や協働により解決し、公共サービスを行う「ローカル・ガバナンス」に、そこでは焦点が当てられた。具体的な検討では、県知事の立場に加え、国土庁の防災審議官として阪神・淡路大震災への対応に奔走した経験を持つ、西川一誠・前福井県知事への宇野重規によるインタビューも行われている[1]。そこでは数々の困難を経験してきた西川氏の災害哲学が、独自の表現で語られているが、そのなかに次の言葉があった。「危機は対応することはできるが、管理することなど絶対にできない」（２１１頁）。

加えて「危機（リスク）とは予測したり管理したりできないからこそ危機なのであり、それを統制したり管理したりするという発想は、人間として「厚かましい」と西川はいう。」「さらに西川は、災害に十分すぎるくらいに対応することは、ある意味でその後の災害に対する準備になるという」言葉も、宇野は紹介する[2]（同頁）。

危機への対応に関する考察のうち、多くの人々が思い起こすのは「リスク管理」もしくは「リスクマネジメント」

という言葉だろう。このうちリスクマネジメントについて、『中小企業白書（平成28年）』は、次のように定義する。「リスクマネジメントとは、リスクを組織的に管理（マネジメント）し、損失等の回避又は低減を図るプロセスをいい、ここでは企業の価値を維持・増大していくために、企業が経営を行っていく上で障壁となるリスク及びそのリスクが及ぼす影響を正確に把握し、事前に対策を講じることで危機発生を回避するとともに、危機発生時の損失を極小化するための経営管理手法をいう。」（225頁）。

白書では、リスクを「事象発生の不確実性」と定義、損失発生の危険性のみならず、新事業展開による利益または損失の発生可能性等を含むものとする（210頁）。だが、そもそも危機とは、不確実性の内容や度合いを正確に把握し、事前に対策を講じることが可能で、損失を極小化できるようなものばかりなのだろうか。

この点に関し、東大社研のなかで議論を積み重ね、むしろ管理や制御といった次元を超えたところにこそ、危機とそれへの対応の本質があるという考えに一定の合意を得た。そこで東大社研の全所的プロジェクトでは、管理や制御等とは別の観点から危機とその対応を考察すべく、2016年度より危機対応学を開始したのである（その経緯は「刊行にあたって」を参照）。

その意味で、危機対応学とは「危機というよくわからないものに対し、わからないなりに、いかに対応していくことが、ひいては人々の幸福や希望につながるか」を、学術的に考察しようとするものといえる。そこでは、従来のリスク管理論等とは異なる、法学、政治学、経済学、社会学に基づく考察を通じて、人々が様々な危機とその対応にまつわる不安に向き合うための新たな視座の提示を目指してきた。

このような問題意識を背景に、上巻の総説では編者の一人である飯田高によって「危機対応がなぜ社会科学の問題となるのか」が解説されている。危機は客観的に認知できるとは限らないことや、人間の意志や制度が生み出す危機のあり方などが語られ、危機を知ることは、結局のところ、人間およびその相互関係を知ることだと結ばれる。それは社会科学が探究してきた対象の核心に「危機」という、考えてみると得体が知れず悩ましくもあるが、それゆえに人間社会の未知なる構造の解明に不可避の存在があることを物語っている。

＊　　＊

「刊行にあたって」でも述べた通り、危機対応学は、社会に発生する様々な危機および社会そのものの危機的状況と、それに対する社会や個人の対応のあり方について、社会科学の観点から総合的に考察する新たな学問である。本上下巻は、全26章の論考から構成される。論考は、それぞれの専門分野に危機への対応という論点を改めて位置づけることで、自身の研究の更なる深化を模索したものである。社会科学の各分野に精通した読者にとっても、専門以外の論考も含め、各章は新鮮で読み応えのある内容になっていることを、編者として確信している。

考察対象は、自然災害、政治紛争、憲法改正、財政赤字といった、社会全体にかかわるものから、契約変更、会社再生、金融問題など、一部に突如降りかかるものもあれば、職場のパワハラ、家庭・地域問題などの身近なものまで、実に多様である。読者は、目次を参考にしつつ、関心のあるテーマから自由にお読みいただければと思う。

上下巻の各章冒頭には、危機対応を考察する上でのエッセンスを、著者の了解をもとに三つのポイントに編者がまとめ、「本章の視座」として添えた。その内容を道標に、より詳しい内容は、各章の本文を熟読いただくことで十分に満足していただけるはずである。

さらにプロジェクトでは、それぞれが独自の観点から自由自在に研究を進めると同時に、四つの共通軸を設定し、考察を行ってきた。

その第一の軸が「事前と事後」である。危機への対応は、事態が生じる前の事前的なものと発生後の事後的なものへと分類される。ただそれらは多くの場合、独立した関係にあるわけではなく、何らかのかたちで関連し合っている。

事前のあり方によって、危機後の反応が影響されることもあれば、事後のあり方が、将来の事前準備を左右することもある。事前と事後の対応に適切な関係性が構築されているならば、危機へのふるまいも望ましいものとなるだろう。

第二の軸は「個別と集団」である。危機への対応として、個々人がいかにベストな選択をしても、社会全体の集団からみたときに、それが最適な結果をもたらすとは限らない。個別選択の総和が集団による帰結と合致しない例は、経済学が考察してきた、市場の外部性や公共財の過剰利用、マクロ経済における消費に関する合成の誤謬などがわかりやすい。個別と集団の乖離は、非効率な資源配分や不況克服を困難にする等、経済停滞の原因となるが、他の種類の社会的危機の考察にも応用できる可能性がある。その上で、個別と集団の両方にとって望ましい状態を実現する方策を明らかにすることが求められる。

第三の軸は「確率と意識」である。高度に情報化された社会では、将来の地震確率など、自然科学の知見に基づく災害発生の客観確率の最新情報などを、日常的に目や耳にするようになった。一方、災害の発生が確率的に高くても、潜在的な当事者が十分に意識していなかったり、意識はしても行動につながっていないというのも珍しくない。危機管理という観点から客観的な確率情報の提供に努力しても、それを意識して受け止め、適切な行動につながらない限り、対応は不十分となる。だからこそ、人々の意識の形成とそれに基づく人間行動の解明といった社会科学的考察が不可欠である。

そして第四の軸として考えられるのが「事実と言説」である。危機対応には、つねに「それは本当に危機なのか」「だとすれば、どのような意味でなのか」といった根源的な問いが含まれてきた。危機には、客観的な事実が忍び寄っていることもあれば、必ずしも実態を伴わないまま言説だけが独り歩きすることもある。憲法改正をめぐって取り上げられることも多い「緊急事態」も、事実と言説の間で揺れ動く典型だろう。危機に適切に対処するには、事実と言説の違いを見極める知恵が社会に生きる一人ひとりに求められることになり、そのためのヒントを提示することも社会科学の重要な役割となる。

各章の冒頭では、本章の視座に併せて、それぞれが四つの共通軸のうち、いずれと密接に関連しているかが示されている。これらの軸に沿って興味のある内容から読み進めていくことも、上下巻から豊富な示唆を得る方法の一つとしてお奨めしたい。

＊　＊

はしがきの最後に、上下巻全体を俯瞰する上での、危機対応学のキーワードの一つを紹介しておきたい。それは「想定」である。

以前に東大社研で全所的プロジェクト「希望の社会科学（希望学）」を展開した際、希望を考える上でのキーワードだったのが「挫折」だった。アンケートを分析してみると、過去に大きな挫折を経験している人ほど、希望を持って現在行動している傾向がみられた。様々な挫折経験を踏まえつつ、希望の再生に挑み続ける地である岩手県釜石市での包括的な調査は、今も続けられている。それらの成果は『希望学』全4巻（東大社研・玄田有史・宇野重規・中村尚史編、２００９年）、『〈持ち場〉の希望学――釜石と震災、もう一つの記憶』（東大社研・中村尚史・玄田有史編、２０１４年）等として、東京大学出版会より刊行された。

希望と挫折に表裏一体の関係があるように、危機対応と想定にも密接な関係が考えられる。危機をどのように認識し、それを踏まえた対応をいかに行うか（行わないか）は、将来や周囲の状況に対する人々の想定によって異なる。不確かな未来や環境について、与えられた情報をもとに一定の判断を行うことには、「予想」「期待」といった言葉が与えられてきた。想定とは、予想や期待の形成そのものであったり、ときにはそのあり方を定める枠組みや基盤などを指すこともある。

総説に示されている通り、危機に対する行動の前提には何らかの「目標意図」の形成があり、その形成には状況に対する「認知」が影響する。さらには目標意図のみならず、反応することへの種々の「評価」も行動を左右する。これらの目標意図、認知、評価が相互に関連し合いながら、人間の意思と同時に社会の諸制度によって、想定は形づくられる。

想定が社会でいかに形成され、それが社会にどのような影響をもたらすかは、社会科学が始まって以来の重要な問いとして、今も存在し続ける。危機への対応を考察することは、想定のあり方という社会科学最大の謎の一つに迫ることでもあるのだ。それゆえ上巻の副題には、困難な事態を「想定外」という言葉で安易に片づけてはならないという、本書の共通した意図と姿勢が込められている。

なお、プロジェクトでは2018年に『危機対応学——明日の災害に備えるために』（東大社研・玄田有史・有田伸編、勁草書房）を既に刊行している。「明日の災害に備えるために」を副題とする同書は、東大社研と長く共同研究を続けている岩手県釜石市の市民・職員の協力を得て実施した、自然災害に関する防災意識・行動・価値観についてのアンケート調査を分析・考察したものである。そこでは発災後に「一体どのような事態が起こり得るのか」といった想定を事前に共有することの大切さと共に、その共有が実際にはいかに難しいかを率直に指摘した。その上で危機が発生した際に必ず生じる対立の構図に思いをめぐらし、優先順位をできるかぎり事前に決めておくこと等、実践的な対応が慎重に提案されている(3)。

本書の読者には、上下巻にわたる考察を通じ、難題の解明に向けて奮闘する研究者の姿と思いを垣間見つつ、危機対応の社会科学という新たな学問の可能性を感じていただければ幸いである。

2019年10月

玄田有史

注

（1）宇野重規「現代的知事の誕生？――西川一誠福井県知事を事例に」第9章。

（2）西川氏には全所的プロジェクト「希望の社会科学（希望学）」の福井調査でも誠にお世話になった。福井調査の詳細は『希望学　あしたの向こうに――希望の福井、福井の希望』（東大社研・玄田有史編、東京大学出版会、２０１３年）を参照の事。

（3）有田伸「限られた物資をどう配分するか？――危機時の配分という課題」第7章。

危機対応の社会科学　上 ——想定外を超えて／目次

第II部　危機と政策

第III部　危機と組織

危機対応の社会科学　下——未来への手応え／目次

総説　危機対応がなぜ社会科学の問題となるのか

飯田　高

一　はじめに――本章の目的

危機については、すでに多くの学術分野が研究を重ね、多種多様な議論を展開してきた。それに加えて、危機管理論やリスク管理論など、分野横断的に危機を考察する学術領域もある。その中で「危機対応の社会科学」を試みる意義はどういうところにあるのだろうか。

本章は、「危機」の概念を私たちがどう捉えているか、次いで「対応」が何を意味するのかを説明し、どのような点で社会科学が独自の貢献をなしうるのかについて検討することを目的とする。もっとも、本章の記述は私個人の見解に基づいており、危機対応学プロジェクトの意見を代表するものではない。

社会科学からの貢献と言うと、規範的・政策的な議論や提言をするということがまず頭に浮かぶかもしれない(1)。もちろんこれらは重要な貢献のひとつであり、本書でも幾編もの論考がこのような議論や提言を行っている。

しかしここでは、社会科学のうち事実解明的な部分に照準を合わせ、規範的・政策的な議論や提言の基盤となる事実認識に社会科学からの知見がどのように寄与するのかを論じる。どうして社会科学的な知見が危機対応を考えるうえで必要になるのか。社会科学は、危機というものを見る視点をどのように豊かにしてくれるのか。そして、進むべき道を探る際に社会科学はどう役立つのか。こうしたことを考えるための踏切板の役目を本章が果たせればと思っている。

二　危機

1　「危機」の意味

本プロジェクトでは「危機」の明確な定義を先に与えることは避け、「危機」という言葉によって喚起される現象をできるだけ幅広く捉えようとしている。本書の冒頭（「刊行にあたって」）では「社会、組織、集団、個人等の存立基盤が崩壊する可能性のある事態」と表現されているが、これにいかなる範囲の事態が含まれると考えるかは人によって異なるだろう。

すぐ後で述べるように、歴史的にも「危機」は多様な意味を有してきた言葉である。ただどのような意味であるにせよ、ネガティブな事態を指している点では共通しているのではないか、と思われるかもしれない。しかし、「危機」はつねにネガティブなイメージだけを背負ってきたわけではない。

「危機」に関しては、次のようなことが言われる。「中国語では、crisis という言葉は二つの漢字から成り立っている。ひとつは危険（danger）を意味し、もうひとつは好機（opportunity）を意味する」。アメリカ合衆国ではこのような言い回しが政治やビジネスの場面でしばしば使われる。たとえばアル・ゴア（Albert Gore Jr.）の『不都合な真実』でもこの漢字の話が紹介されており、同書の主要なメッセージのひとつを構成していた（Gore 2006）。もう少し時代を遡ると、ジョン・F・ケネディがこの「crisis=danger+opportunity」というフレーズを１９５９年と１９６０年の演説で使用している。

アメリカの言語学者ベンジャミン・ジンマー（Benjamin Zimmer）の指摘によれば、このフレーズは第二次世界大戦期に使われ始めたようである。１９３８年、中国在住の宣教師向けのジャーナルである*Chinese Recorder*の匿名記事に「crisis は中国語で“danger-opportunity”（危機）である。危険がなければ好機もない。……」という文章が記された。この文章を参照したのかは定かではないが、ジャーナリストのドロシー・トンプソン（Dorothy Thompson: 1893-1961）が１９４０年にワシントン・ポスト紙で「crisis は“Danger Plus Opportunity”」であると書いており（図総－1）、そこから人口に膾炙していったらしい。[2] 危機感の蔓延する当時の社会状況は、フレーミングの変化を促すこの言葉が飛び火していくのに十分な土壌を備えていた。

図総－1　“Danger Plus Opportunity”（ワシントン・ポスト紙より）

実のところ、「危機」の「機」が「好機」を意味すると言い切ってよいのかは疑問である。「機」は多義的な文字であり、「危機」の「機」は「きざし」や「きっかけ」くらいの意味であろう。アメリカ国内でも、「crisis=danger+opportunity」説は誤解だという批判も少なくない。[3] だが、どうにかして「危機」の中にポジティブな側面を見出そうとする人々がいて、そのニーズを満たすものがちょうど発見され、多数の人々に伝播していったことはそれ自体として興味深い。

しかし、「危機」のネガティブな側面を緩和したいだけであれば、わざわざ漢字に助けを求める必要はなかった。crisis は古代ギリシア語の krínō（κρίνω）に由来するとされる(4)。これは「判断する」、「選り分ける」という意味の動詞で、もともとは評価的な成分の伴わないニュートラルな言葉であった。この krínō が名詞になったのが krisis（κρίσις）である(5)。

krisis は、法廷用語では「判決」、医学用語では「分利」を意味していた。「分利」とはギリシアの医学者ヒポクラテス（Hippokrátēs: c.460-c.370 BC）が頻繁に使った言葉で、病気が快方に向かうか悪化するかを分けるターニングポイント、つまり快復と死の分岐点を指している(6)。ヒポクラテス医学においてはこの「分利」がどんな条件のもとで観察される傾向にあるかが考究の対象とされていたから、「分利」という概念で表される現象はきわめて重要であった。ここでは、「分利」が悪い方向へ行く起点であると同時に良い方向へ行く起点でもあるということに注意しておこう。

この krisis がラテン語に流入し、フランス語を経た後に英語の crisis になる。crisis は長らく医学用語のままだったが、17世紀になって医学以外の領域でも次第に使われ始めた。ただし、その段階では相変わらずニュートラルな概念であり、単に「決定的な分岐点」を意味していた。

ところが、19世紀の初めに政治や経済について crisis の語が使われるようになると、いくつかの面で意味の変化が生じる(7)。まず、分岐点という一時点だけではなく、その分岐の結果として起こる後続の出来事も crisis に含まれるようになった。すなわち、crisis は時間軸上の一点から一定の幅をもつものへと変わったのである(8)。そして、後続の出来事の中でも不安定な状況、したがって好ましくない状況を指す用例が徐々に増えていった。たとえば、ジョン・スチュアート・ミル（John Stuart Mill: 1806–1873）の『経済学原理（*Principles of Political Economy*）』には「大多数の貿易業者や商人が同時にその債務を履行するのに困難を感ずるか、あるいは困難を感ずる恐れをもつ場合、それは商業恐慌（commercial crisis）が発生したと言われる」と書かれている（Mill 1848, Book3, Ch. XII, §3［訳書第3巻178頁］）。こうなると、crisisはもはや分岐点ではなく、避けるべきものとして私たちの前に立ちはだかっている。

要するに、crisisがもっぱらネガティブなイメージを帯びるようになったのはこの200年ほどのことである。では、なぜそのような用語の転用と意味の変容が起きたのだろうか。その理由として考えられるのは、私たちの社会認識ないし世界認識のあり方が19世紀以降に大きく変化してきた、という事情である。その話に入る前に、現在の私たちがどのような事態を「危機」だと思っているのかについて概観しておくことにしたい。

2 「危機」の外延

現代では、「危機」という言葉で表される現象は非常に広範囲にわたっている。先に挙げたゴアは自然環境の危機（なかでも地球温暖化）、ケネディは複雑化する世界情勢におけるアメリカ合衆国の危機、そしてトンプソンはナチスの膨張政策がもたらす危機をそれぞれ問題としていた。

今の日本では、自然災害・天災による危機がおそらく最も想起されやすいだろう（有田 2017）。[9] ここ何年かのニュースをざっと眺めるだけでも、戦争や内乱の危機、政治体制の危機、食糧危機、経済・金融の危機、企業・組織の危機、雇用危機、地方・地域コミュニティの危機、家族の危機、個人の生命や健康に関わる危機などを挙げることができる。最近になって指摘されるようになったものとしては、たとえば「医療危機」（真野 2017）、「老後破産の危機」、「長生きリスク」、あるいは「きょうだいリスク」（平山・古川 2016）などがある。「危機」や「リスク」の言葉の意味がまるで無内容であるかのように感じられてしまうくらい、私たちの身の周りにはこの言葉が溢れている。[10]

なお、「リスク」と「危機」がどのような関係にあるのかはひとつの論点だが、本章では「危機」の定義づけを差し控えている以上、リスクとの関係を厳密に考察することはしない。[11] ただ、リスクは将来生じうる悪い事態を指すことが多く、リスクがあるからと言って現に危機が生じているわけではない、ということだけ押さえておけばよい。

本書が扱う「危機」にもまた種々のものがある。自然災害によって引き起こされる危機[12]はもちろんのこと、国際政治における危機[13]、国内外の経済・産業に関する危機（銀行の危機、電力・エネルギーの危機、資源危機、財政危機[14]）、組織内外の危機（企業の経営危機、労働環境の中の危機[15]）、社会構造上の危機（少子高齢化、移民問題、教育格差、社会の分断[16]）、そして個人の生活を直撃する危機（登山中の危機、貧困問題、家庭内の危機[17]）などが順次取り上げられる。

以上の「危機」の中には、「個人にとっての危機」と「集団・組織・社会にとっての危機」とが混在している。後者の危機が前者の危機に還元し尽くされる場合もあるが、たとえば地域コミュニティの衰退や少子高齢化が「個人にとっての危機」にどうつながるのかは必ずしも明白ではない[18]。他方、一見すると「個人にとっての危機」のように思えるものが、実は社会的に形作られており、「集団・組織・社会にとっての危機」に起因している、という場合もある。たとえば、個人が経済的に窮乏するようになる原因は、その人の職業選択や貯蓄行動にあるのではなく、社会のしくみにあることが多い。「危機」のうちの少なくとも一部は、人と人との間で構築される集合的な現象なのである[19]。

3 「危機」を認識する

集団や組織、あるいは社会にとっての「危機」というものはわかりにくい。特に社会の「危機」はそうである。何が社会の存立の鍵となるのか、何をもってして社会の「危機」と考えるかは人によって違う。そのため、「危機」を示す指標も一意には定まらない。そしてまた、今述べたとおり、社会の「危機」と個人の「危機」とがどのように結びついているのかも不明瞭であることが多い。気づいたときにはすでに手遅れになっている場合もあるし、逆に単なる杞憂にすぎなかったという場合もある。

本節第1項で、19世紀から政治や経済について crisis が応用されるようになったと述べた。この19世紀は、近代社会が自己認識をし始めた時期にあたる[20]。つまり、18世紀末のフランス革命を経て、知識人たちが社会変化の動因や個人と社会との関係を真剣に問い、社会諸科学が次々と誕生した時期である。

政治や経済に潜む問題を認識するためには、社会というもの——それが具体的に何を表すにしても——をいったん対象化しなければならない。ちょうど医学が人体を対象としてcrisis＝分利のありかを見極めていたのと同じように、社会を対象としてcrisis＝分岐点のありかを探り当てる必要がある。

人体の不具合やその原因を特定するのもときに難しい仕事となるが、社会の不具合を発見してその原因を突き止めるのはなおのこと難しい。しかし、社会を改善していくうえでは、政治や経済を不安定にさせる要因および因果連鎖をぜひとも究明しなければならない。つかみどころのない社会というものに対する関心が高まり、社会が対象化されたということが、crisisの転用と意味の変容が進んだ第一の理由と考えられる。

第二の理由としては、人々を取り巻く世界や人間関係の構造が変動するとともに、不安の形成のされ方もまた変わってきた、という事情が挙げられよう。近代以降でこの点に大きく寄与したのはマスメディアであった。18世紀に普及していた新聞は19世紀に入ってさらに大衆化し、書籍とともに世論を作る役割を果たしていた。そこで関心の的となりやすいのは、良い方向ではなく悪い方向へと向かうほうの分岐点である[21]。

集団・組織・社会の「危機」の多くは、間主観的（共同主観的）に形成される。つまり、個人の主観的な危機意識がメンバーの間で相互に共有されることによって、集団・組織・社会の「危機」が認識される。事実により裏づけることが困難な「危機」であれば、この間主観性は「危機」の帰趨にとって特に決定的な要素となる。たとえば、国際関係における危機や金融危機は、人々が共有する信念（belief）によって引き起こされたり終息したりする（Gennaioli and Shleifer 2018）。

危機意識がこのように間主観的にできあがるものだとすると、その過程でマスメディアは無視しえない影響を与えるはずである。マスメディアによるアジェンダ設定、情報の選択、あるいは情報提供のしかたを通じて人々の危機意識が増幅され、実情とは乖離した「危機」が現出する可能性がある。逆に、マスメディアに取り上げられない問題は、仮に現実には深刻な事態が進行していたとしても、「危機」としては顕在化しにくくなる。

とはいえ、人々の間主観的な危機意識は何もマスメディアによってのみ形成されるのではない。個人にとって情報源となるのは、家族、友人・知人、近隣住民、同僚、仕事上の関係がある人、たまたま会った人、通りすがりの人など、実にさまざまである[22]。どの情報源が優位になるかは、社会構造およびその構造における個人の位置に依存する。したがって、危機意識の形成のされ方は社会構造のあり方と相関していると考えられる。

このように見てくると、「危機」の研究とはすなわち私たちの社会を反省的に捉えることだと言える。言い換えれば、今までの「危機」を詳細に追究することは、近現代以降の私たちの社会の特質を踏まえて人々の相互作用の有り様を明らかにしようとすることにほかならない。

三　対応

1　「対応」——個別的対応と集団的対応

危機の認識と対応との間には大きな隔たりがある。仮に危機を認識できたとしても、現実に対応行動をとるようになるまでにはまだ何段階かのステップが残されている[23]。

まず、（a）危機を避けたりそこから脱出したりすることができると思えなければ、対応行動はそもそも選択肢に入ってこない。また、（b）対応する責任が自分にあると考えているかどうかも対応行動に影響する。さらに、対応行動が実行可能だったとしても、（c）自分にとっていかなる利益と費用が伴うか、（d）当該対応行動が周囲の人々や社会によってどれだけ是認・否認されるか、といった諸要素によって、実際に対応がなされるか否かが左右されるだろう。

これらの点に関しては、環境配慮行動とその規定因の連関を示したモデルが参考になる。広瀬（1995）は、環境配慮行動を説明する先行のモデルを検討した後、「目標意図の形成」と「行動意図の形成・行動の実行」の二段階からなる要因連関モデルを提示している[24]。この要因連関モデルにおいては、環境問題の認知は目標意図の形成に影響する一要素にすぎない。上述の（a）は「対処有効性認知」、（b）は「責任帰属認知」、（c）は「便益費用評価」、そして（d）は「社会規範評価」という名称が付けられている。（a）と（b）が目標意図を形成する局面に、（c）と（d）は行動を起こす局面におのおの関係する。

要因連関モデルとパラレルなモデルを作るとすれば、図総-2のようなモデルとなるだろう。広瀬（1995）のモデルのうち、「環境リスク認知」を「危機の認知」に、「環境配慮行動」を「危機対応行動」に置き換えてある。

個人の対応行動を説明する限りでは、このままでも差し支えなさそうである。しかし留意すべきなのは、危機に対応する行動は個人によるものとは限らず、集団による危機対応行動を視野に入れる必要がある、という点である。各人による個別的対応の他にも、集団的対応、そして（集団的対応の一形態として）制度的対応がある。

環境配慮行動の場合は、個人がそうした行動をとることは通常は望ましい。少なくともマイナスの評価は受けないだろう。個人の環境配慮行動は自然環境の改善に資する可能性が高く、その意味では個人の行動と最終的な目標との関係はさほど複雑ではない。

しかし、危機対応行動一般という話になると、個人の行動が危機対応に首尾よく結びつくかどうかは微妙である。個人の危機対応行動が集団や社会の利益とどのように関係するかは場合によって異なる。個人でそれぞれ対応するほ

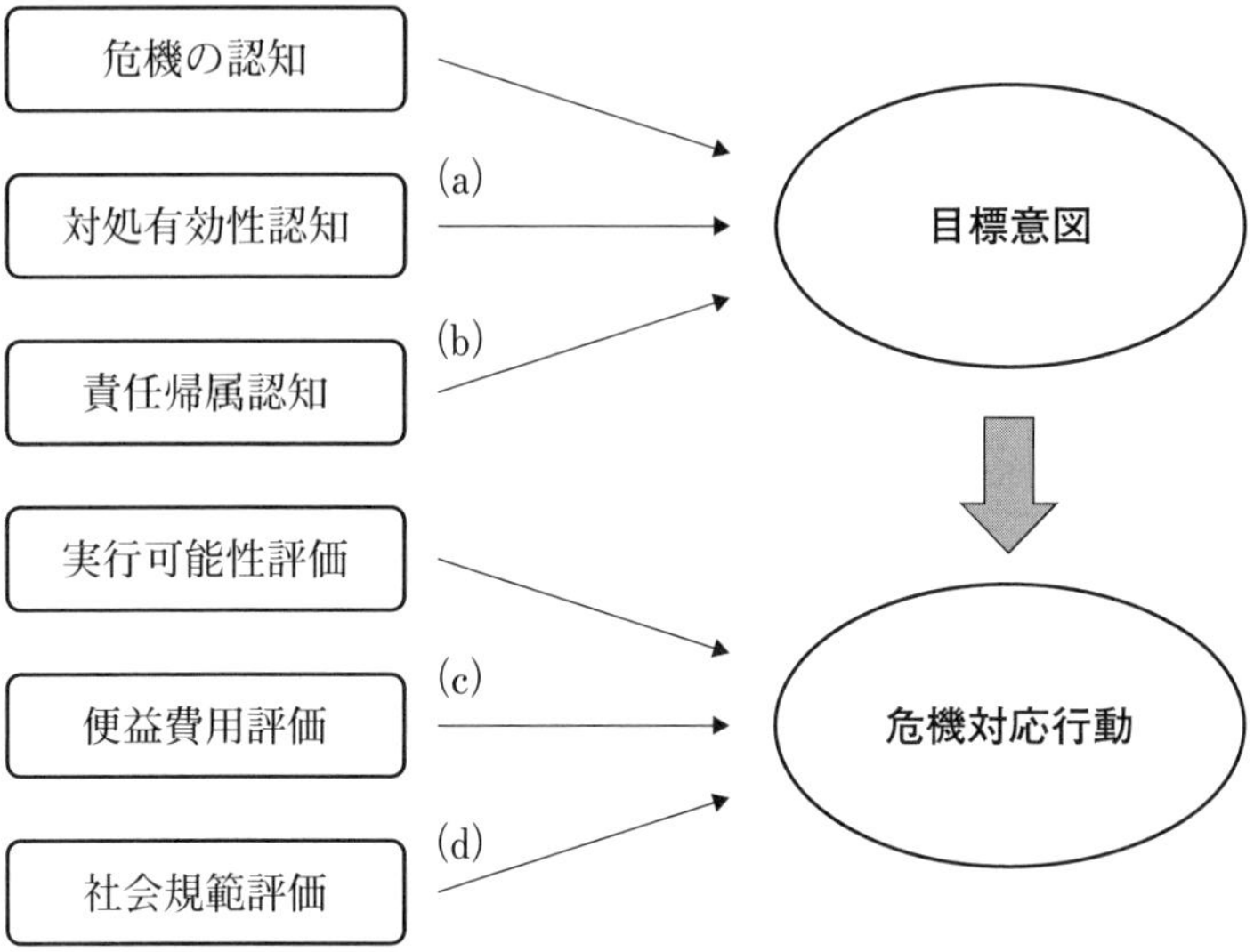

図総－2　危機対応行動の要因連関モデル

出所）広瀬（1995, p.44）をベースにして，要素の名称と順番を並べ替えている．

うがよいという場合もあれば、個人による対応行動は抑制して集団での対応を優先させたほうがよいという場合もある。

たとえば、三陸地方に伝わる「津波てんでんこ」「命てんでんこ」は前者の例として挙げられる[25]。これは、津波が来たときは各自がてんでんばらばらに行動し、自分の命は自分で守るべきだと説く標語である。他の人のことよりも自分のことを気にかけるべきだという含意があるために、この標語に抵抗感をもつ人たちもいるようである（及川　２０１７）。しかし、津波が襲来している場面では、自分を守ることが結果的に他の人、ひいては集団や社会を守ることにつながる。

それとは対照的に、集団的対応が個別的対応よりも望ましい場合もある。チームを作って緊急事態に対応しなければならないときは、個別の判断に任せると対応行動が互いに干渉したり空隙が生じたりするおそれがあるので、各人の行動を調整する必要がある。具体例としては、救急医療、感染症対策、バケツリレーなどを挙げることができる。適切な役割分担やメンバー相互の信頼が対応の成否に関わってくるときは、個別的対応よりも集団的対応のほうが一般には好ましいと考えられる（ただし、個別的対応と集団的対応は二者択一の関係にあるわけではなく、実際にはハイブリッドになっていることが多い）。

集団的対応においては、（ⅰ）いかにしてメンバー間で目標意図を共有するか、そして（ⅱ）集団としての危機対応行動をどのように実現するか、ということが課題となる。[26] 関係するメンバーの数が多ければ多いほど、（ⅰ）および（ⅱ）の課題はどちらも越えがたいハードルとなる。

これらの課題を解決して危機に対応するために人間が築いてきたのが諸々の社会制度である。[27] 集団的対応の中でも、制度による対応は見逃すことのできないカテゴリーを構成している。そこで、項を改めて制度的な対応について簡単に検討しておく。

2　制度的対応

ここで言う「制度」は、人々の行動を規整するルールの体系を漠然と指す。法制度などのいわゆる「フォーマルな制度」が典型であるが、慣習などの「インフォーマルな制度」も含んでいる。そのような制度は政治過程の結果として生まれたり、人々の相互作用を経て一種の均衡として定着したりする。企業などの組織の内部にあるルールもここでの「制度」に準じて考えてよい。

図総‐2の要因連関モデルでは（a）～（d）を危機対応行動に影響を与える要素として列挙したが、これらの要素はいずれも制度と深く関連している。

（a）の対処有効性認知とは自分の行動が目標の実現にとって何らかの効果をもっているという認知であるが、もしその目標を実現するための制度が存在していれば、個人の対処有効性認知は高まる。たとえば、老後の生活を保障するための年金制度がある場合、その制度に従った行動をとる（つまり年金保険料を支払う）ことが老後破産を回避するのに役立つと考えるのが普通であろう。

また、多くの制度はメンバーに役割を付与して責任の所在を明確にする機能をもつので、（b）の責任帰属認知にも関連する。ある特定の危機に対応すべき地位にいる人は、そうでない人と比べて対応行動をとりやすくなる。

行動意図の形成や行動の実行の局面でも、関係する制度があるかないかは重要な変数である。もし制度がある対応行動を奨励していたり、その行動をとらなかった人に対して制裁を科したりするのであれば、制度の有無は（c）の便益費用評価に直結する。そうした奨励や制裁がない場合であっても、制度を通じて対応行動を促進する物的環境が整備されていれば（避難場所の確保や防火水槽の設置などが例）、当該行動に随伴する費用は小さくなる。

最後に、制度は（d）の社会規範評価にも影響を及ぼす。制度が存在していれば対応行動は人々によって是認されやすくなり、逆にそれに反する行動は否定的に見られる可能性が高くなる。社会規範評価に影響を与える因果経過としては、制度が正統性をもつためにその制度が指示する行動が適切で望ましいもののように思えてくるという道筋や、周囲の人たちが当該行動を採用し始めたために自分も同じ行動をとる必要性を感じるようになるという道筋があるだろう。

制度的対応に関する注意点をここで二点記しておこう。第一に、以上は個別的対応と制度的対応の方向性が一致していることを前提としていたが、もし両者が整合しなければ、制度はそのまま阻害要因として作用することになる。

第二に、制度的対応を担当する主体はあらかじめはっきり定まっているとは限らない[28]。危機に対応しているうちに、対応にあたっている当の主体が変容していく、ということもある。社会的・政治的混乱の収拾にあたる当局が利害を異にする人々から構成されていると、事態の展開とともに権限や力関係が変わっていくかもしれない。

3　対応に関連する諸因子

本節第1項で触れた要因連関モデルを危機対応の場面に応用する際、特に行動の評価の部分に関してはより多くの要素を考慮するのが有益である。この数十年の間にさかんに行われてきた行動科学研究（心理学的研究を含む）は、危機対応における意思決定についても豊富な示唆を与えてくれる。

ここでは、円滑な対応を阻害しうる要因として、（1）危機を見ようとしない傾向、（2）危機を求めようとする傾向、（3）一貫性を保とうとする傾向、の三つを取り上げておきたい。これらの傾向は個人の対応行動に見られるばかりではない。制度による対応行動においても以下の傾向は同様に観察され、場合によってはより強い形で現れて危機対応を妨げる原因となる。

（1）危機を見ようとしない傾向

人間は緊急事態に対していつも鋭敏に反応するわけではなく、普段の状況の延長線上のものとして捉える傾向がある、と言われる。この傾向は一般に「正常性バイアス（normalcy bias）」と呼ばれており、近年では震災や事故のときの人々の行動を説明するために使用される概念となっている。[29] 異常な事態が起きていること自体は認識していても、通常の事態との差異を軽視してしまうと、適切な対応行動には結びつかなくなる。

正常性バイアスに加えて、「意図的無知（deliberate ignorance）」と呼ばれる現象も危機対応上の論点を提供する（Hertwig and Engel 2016, Gigerenzer and Garcia-Retamero 2017）。アリストテレス『形而上学』の劈頭には「すべての人間は知るを欲する」と書かれているが、実際の人間はさまざまな理由によって「知る欲求」を放棄し、むしろ知らないままでいることを意識的に選択する。

知りたくないと思う理由の中でも重要なのは、①知ったところで対処のしようがないこと（換言すれば、対処有効性認知が弱い事柄）を知っても後悔するだけだからという理由、②知ることが多すぎると認知的資源が追いつかず情報を処理できないからという理由、そして③社会的または法的な責任を負うのを回避したいという理由、であろう。(30) 「意図的無知」は基本的には個人の意思決定で見られる現象だが、集団や制度による意思決定でも同様のことが起こりうる。

集団や制度のレベルになると若干のひねりが加わり、④知り得た情報を悪用されたり、メンバーの不利益になったりするおそれがあるからという理由も重要性をもつようになる。この④の理由は、上記③とも相まって、望ましい危機対応のあり方をめぐる議論を巻き起こすことがある。２０１１年、鳥インフルエンザＨ５Ｎ１ウイルスを哺乳類に感染させる遺伝子変異についての論文が、アメリカ合衆国のバイオセキュリティに関する国家科学諮問委員会（ＮＳＡＢＢ）から一部削除の勧告を受ける、という出来事があった。(31) その後、Ｈ５Ｎ１ウイルスの変異の研究は当分の間自粛されることになった（Fouchier, García-Sastre, and Kawaoka 2012）。この出来事の裏には、バイオテロに利用されうる研究に税金を投入していることについて、合衆国政府や国立衛生研究所（ＮＩＨ）の責任を問う動きがあったと言われている（田代 ２０１２、98頁）。

いずれにしても、危機に関係する情報は時間の経過とともに右肩上がりで増加・蓄積されるのではなく、情報が行き渡る前に事態が進行している可能性がある。

（２）危機を求める傾向

今述べた点とは反対に、危機を求める心もある。

１９３０年代初めの日本は、世界恐慌の影響による農村の窮乏、植民地での民衆反乱、さらには満州事変をはじめとする国際的緊張を背景に、「非常時」であるという雰囲気が社会に充満していた。石田（１９８４、１２７頁）によると、「ある種の緊張感を求める欲求が『非常時』という言葉の背後にあることは否定できない」。社会には危機を求める人もいる。少なくとも、「危機」や「非常時」が自らの利益になるという立場の人はどこかにいて、戦時中も例外ではなかった。

人々にはリスク回避傾向があるとよく言われるが、刺激を追求する傾向も同時に持ち合わせており、場合によっては（あるいは人によっては）後者が優越することがある。心理学者のマーヴィン・ズッカーマン（Marvin Zuckerman; 1928–2018）は、新奇で複雑な経験や感覚を追求して身体的・社会的・法的・金銭的なリスクをとろうとする特性のことを「刺激欲求（sensation seeking）」と名づけ、欲求の強さを測定する尺度も開発している（Zuckerman 1979, 2009）。

個人の刺激欲求は集団内の相互作用によって抑制されることがあるが、増大していく可能性もあることには注意すべきである。集団内部での討議は極端な方向に流れやすいということが社会心理学や政治学では指摘されている（集団極性化現象、group polarization）[32]。仮に危機を煽ることについて特別な利害をもつ人がいなかったとしても、集団はハイリスク・ハイリターンの決定を下す場合がある（リスキーシフト、risky shift）[33]。こうなると危機対応は異なった様相を呈することになる。

（3）一貫性を追求する傾向

一般に、「ぶれずに一貫していること」は望ましいとされる。他の人だけでなく、自分の意思や行動も一貫したものであってほしいと思うのが人間の心理である。これは心理学で「一貫性原理（consistency principle）」と呼ばれる[34]。

危機と言われてもおかしくはない状況（準危機的状況）に直面しても、従来は特段の措置を講じていなかったとしよう。このような場合、今回だけ違う措置を講じて何らかのアクションを起こすのには躊躇を感じるかもしれない。人間は過去の自らの選択を基準点として参照し、従前と類似の選択をしがちである。行動を起こさないという選択が過去になされている場合は特にそうである。

避難勧告や避難指示を無視したり、大事故に至る前の初期段階で現れる小さな兆候を放置したりする原因は、部分的にはこのような思考に帰すことができる（森・星 2017、16頁）。危機の深刻さの程度は離散的ではなく連続的である。グラデーションがある中で対応するか否かを分ける境界線を引くのは人間にとって厄介な作業なのである[35]。

制度的対応においては、この一貫性原理が随所に顔を出す。今述べた決定基準の一貫性の他に、異時点における決定の間にも一貫性が求められる。ひとたび下した決定はなかなか覆すことができず、過誤を認識できたとしても引き返すのはしばしば困難になる。これは心理的な要因と言うよりは構造的な要因に基づいていることが多いだろう。制度による危機対応では複数の人々の意思決定が相互に依存しているため、一貫性の保持が必要以上に要請されやすくなるのである。

四　制度と意思が生む危機

第二節と第三節では、「危機」と「対応」に分割したうえで、それらがどのように「社会」と関わるのかを述べてきた。社会科学の観点から危機対応を研究する意義があることは以上の叙述であらかた示されているのではないかと思うが、本節ではさらに二つの問題――「制度が作り出す危機」と「人間の意思が作り出す危機」――について触れておこう。

1　制度が作り出す危機

危機の発生源は私たちの社会の外側にあるのではなく、社会の中にも遍在している。制度は危機に対応するために築かれたものだと述べたが、その制度は別の種類の危機を新たに生み出すことがある[36]。これは言わば制度がもたらす

「二次的危機」である。

このような二次的危機には、大別して二つのタイプがある。ひとつは、あらかじめ想定された範囲内で制度が機能しているが、それが不可避的に誰かにとって大きな不利益をもたらす、というタイプである（想定内の二次的危機）。たとえば法制度はリスクや危機に対処する（事前的なリスクを軽減して事後的な処理を行う）ためのしくみである[37]。しかし同時に、ある人に対して法制度が不利益を課すものである限り、リスクや危機を生み出す源泉になるという側面もあわせもっている。法制度が生み出すリスクのうち、最も目立つのは訴訟リスクであろう。訴訟リスクは企業や医療関係者などにとっては立派な危機であり、この危機に対処するための分野が確立しているほどである。

制度の例として挙げられる市場も、参加者の誰かに損失を与えうる。さらに、もし（よく指摘されるように）市場には不安定性がつきものなのだとすれば、その過程で危機が発生する可能性がある。

もうひとつは、想定していなかった副作用が生じ、そこから誰かに不利益が及ぶというタイプである（想定外の二次的危機）。つまり、事前の見積もりと現実の結果に食い違いが出てくる場合である。これも原因別にいくつかの種類に分類でき、①制度に本来備わりがちな性質を考慮できていないことによるもの、②制度に対して人々がどう反応するかが予測できていないことによるもの、③制度外の環境に対する理解が不十分だったことによるもの、がある。このうち①と②は、人間の意思決定や行動の性質を見誤っている点で共通している。

制度は一種の慣性をもっており、他に合理的な選択肢があるときであっても同じ状態が持続・固定する傾向がある（ロックイン効果[38]）。そしてまた、制度は既存の制度を基礎として構築されることが多いため、制度外の環境の変化への適応がますます困難になるうえ、制度に潜在していた欠陥が再生産されるおそれもある。

松本（２０１２）は、制度におけるアクター間の関係の構造に着目し、科学・技術・社会のインターフェイスで起こる災害を「構造災」と呼んでいる[39]。構造災は次のような現象が複合して発生するものとされる。すなわち、間違った先例の踏襲、システムの複雑性・相互依存性による問題の増幅、非公式の規範による公式の規範の空洞化、その場しのぎの対症療法の増殖、責任の所在を不明瞭にする秘密主義の連鎖、といった現象である（松本 2012、46頁）。これらは先の①と②の問題のいずれか（または両方）に属する。

秘密主義ないし情報隠蔽は、とりわけ甚大な危機をもたらしてきた。スリーマイル島原発事故（1979年）、チャレンジャー号爆発事故（1986年）、エンロン事件（2001年）、サブプライム住宅ローン危機（2007〜2008年）、福島第一原子力発電所事故（2011年）など、これらの事件・事故の背後にあったのは、危機に関する情報が十分に回っていなかったという事情であった（Chernov and Sornette 2015）。重要なのは、秘密主義や情報隠蔽は個人の資質に起因するのではなく、制度の構造――制度が作る、アクター間の関係の構造――から生まれるのが常だということである。

制度の構造に対して人々がどのように反応するかは、実例の検討を積み重ねながら少しずつ明らかにしていくほかないだろう。社会科学諸分野はそのための方法やツールを提供してくれる。

2　人間の意思が作り出す危機

上記の②（制度に対して人々がどう反応するかが予測できない）の点をさらに押し進めると、制度の悪用の問題が現れる。改めて言うまでもないが、いかなる制度もひとりでに動くわけではなく、人間が制度を動かす。人間の意思が介在することは、社会の動きを複雑にするとともに、適切な対応策を選択することを難しくさせる。

長い歴史の中で、人間社会は危機を乗り切るためのいろいろなしくみを案出してきた。独裁制、憲法の緊急事態条項、民法の事情変更の法理などを例として挙げることができる[40]。このようなしくみを設けるのは悪用される危険性と隣り合わせであり、導入に際しては必要性と懸念との間の綱引きが見られる。懸念が大きければ、悪用されるのを別のしくみによって防ぐということが試みられる。

他者がどのような意図をもっているか（あるいはもつようになるか）を推し量るのは難しい。自分たちと同じ制度に服するはずの「内集団」の人たちの意思でもそうなのだから、自分が所属していない「外集団」の人たちの意思となるともっと難しくなる。一般的に言えば、内集団の人に対しては過大な信頼が寄せられ、外集団の人に対しては過大な疑念が投じられる。独裁制や緊急事態条項をめぐる議論では、えてしてこういう図式になりやすい。

外集団の人たちの意思を推測する場合、実際には明確な意思がないのに、あるいはそもそも意思がないのにもかかわらず何らかの意思を読み込む、ということが頻繁に起こる。そして、このような意思の読み込みによって、不必要な危機が起こることもある。つまり、意思の過剰が危機を呼び込むのである[41]。

特にこうした憶測が働きやすいのは、「集団の意思」が絡んでくる場合である。企業、家族、宗教団体、学校、政党、国家、民族、といった集団は、あたかもひとつの意思をもっている主体であるかのように認識されることがある。実際に観察されるのは個人の行動にすぎない（企業の幹部が起こした不祥事、ある国籍の人が行った犯罪などが例）。集団の意見は一致しているとは限らず、所属メンバーの意思は多様であるかもしれない。場合によっては、念頭にある集団は実は集団としての体をなしていなかったり、想像上のものであったりするかもしれない。しかしそれでも、単なる個人の意図を超えて、「集団の意思」がそこに反映しているかのように認識されることがある。

「集団の意思」を想定する認識のしかたは、世界をわかりやすく単純に理解しようとする私たちの認知機構の産物である。この認知機構が作動しすぎると、「あの人たちは裏でつながっているのではないか」、「良からぬことを考えているのではないか」という疑念が湧きやすくなる。疑心暗鬼の状況では、主観的または間主観的な危機がいたずらに増大することになる。

人々の意思の推測およびそれらの相互作用のメカニズムを解明することだけでなく、このようなメカニズムが発動しやすい条件を特定することも、社会科学上の研究課題となる。たとえば、社会の中の不平等の拡大や階層化は、この種のメカニズムによる危機意識を掻き立てやすくなると考えられる。

疑念によって危機が生み出されるということは、それを解くことによって危機を抑えられるということでもある。他者の意思を知るだけでも危機を抑制することは可能であるし、不要な危機意識の醸成を防ぐためのしくみを設けることも可能であろう。現に私たちはそのような社会的なしくみを開発して危機を回避してきた（Pinker 2011）。しかし、できることはまだまだたくさんあるように思われる。

五　おわりに

本章では、「危機」の概念の成り立ちを振り返り、危機が集合的・間主観的な現象であること、そして危機の認知と対応との間には懸隔があることを述べた。その後、危機対応行動のモデルを示しながら、さまざまな種類の対応（個別的対応・集団的対応・制度的対応）を挙げたうえで、対応行動に影響しうる要因などについて考察した。加えて、社会科学のアプローチによる解明を要する「制度が作り出す危機」と「人間の意思が作り出す危機」に言及した。危機を知ることは、結局のところ、人間およびその相互関係を知ることなのである。

総説として危機対応の見取り図のようなものを描くことを企図していたが、ここから抜け落ちている論点も数多くあることだろう。それは本書の諸論考にお任せすることにしたい。以下の章で、危機に対応するためのヒントを見つける楽しみを読者の方々と共有できれば幸いである。

注

（1）たとえば、不確実性や複雑性の度合いが大きい状況（特に、自然科学の領域で結論が出ていない事柄が関係する状況）ではどのように政策決定を下したり合意形成を図ったりするのが望ましいのか、あるいは、実施する必要のある複数の対策の中でどのように優先順位をつけるか、といった問題への貢献である。齊藤・野田編（２０１６）は、主に東日本大震災を事例として、非常時対応のあり方を法学および経済学の見地から分析している。

（2）*Washington Post*, １９４０年6月17日付7面。

（3）たとえば、中国学の研究者であるヴィクトル・メイアーは「『機』は opportunity ではなく incipient moment であるから、危機は危険な時期を意味するにすぎない」と批判している（Mair 2009）。

（4）crisis の語源については宇野論文（上巻第1章）および林論文（下巻第1章）でも触れられているので、そちらもあわせて参照されたい。

（5）２００７年から２００８年に起こったギリシアの債務危機はΗ *κρίση*、つまり The Crisis と呼ばれている。

（6）文庫版（ヒポクラテス　１９６３）の解説では、元来は「判決」を意味していた krisis を医学用語として転用したのであろうという推測がなされている。

（7）この段落の記述は、Tuor（2015）に多くを負っている。

（8）この「一定の幅」というイメージからは、Ｅ・Ｈ・カーの『危機の二十年』を連想する人も多いだろう（Carr 1939）。

（9）２０１６年に実施された東大社研パネル若年・壮年調査（第10波）では、自由記述回答形式で「あなたが考える『危機』とは何ですか」という質問が設けられていた（複数回答も可能）。この質問に対し、約4割（39・4％）の回答者が自然災害・天災を挙げており、「地震」と回答した人の割合も3割近く（27・1％）にのぼっている。以下、「自分の家計・生活水準の悪化」（14・9％）、「自分の失業・失職」（9・5％）、「自分の病気」（8・5％）、「戦争・軍事攻撃」（8・4％）、「そのほかの家族的問題」（4・9％）、と続いている。詳細およびその他の分析については有田（２０１７）を参照。

（10）この点につき、林論文（下巻第1章）を参照。

（11）リスクと危機がいかなる関係にあるかは、齋藤論文（下巻第3章）がフランスの法過程を題材にして詳しく検討している。

（12）中林論文（下巻第5章）、川田論文（下巻第10章）、スティール・キンバー論文（下巻第11章）、有田論文（下巻第13章）参照。

（13）国際政治に特に関連するのは保城論文（上巻第3章）である。また、マッケルウェイン論文（上巻第2章）も参照。

(14) 田中論文(上巻第6章)、松村論文(上巻第5章)、ノーブル論文(下巻第8章)、丸川論文(上巻第4章)、藤谷論文(下巻第6章)参照。また、中林論文(下巻第5章)は近世の金融危機に言及している。

(15) 中村論文(上巻第8章)、玄田論文(上巻第10章)、森本論文(上巻第9章)参照。

(16) 大沢論文(下巻第7章)、石田論文(上巻第13章)、藤原論文(上巻第12章)参照。

(17) 中川論文(上巻第11章)、大沢論文(下巻第7章)、鈴木・佐藤論文(下巻第12章)参照。

(18) 少子化に関しては、赤川(2018)参照。

(19) 宇野論文(上巻第1章)および林論文(下巻第1章)も参照。自然災害に起因するように見える「危機」であっても、実際には社会的に作られたものであることが多い。齊藤(2018、123頁)は、地震リスクが土地の価格に反映され始めたのは活断層リスクが科学的に指摘されてからではなく、社会的に認知されて政策上の問題となった時期以降であると述べている。

(20) この間の経緯につき、大澤(2019、112-119頁)参照。

(21) ここには人間の現状維持バイアス(現在の状態を好む傾向)も作用するかもしれない。

(22) この点で示唆的なのは、1973年に起きた豊川信用金庫の取り付け騒ぎである。この事件の発端は高校生の会話であり、それが誤解されて広範囲の人々に事実無根の噂が流れ、同信用金庫は倒産の危機に追い込まれた。そこでは、特に知り合いでもない人たちの間でも情報が伝達されている。詳しくは伊藤・小川・榊(1974)、木下(1977)を参照。

(23) 「対応しない」という選択肢ももちろんありうる。

(24) 要因連関モデルを危機の場面に適用する文献として、森・星(2017)を挙げておく。なお、要因連関モデルは環境配慮行動の実証研究でもさかんに用いられている。このモデル(および環境配慮行動を説明するその他のモデル)を用いた研究の展開を解説した文献としては、平湯(2017)を参照。

(25) 「津波てんでんこ」の詳細については山下(2008)を参照。

(26) メンバー間での共有信念の形成は(i)と(ii)の両方に関わる。共有信念に関しては森本論文(上巻第9章)を参照(同論文では、「信念」を「構成員の間で相互の行動に関する確率的予想」としている)。また、集団におけるリーダーシップのあり方も討究に値する。この点に関して、中川論文(上巻第11章)参照。

(27) 制度による対応のありようを示す歴史上の事例については、中林論文(下巻第5章)および飯田論文(下巻第4章)を参照。

(28) 本文中では、個人の行動を説明するものとして要因連関モデルを用いている。しかし、このモデルを集団や制度のレベルで(たとえば政府の行動を説明するものとして）応用することも可能である。ただし、諸要素の比重は個人の行動の場合とはおのずと違ったものになる。なかでも便益費用評価の比重は大きくなり、そこには規範的な問題が潜んでいる。起こる確率が小さい事態（稀発事象）に関する便益費用評価を考えるにあたっては、佐々木論文（上巻第7章）および加藤論文（下巻第9章）が参考になるだろう。

(29) 正常性バイアスの概念を批判的に検討し、防災実践に対してどのようなインプリケーションをもたらすかを考察する文献として、矢守（２００９）がある。あわせて、有田論文（下巻第13章）も参照。

(30) 他の理由としては、目下の作業のパフォーマンスを高めたいという理由、公正性を確保するという理由などが挙げられる。詳細はHertwig and Engel (2016) を参照。

(31) なお、この委員会にはインフルエンザの専門家は含まれていなかった。

(32) 「集団思考（groupthink）」もこれと関連する概念である。具体例として、キューバ危機を扱った保城論文（上巻第3章）を参照。

(33) これとは逆に、集団内部での討議が安全志向・保守的志向を高めるという研究結果もある（コーシャスシフト）。リスキーシフトとコーシャスシフトのどちらが生ずるかは、メンバーが当初もっていた意見の分布による。

(34) 一貫性原理の詳細については、Cialdini (2007) の第3章を参照。

(35) 同じことが規制行政にも起こりうる（齊藤　２０１８）。有田論文（下巻第13章）は、「想定内」と「想定外」との切り分けの問題を扱う論考である。

(36) この点に関しては中林論文（下巻第5章）に詳しい。

(37) 契約も危機対応のための制度的なしくみである。石川論文（下巻第2章）参照。

(38) このロックイン効果の主な原因としては、制度構築にかかる初期費用が大きいこと、制度に沿った形で人々が技能や信念を形成するために切り替えが困難になること、他者の行動との関係で変更が難しくなることなどが挙げられる。たとえば松本（２０１２、61-62頁）を参照。

(39) 詳しく言うと、「科学と技術と社会をつなぐ複数のさまざまなチャンネルの制度設計のあり方や、そこに登場する複数の異質な主体がおりなすしくみが機能不全に由来する失敗」である（松本　２０１２、４頁）。

(40) 宇野論文（上巻第1章）、マッケルウェイン論文（上巻第2章）、林論文（下巻第1章）、石川論文（下巻第2章）は、この問題を取り上げている。

(41) 以下の記述については飯田（２０１７）を参照。

参考文献

Carr, Edward Hallett (1939), *The Twenty Years' Crisis 1919–1939: An Introduction to the Study of International Relations,* London: Macmillan.（井上茂訳『危機の二十年——１９１９－１９３９』岩波文庫、１９９６年）

Chernov, Dmitry and Didier Sornette (2015), *Man-Made Catastrophes and Risk Information Concealment: Case Studies of Major Disasters and Human Fallibility,* New York: Springer.（橘明美・坂田雪子訳『大惨事と情報隠蔽——原発事故、大規模リコールから金融崩壊まで』草思社、２０１７年）

Cialdini, Robert B. (2007), *Influence: The Psychology of Persuasion* (Revised ed.), New York: Harper Collins.（社会行動研究会訳『影響力の武器——なぜ、人は動かされるのか〔第３版〕』誠信書房、２０１４年）

Fouchier, Ron A. M., Adolfo García-Sastre, and Yoshihiro Kawaoka (& 36 co-authors) (2012), "Pause on Avian Flu Transmission Studies," *Nature,* Vol. 481(7382), p. 443.

Gennaioli, Nicola and Andrei Shleifer (2018), *A Crisis of Beliefs: Investor Psychology and Financial Fragility,* Princeton: Princeton University Press.

Gigerenzer, Gerd and Rocio Garcia-Retamero (2017), "Cassandra's Regret: The Psychology of Not Wanting to Know," *Psychological Review,* Vol. 124(2), pp. 179–196.

Gore, Albert (2006), *An Inconvenient Truth: The Crisis of Global Warming,* New York: Viking.（枝廣淳子訳『不都合な真実——切迫する地球温暖化、そして私たちにできること』ランダムハウス講談社、２００７年）

Hertwig, Ralph and Christoph Engel (2016), "Homo Ingorans: Deliberately Choosing Not to Know," *Perspectives on Psychological Science,* Vol. 11(3), pp. 359–372.

Mair, Victor H. (2009), "Danger+Opportunity≠Crisis: How a Misunderstanding about Chinese Characters Has Led Many Astray," Pinyin.info: a guide to the writing of Mandarin Chinese in romanization. http://www.pinyin.info/chinese/crisis.html

Mill, John Stuart (1848), *Principles of Political Economy.*（末永茂喜訳『経済学原理』全５巻、岩波文庫、１９５９－１９６３年）

Pinker, Steven (2011), *The Better Angels of Our Nature: Why Violence Has Declined,* New York: Viking.（幾島幸子・塩原通緒

訳『暴力の人類史（上・下）』青土社、２０１５年）
Tuor, Aaron (2015), “Crisis: Extensions in Meaning from the Renaissance to Contemporary Times”. https://pdfs.semanticscholar.org/e22d/3201b60d1f9d7b2f38126a56751eb9cca98c.pdf
Zuckerman, Marvin (1979), *Sensation Seeking: Beyond the Optimal Level of Arousal*, Hillsdale: Lawrence Erlbaum Associates.
Zuckerman, Marvin (2009), “Sensation Seeking,” in: Mark R. Leary and Rick H. Hoyle (eds.), *Handbook of Individual Differences in Social Behavior*, New York: Guilford Press, pp. 455-465.
赤川学（２０１８）『少子化問題の社会学』弘文堂。
有田伸（２０１７）「ひとびとの考える「危機」とは何か？——社研パネル調査自由記述回答の分析」危機対応の社会科学（危機対応学）ディスカッションペーパーシリーズＮｏ．２。https://web.iss.u-tokyo.ac.jp/crisis/images/dp2_arita.pdf
飯田高（２０１７）「誤解と疑念が生む危機」危機対応学エッセイ。https://web.iss.u-tokyo.ac.jp/crisis/essay/post-3.html
石田雄（１９８４）『日本の社会科学』東京大学出版会。
伊藤陽一・小川浩一・榊博文（１９７４）「デマの研究——愛知県豊川信用金庫〝取り付け〟騒ぎの現地調査」『総合ジャーナリズム研究』第11巻第3号、70‐80頁、第11巻第4号、１００‐１１１頁。
及川康（２０１７）「「津波てんでんこ」の誤解と理解」『土木学会論文集Ｆ６（安全問題）』第73巻第1号、82‐91頁。
大澤真幸（２０１９）『社会学史』講談社現代新書。
木下冨雄（１９７７）「流言」池内一編『講座社会心理学（３）集合現象』東京大学出版会、11‐86頁。
齊藤誠（２０１８）『危機の領域——非ゼロリスク社会における責任と納得』勁草書房。
齊藤誠・野田博編（２０１６）『非常時対応の社会科学——法学と経済学の共同の試み』有斐閣。
田代眞人（２０１２）「ヒトで感染伝播する可能性のある強毒型Ｈ５Ｎ１鳥インフルエンザウイルスの論文発表に関するＤｕａｌｕｓｅ問題」『ウイルス』第62巻第1号、97‐１０２頁。
ヒポクラテス、小川政恭訳（１９６３）『古い医術について　他八篇』岩波文庫。
平山亮・古川雅子（２０１６）『きょうだいリスク——無職の弟、非婚の姉の将来は誰がみる？』朝日新書。

平湯直子（2017）「環境配慮行動の規定因に関する理論と実証研究」『武蔵野大学政治経済研究所年報』第16号、225-247頁。

広瀬幸雄（1995）『環境と消費の社会心理学――共益と私益のジレンマ』名古屋大学出版会。

松本三和夫（2012）『構造災――科学技術社会に潜む危機』岩波新書。

真野俊樹（2017）『医療危機――高齢社会とイノベーション』中公新書。

森津太子・星薫（2017）『危機の心理学』放送大学教育振興会。

山下文男（2008）『津波てんでんこ――近代日本の津波史』新日本出版社。

矢守克也（2009）「再論――正常化の偏見」『実験社会心理学研究』第48巻第2号、137-149頁。

第Ⅰ部

危機と世界

第1章　政治思想史における危機対応
——古代ギリシャから現代へ

宇野重規

【個別・集団】

〈本章への視座〉

①宇野論文では、政治思想史にて危機がいかに論じられてきたのかをコゼレックとシュミットの論考を軸に展開する。本来、批判と語源を共にする危機は、区別し、争い、決定することを意味した。それ故なされるべき決定がなされない限り、危機は終わらない。

②危機という事態は、未来の不安定性と不確実性の意識が高まり、現状に対する破局の予言のもとに生じる。「例外状態」の危機に際しては、主権者によって事前に任じられ、事後的な検証を受ける独裁官や委任独裁などによる独裁のあり方が論じられてきた。

③危機対応の問題とは、結局のところ、危機についていかなるグループの判断を社会全体の判断と見なすかという個別と集団の問題に行き着く。そこからは危機の可能性をめぐる多様な考えを付き合わせ、納得を得るための対話の重要性が最終的に導かれる。

一　はじめに

政治思想史における「危機」、および「危機対応」について考えるにあたって、最初に思い浮かぶのは次のエピソードである。

ある年の政治系学会のことである。その年の統一テーマは「変革期の政治思想」であった。受付を済ませ会場に向かう途中、たまたま一緒になった年長の研究者がポッリと次の言葉を口にした(1)。「いつの時代も変革期といえば変革期なのだから、このテーマは無意味だ」。そのときは、いささかシニカルなコメントであるように感じたのだが、考えてみるとそう言いたくなる気持ちもわからないではない。

およそ、人が政治についてあらためて考えようとするとき(政治に限らないが)、それは何らかの問題意識に基づいてであろう。これまでの政治の捉え方では何かが不十分であり、政治についてもう少し掘り下げて考えてみる必要がある。人がそう思うとき、ある種の時代の変化を感じているのではなかろうか。そうだとすれば、およそ政治思想が活性化するとき、それはつねに(少なくとも、それを論じる当事者にとっては)変革期であると言えなくもない。

同じことは危機についても言えるはずだ。人が何ごとかを論じ、それが重要であると主張するのは、背景にある危機意識に基づく場合が多い。このままだと状況が悪化するばかりであり、いま手を打たなければ深刻な事態になる。だからこそ、人はある主題について警鐘を鳴らす。それは多くの人に共有される認識かもしれないし、その人だけが感じていることかもしれない。

問題は、現代において、人が危機を認識する場合、第一義的には、その人の主観的な認識であるということである(2)。いかなる事態を危機と捉えるかは、その人次第である。逆にいえば、ある人にとって危機的な状況であるとしても、別の人にとっては危機とは感じられないことがありうる。

あるいは、一部の人間が危機を言い立て、いつの間にかその言説が一人歩きし、結果的に実際に危機が生じてしまうこともある。歴史においても、銀行の取り付け騒ぎのような事例がすぐに思いつく。本当にその銀行の経営が危機的状況になくても、「あの銀行は危ない」という噂が広まれば、人々が自分の預金を取り戻そうと殺到し、結果的に銀行は破綻に追い込まれる。いわば、危機の言説が自己実現するのである。

そうだとすれば、およそ危機なるものを客観的に捉えることは可能なのだろうか。一方に、「何を危機と理解するかは、その人次第」という相対主義があるとすれば、他方に、危機を言い立てることによって結果的に本当にそうなってしまう危機の自己実現がある。いずれも根本にあるのは危機の認識の主観化であり、およそ危機を客観的に認識できるのかというメタ次元の問題がつきまとう。

このような問題意識は抽象的であり、迂遠なものにも思われるだろう。が、この問題に一定の見通しをつけられないならば、およそ危機を論じる言説は、「いつの時代も危機といえば危機なのだから、あえて主題にして論じても無意味だ」というシニカルな反応や、無責任に危機を煽る言説が、結果的に社会を揺るがす事態を放置しかねない。

本章は、政治思想史において危機というテーマがどのように論じられてきたのか、その変遷を探ることによって、客観的に危機を論じることの可能性と不可能性を考えてみたい。その上で、政治思想史の視点から問題を再検討することで、危機対応についていかなる示唆が得られるかを検討する。

二　批判と危機

危機（crisis）という言葉について、その語源に遡って興味深い考察を行っているのは、概念史研究で知られるドイ

ラインハルト・コゼレック（1923－2006）

写真提供）Stadtarchiv Bielefeld.

ツのラインハルト・コゼレック（Reinhart Koselleck: 1923-2006）である。コゼレックは、後に触れる「危機の思想家」カール・シュミット（Carl Schmitt: 1888-1985）の影響を強く受けた研究者であり（Koselleck 1959, p. vii［訳書13頁］）、ユルゲン・ハーバーマス（Jürgen Habermas: 1929- ）のライバルとしても知られる。実際、ハーバーマスの『公共性の構造転換』は、コゼレックに対する反論として読むことも可能である。[3] その意味で、コゼレックは戦後ドイツにおいて「危機」というテーマについて論じた、きわめて重要な研究者の一人と言っていい。

　コゼレックは、批判（Kritik）と危機（Krise）が共通の語源、すなわちギリシャ語におけるクリノー（κρίνω）に由来することに着目する（Koselleck 1959, pp. 189-190［訳書２６８－２７２頁］）。このギリシャ語は、区別すること、選び出すこと、判断すること、決定することを指し、中動相では、競うこと、争うこと、闘うことを意味する。

> 「危機 Krisis は何よりもまず分割することと争いを意味している。しかしそれはまた決定を意味しており、最終的な天秤の傾き、判決言い渡し、あるいは一般に判決という意味で今日では批判の領域に入ることがらを意味している」（Koselleck 1959, p. 189［訳書２６９頁］）。

これは興味深い指摘であろう。何より、危機の本質は、「区別すること」、そしてそれに由来して「争うこと」、さらには「決定すること」を意味しているというのであるから。ものごとに線を引かず、曖昧なままで置くならば、あるいは危機は生じない（あるいは顕在化しない）かもしれない。これに対し、それまで区別されていなかったものに線を引き、区別をした瞬間に危機が生じる。線引きはやがて争いをもたらすであろう。そして、争いが高じたときには、最終的には公共的な裁判による判決によって解決されねばならない。危機とはある意味で、この一連の過程を意味するのである。

そのような危機の過程は批判とも繋がる。批判とは、けっしてものごとを否定的に評価することを意味しない。『純粋理性批判』『実践理性批判』『判断力批判』というカントの三批判書が明確に示しているように、対象を吟味し、その限界を厳密に見定めることこそが批判の本質である。人々が何ごとかを吟味し、その限界を見定めようとするとき、それはすなわち批判の営みを開始することになる。そして、批判の営みは危機と密接に結びついている。

このようなギリシャ語の用法はキリスト教にも継承されることになる。ギリシャ語訳旧約聖書ではクリシス（κρίσις）という言葉が、判決言い渡しおよび法という意味で用いられ、ヨハネの黙示録においては最後の審判、世界審判の意味を持つようになる。

これに対し、ラテン語においてこの語は医学的な用法に制限され、病気の危機と医者の判断が関連するものとして捉えられていた。危機とは病気のさらなる経過にとって決定的な段階を表す。この段階で医者の決定が下されねばならず、その決定が治療にとって重要な意味を持つ。ただし、注意すべきことは、この言葉は、決定がまだ下されていない状況を指すことである。決定がなされるべきであるが、まだなされていない。そのような状況こそが危機を意味したのである。この含意は、以後の危機論においても、重要な含意を持つことになるだろう。

コゼレックの見るところ、その後、危機と批判という、本来は同じ根を持つ二つの語は互いに遠ざかっていく。批判という言葉は18世紀において世俗化され、公共性を支える重要な概念として定着する。その一方で、ギリシャ的な法秩序の危機やキリスト教的な世界審判という意味での危機は、背後に潜んでしまうことになる。批判は危機という言葉から遠ざかって、もっぱら判断および判定の技術に関連づけられるようになったのである。

三　危機と破局の時代

コゼレックが危機《クリーゼ》と批判《クリティーク》を語源に遡って検討するのは、もちろん単なる言語学的関心によってではない。ナチスによる政権掌握から崩壊までの、まさに危機の時代に青春を過ごしたコゼレックにとって、自らの生きる危機の時代の歴史的起源を探ることは深刻な、そして実存的な問題関心であった。この時期にドイツでは、第一次世界大戦の敗戦を受けて生まれたワイマール（ヴァイマル）体制が、経済的混乱とそれが生み出す社会不安のなかで脆弱化し、国論の分裂と革命の危機にさらされていた。そして、まさにそのような状況のなかから生まれたナチス政権が、危機を訴えることによって、さらに危機が進行するという危機の自己実現状態にあった。

このような時代にあって、コゼレックは概念史研究を行うことによって、自らの時代と向き合おうとした。コゼレックはカール・シュミットの影響下に、20世紀ドイツの危機の起源をフランス革命期、そしてさらには宗教改革期のヨーロッパ危機に見出したのである。彼の見るところ、宗教改革によるキリスト教の分裂、絶対王権の成立、啓蒙思想の進展、そしてフランス革命という一連の過程の結果として、ドイツは危機に陥っている。彼にとって、ドイツの危機はけっして短期的なものではなく、近代の長期的な過程の結果として生じた精神的危機に由来するものであった。

その最大の鍵が危機と批判の結びつきである。すでに指摘したように、本来起源を同じくする二つの語は、やがて別々に用いられるようになる。批判は18世紀の啓蒙思想の一つのキーワードであるが、それは世俗化された概念であり、危機という含意は背後に隠れていた。ところがやがて、両者は再び結びつき、そのことによって急進化する。危機が批判をもたらし、その批判が今度はさらに危機を加速するのである。その結果がフランス革命であった。

コゼレックは、ヨーロッパにおける危機の思想の展開を次のように整理する。

ヨーロッパの伝統的秩序は16世紀に崩壊した。宗教改革によって教会の統一が引き裂かれ、社会秩序全体のつなぎ目が破られたためである。宗教内乱の中から、次第に絶対王権が成長する。官僚制と常備軍に支えられた君主制国家は、やがて宗教を超えた領域に自らの活動を見出していった。このような国家的‐政治的領域と、そこから排除された個人の良心や道徳の領域とが、やがて対立していくことになる。

「内乱をひき起こすものは、たんに権力への意志だけではない。外的な支えを欠いた良心にうったえることも同じように内乱をひき起こすのであって、ホッブズが行なった決定的な進歩はこのことのうちに存している。良心という決定機関は、平和の原因 causa pacis である代わりに、それが主観的で多数あることによって決定的な内乱の原因 causa belli civilis である」（Koselleck 1959, p. 22［訳書39頁］）。

宗教改革の結果、信仰は人々を結びつける紐帯ではなくなり、むしろ人々を分裂させる原因となった。結果として生じた宗教内乱のなかから生まれた絶対主義国家は、個人の良心を国家から切り離し、政治と道徳の分離を目指すことになる。その理由はまさに、個人の良心こそが秩序の不安定化をもたらし、内乱の原因となるからであった。宗教内乱を克服した絶対王権は、政治から宗教を分離し、国家の基礎を個人の良心から切り離そうとしたのである。

しかしながら、のちの啓蒙主義はむしろ、このようにして政治から切り離された個人の内面的領域に基礎を置くようになる。個人の良心と、それと不可分に結びついた道徳の領域についての考察を深めた啓蒙主義は、やがて再び政治的になっていった。結果として、政治から切り離されたはずの個人の内面的領域が、再度、政治と衝突する時代を迎えたのである。

18世紀に発展したのは、市民社会における公共的領域であった。文人たちが交流するヨーロッパ大の文壇とも呼ぶべき文芸共和国（République des lettre）が形成される一方、フリーメイソンをはじめとする秘密結社が生み出されたのがこの時代である。そこでは政治から排除された道徳が論じられ、批判という形で再政治化していった。良心の法廷において、政治の現状ははたして正当化しうるのか。政治は道徳による批判に耐えうるのか。まさに批判《クリティーク》こそが、時代の精神を反映する人々の営みになったのである。やがて、そのような批判の営みは、目の前にある政治についても活発に発言するようになっていく。

しかしながら、そのような批判が、直ちに危機をもたらしたわけではない。このような批判は、最終的には絶対王権の否定へと行き着くとしても、とりあえずは歴史哲学の形成へと向かった。進歩とユートピアの思想こそが、啓蒙主義を彩ったのである。当初、啓蒙思想家たちは直接的な政治批判を避け、むしろ国家への服従の下、未来への展望を構想した。この場合、文明化や文明社会論が啓蒙思想の主要なテーマになったのは偶然ではない。啓蒙思想家たちは歴史の変化を文明の発達として捉え、未来の社会を構想した。とはいえ、政治との緊張感を深めつつも、啓蒙思想家たちはあくまで自らの議論を歴史哲学に限定することで、政治との距離を維持したのである。

しかしながら、歴史哲学は、やがて世俗的な進歩の思想から革命による危機の思想へと急転していく。もともと「批判と道徳的な進歩の世紀は『危機』を中心的な概念としては知らなかった」（Koselleck 1959, p. 132〔訳書175頁〕）。これに対し、そのような状況を打ち破ったのは、ジャン＝ジャック・ルソーである。彼は批判の矛先を現存する国家だけでなく、社会にも向けた。

ルソーは危機の状態と革命の世紀を予言した。彼こそが、自らの革命の予言に危機という決定的な概念を持ち込んだのである。

「彼はたんに――他の人々もそうであったように――革命が差し迫っていることに気づいただけではなかった。彼は革命の勃発とともに不安定と不確実の状態がやってくると考えた。支配的な秩序がひとたび崩れるならば、このような状態は全ての人々をおそうのである」（Koselleck 1959, p. 134［訳書178頁］）。

やがて危機という表現は、その診断的で予言的な内容によって、一つの新しい時代の意識を示すようになったのである。

現存する支配の存在が厳格な批判によって「罪」とされ、犯罪となったならば、このような支配の崩壊する瞬間は、危機のときであり、審判のときである。ここに長く切り離されていた批判と危機は再び合流することになった。そのことによって生じたのがフランス革命であり、フランス革命こそがその後の危機の時代の始まりを告げたのである。

このようなコゼレックの分析から、いかなる示唆が得られるだろうか。重要なのは、仮に人々の現状に対する問題意識が急進化し、批判的になったとしても、それが直ちに危機をもたらすわけではない、ということである。現状に問題があるならば、一つひとつ解決していけば良い。人々が未来に向けての進歩を信じ、試行錯誤があるにしても、前に向かって自らが着実に歩んでいるという確信がある限り、危機は生じない。あくまで進歩の時代が続くのである。啓蒙主義の時代も、当初はそのような段階にあった。

これに対し、そのような現状への批判が危機へと転化するのは、未来に対する不安定と不確実性の意識が高まるときである。問題状況は深刻化するばかりだが、事態は解決へと向かっていない。むしろ破局の様相が強く待ち受けている。やがて生じる秩序の崩壊は、根源的なアナーキーをもたらすであろう。危機は、このような歴史的な未来への疑念と結びついている。批判は直ちには危機をもたらさないが、未来の不安定性と不確実性の意識と結びつくことで、危機が現実のものとなっていく。まさに、危機の言説が自己実現するのである。

このように考えたとき、コゼレックの次の表現は実に興味深いと言えるだろう。

「ある決定が行われるはずだが、まだ行われていない、ということが危機の本質のうちに存している。そしていかなる決定が行われるのかまだ決まっていない、ということが同じように危機に属している。したがって危機的状況における普遍的な不安定さは一つの確信によって貫かれている。すなわちそれは――いつとは決まっていないがいつか必ず、いかなるかたちでかは確かではないが何らかのかたちで必ず――危機的状況の終わりが近づいているという確信である。可能な解決はいぜんとして不確実であるが、終わりそのもの、つまり現存する諸関係の激変――それはさし迫って恐れられているか、あるいは希望に溢れて期待されているが――は人々にとって確実なのである」(Koselleck 1959, p. 105〔訳書142頁〕)。

終わりは近づいているが、まだなされるべき決定は行われていない。このような確信が人々に共有されるときに危機が訪れる。そして啓蒙以降の批判の時代は、やがて破局と危機の時代をもたらし、その危機の時代はいまだに終わっていない。批判と危機が連動し、客観的な秩序が見失われたまま、政治的言説の分極化が進行する。ナチス・ドイツの支配とその破滅を経験したコゼレックにとって、このような見通しは生々しいものであったろう。そしてこのようなコゼレックの危機のビジョンは、狭くドイツやヨーロッパの危機を超えて、およそ危機について考えるものにとって、何らかの示唆を与えるはずである。

四　シュミットの独裁

ここからさらに、コゼレックにも影響を与えたカール・シュミットに遡って、政治思想における危機の問題を考えてみたい。紙幅の制限もあって、シュミットについて本格的に議論を展開する余裕はないが、本章の視点の範囲内においてシュミットの危機論について触れることにしたい。

シュミットはしばしば「危機をめぐる問題を正面から扱っている」とされる(4)。憲法学・公法学者であるシュミットが「危機の思想家」とされるのは、今日の日本においてもしばしば問題とされる非常事態・緊急事態について、憲法学の視点から検討を加えているからである(5)。

テロや内乱など非常事態が生じた場合、治安維持や混乱回避のために、一時的な外出禁止や集会の制限から始まって、監視、報道統制、警察や軍隊の出動、私有財産や土地の収用に至るまでの処置が行われることがある。それでは非常事態に備えて、憲法にあらかじめ緊急事態条項を加えるべきなのか。しかしながら、そもそも、予測不能な緊急事態への対応が憲法になじむものなのか。このような問題に対して、シュミットは有名な「例外状態」の議論を展開することで答えようとした。

通常の憲法や法秩序がその機能を停止した緊急事態をシュミットは例外状態と呼び、この例外状態において決断を下すものこそが主権者であるとした。既存の法秩序が有効な限り、各当事者はあらかじめ示されたルールに基づいて行動する。利益の対立が生じる場合にも、議会制民主主義をはじめとする自由主義的な諸制度によって調整が可能である。しかしながら、ひとたびこのような既存の法秩序が有効性を失った危機の状態においては、どのように対応すべきなのだろうか。このような状態において決断を下し、誰が友であり、敵であるかを区別する存在を、シュミットは主権者とした（Schmitt 1922）。危機において友敵の判断は死活的な重要性を持ち、もしそのような判断をすることができないならば、その政治体は政治体として存立しえない。

このようなシュミットの議論はけっして抽象的なものではなかった。ワイマール憲法第48条には、非常時における大統領による緊急令が規定されていたが、この緊急令がたびたび発動された不安定なワイマール体制において、シュミットの問題意識は極めて現実的なものであった。

興味深いのは、シュミットがこのような例外状態に対応するものとして、独裁を論じたことである。しばしば僭主（暴君）政治や専制と混同して用いられるが、独裁は西洋政治思想史において厳密に位置づけられた概念であり、シュミットはその著作『独裁』において、その歴史的沿革を独特なかたちで描き出している。

シュミットがまず注目するのが、古代共和制ローマの独裁官（dictator）である。独裁官とは危機において任命される官職である。古代ギリシャ語に由来する語に僭主政治（tyranny）や専制政治（despotism）があるが、前者は然るべき手続きによらずに為政者の地位についたり、与えられた権限を逸脱したりする政治家を指した。これに対し後者は、奴隷を支配する家長を意味した。しかしながら、独裁官はこのいずれとも異なった意味を持っている。

アテナイではしばしば扇動によって市民を動かし、不当に為政者の地位につくデマゴーグが続出したが、僭主とはそのような人々を指す言葉であった。また、仮にしかるべき手続きによってその地位に就いたとしても、自らの職務に反して、人々の権利を侵害する為政者もいた。さらに、奴隷の主人は、自らの所有する奴隷を人ではなく物として扱ったが、人民をあたかも自分の財産のように扱い、隷属させる政治を後年、専制政治と呼ぶようになった(6)。したがって、僭主政治は手続きの不当性や衆愚政治、専制政治は人々を隷属させることにポイントがある。これに対し、独裁官はこれらとはまったく異なる意味合いを持っている。

何よりもまず、独裁官は、あくまで手続きによって任命される合法的な官職である。緊急事態において、元老院や護民官による制約を受けず、戦争遂行や内乱鎮圧にあたるのが独裁官の役割であった。独裁官は法律に縛られず、無制約の生殺与奪の権限を持つ点において王に等しかったが、その権限はあくまで時限的・暫定的なものであった。そして、任期の終了後にはその権限は失われ、任期中の業績が厳しく審査された。

その意味で、独裁官は主権者である市民による授権による臨時の官職である。彼はこの官職を「ローマ共和国の賢明なる発明」と呼び、高く評価している（Schmitt 1921, p.1［訳書16頁］）。後年、マキアヴェリが『ローマ史論』において、ルソーが『社会契約論』においてこの制度に言及しているように、独裁官の制度は、西欧政治思想史の伝統においてしばしば注目され、語り継がれた重要な論点の一つであった。

シュミットが注目する別の独裁の事例としては、ジャン・ボダンが挙げられる。宗教内乱の中から絶対王権が生まれようとするその時期、ボダンは『国家論』において、「主権とは、国家の絶対的・永続的権力である」という有名な定義によって、国家とそれ以外の団体の明確な区別を行なった。そのようなボダンにとって、歴史上の独裁と呼ばれる事例の多くは、主権的権力とは呼べないものであった。仮に、特定の個人または組織が無制約な権限を行使し、それに対して、いかなる対抗的な法的措置が存在しない場合でも、そのような権限が主権者の任命によるものであって、派生的なものにとどまる限り、ボダンは特命委員（コミッサール）と呼んで、主権的権力と明確に区別した。

このような特命委員は、ときに独裁的な性格を帯びるが、あくまで主権者による特別の委任を受けた存在である。通常の法的規範を超えて行動する権限を認められているとしても、それは国王の主権によるものであって、彼自身が主権者であるわけではない。シュミットはボダンの議論を受けて、このような独裁を「委任独裁」と呼んだ。それはあくまで、緊急事態に対応するため、主権者から授権された臨時の権力であった。

シュミットはこのような「委任独裁」に対して、「主権独裁」の概念を区別した。主権独裁が出現したのは、フランス革命の時点であった。フランス革命によってブルボン朝による君主制が崩壊したが、このような状況において、人民が主権者として出現し、新たな秩序を構築した。このような主権者としての人民の出現をシーエスは「憲法制定権力」と呼んだが、その際の権力の行使の形態として独裁が現れた。シュミットはこの独裁を指して主権独裁と呼んだのである。この場合の独裁は、主権者による委任ではなく、主権者である人民自身の独裁であった。

五　危機対応と独裁

今日において危機対応を考える上で、シュミットの独裁論にどのような意味を見出せるだろうか。

シュミットの問題意識は、戦争や内乱といった危機において、憲法や通常の法規範の作用を一時的に停止してでも、超法規的に事態の収拾にあたる必要があるのではないかという点にあった。いわば、憲法を守るべきためにも、憲法の規定を一時的に逸脱することが許されるべきではないか、というのである。すでに指摘したように、危機の連続であったワイマール共和国において、このような問題意識はきわめて現実なものであった。また、後にシュミットはナチス・ドイツの独裁を理論的に擁護したとして、そのことによって厳しく批判されることになったが、時局に迎合した側面があるにせよ、シュミットの一貫した問題意識をそこに見ることも不可能ではない。

今日、災害やテロといった「危機」に際して、超法規的な対応が必要なのではないか、もしそうならば、それをあらかじめ憲法に緊急事態条項として組み込むべきではないのか、という議論が起きるたびに、シュミットの議論が引き合いに出される。

同じように、憲法や通常の法規範では対応できない事態において、そのような拘束には囚われずに「決断」するものとしての主権者というシュミットの理解についても、後々波紋を呼ぶことになった。ややもすればこのようなシュミット理解がさらに拡大解釈されることがあり、「決断できない政治」に対する独裁的手法を理論的に擁護する議論として、シュミットの議論が利用されることもある。その意味で、危機対応を考えるにあたって、シュミットの独裁論を取り上げるにあたっては、きわめて慎重である必要があろう。

しかしながら、シュミットの独裁論が、現代における危機対応を考える上で、興味深い論点を提起しているのも事実である。

第一に、「事前と事後」の問題である。すでに言及したように、シュミットが参照した共和政ローマの独裁官は、緊急時を想定して事前に制度化された官職であった。それは僭主と違い「合法的」なものであり、主権者である市民によって授権されたものであった。さらに、この独裁官はあくまで時限的・暫定的なものであり、任務の終了後には、任期中に実行した事柄について検証された。その意味で事後的にチェックを受けるべき存在であった。それゆえ、仮に危機対応にあたる特別な任務が必要であるとしても、事前の一定の手続きを踏まえたものであると同時に、事後の責任追及とセットであることが重要であった。逆に言えば、このような手続きが曖昧で、さらに事後的な検証を欠くものであれば、独裁官は僭主（暴君）や専制君主となんら変わらないことになる。

第二に、仮に事前の規定と事後の検証があるとしても、そもそもいかにして危機を危機として判断するかが重要な問題として残る。「例外状態」を、憲法や通常の法規範では対応し切れない状態として理解したところで、いったいいかなる事態が生じた場合に、憲法や法規範が有効性を失うのか、明確な基準を示すことは難しい。場合によっては、「例外状態」を拡張解釈して、自らの権力奪取やクーデタを正当化する政治家や軍人もいるであろう。さらに戦争やテロといった古典的な「例外状態」に加え、災害や巨大事故、テロや環境破壊といった現代的な「例外状態」を考えるとき、「例外状態」が際限なく拡大する懸念がある。そもそも例外をあらかじめ例示として示すこと自体が矛盾であり、例外を明確に線引きすることははてしなく困難である。

関連して第三に、危機を誰が判断するかも、深刻な問題である。シュミットであれば、当然に「主権者が決断する」と答えるであろう。しかしながら、危機において、実際に誰が判断を下すかは、しばしば曖昧となる。誰が危機を危機として判断したのかはっきりしないままに事態が進行し、危機という認定が事後的に承認されることも少なくない。さらに、シュミットのいう「委任独裁」、すなわち主権者による委任としての独裁であればともかく、主権者自身が憲法制定権力として現れ独裁を行う「主権独裁」の場合、誰が主権者であるかということ自体が流動化するだろう。

ある人々が現状を危機として判断し、超法規的な行動に出た場合、その企てが成功して新たな政治体制を設立すれば、事後的に主権者たる人民の行動とみなされるかもしれない。しかしながら、失敗に終わって鎮圧された場合には、暴力・破壊行動として処罰される。人民全体が一つの判断をすることがありえないとすれば、結局はどのグループの判断が全体の判断とみなされるかという「個別と集団」問題に行き着くことになるだろう。

六　おわりに

最後に本章の議論をまとめておこう。

危機（crisis）とは、そのギリシャ語の語源が示すように、「区別すること」、そしてそれに由来して「争うこと」、さらには「決定すること」を意味する。ものごとが曖昧なままである限り、危機は顕在化しない。何らかの線が引かれることによって区別がなされ、それが結果として争いを生み、最終的に何らかの判断が下されることによって危機はそのサイクルを終える。逆に言えば、事態が深刻化しているにもかかわらず、なされるべき決定がなされていないことが危機の本質である。

とはいえ、現状に対する人々の問題意識が急進化し、批判的になったとしても、それだけでは危機と呼ぶことはできない。問題はあるにせよ、そのような問題を一つひとつ解決していくならば、いずれ事態は改善されるとの信念が人々に共有される限り、危機は生じない。逆にそのような未来への確信が存在せず、むしろ先行きに対する不安定性と不確実性の意識が高まり、現状の来るべき破局の予感が募るとき、はじめて危機と呼ぶべき事態になる。危機の重要な構成要素は、未来の不安定性と不確実性、そして現状は否定されねばならないという破局の予言にほかならない。

このような危機に対応することには、多くの困難がつきまとう。政治思想史を振り返れば、このような危機に際して、超法規的に対応する「独裁」がしばしば論じられてきた。しかしながら、そのような独裁は、僭主（暴君）政治や専制とは厳密に区別されてきたし、その際の鍵が事前の制度化と、事後の検証にあったことが重要である。このことに加え、そもそもいかにして危機を危機と判断するか（「危機の定義」問題）、その判断を誰がするか（「危機判断の主体」問題）はつねに解決困難な問題であり、明確な答えを示すことは容易でない。安易な独裁待望論にはつねに慎重である必要がある。

このことを確認した上で、政治思想史における危機対応を考える上での一つの示唆を示しておきたい。すでに指摘したように危機対応問題は、最終的には「個別と集団」の問題に行き着くことが多い。結局のところ、誰の、もしくはどのグループの危機をめぐる判断を、社会全体の判断とみなすかが重要なのである。本章の冒頭で示したように、ある人が危機と捉える事態を、別の人は危機と思わないかもしれない。ある意味で、現代は危機が著しく主観化し、誰もがそれぞれの危機を訴えるという意味で、危機がインフレを起こした時代である。つねに何らかの危機が語られ、日々警鐘が鳴らされる。それに慣れきってしまった人々は、狼少年に対する村人のように、何を言われても無反応・無感動になってしまうかもしれない。

にもかかわらず、戦争、災害、事故、テロ、環境破壊といった危機は冷酷に人々を襲う。結果として、生命・財産・家族や友人などを失うことで、はじめて人々は危機を現実のものとして認識する。そして、その段階に至ってようやく、損失や喪失の責任を追及しはじめる。なぜそれを専門家は予知できなかったのか、なぜ関係者は十分な対応を取れなかったのか。しかしながら、そのような追及はしばしば事後的であり、かつ手遅れであることがほとんどである。

そうだとすれば、必要なのはまず、世界にはさまざまな危機の可能性があることを自覚することではなかろうか。そして、そのような危機の可能性は、専門家にとっても完璧な予言は難しいことを認めることではないか。もちろん、だからと言って安易な無力感に浸って必要な準備を怠るべきではない。さらに、現状への漠たる不安や未来の不確実性への懸念から、現状破壊願望にとらわれるべきでないことは言うまでもない。独裁的手法による救済願望は、危機対応にとっての最大の落とし穴と言えるだろう。

大切なのは、完璧な予言や対応ではなく、むしろ社会におけるさまざま危機の可能性をめぐる考えを付き合わせ、対話していくことではなかろうか（齊藤 2018）。たしかに危機をめぐるどの考えが、どの程度正しいかは、多くの場合、けっして明快な結論は得られない。しかしながら、危機のインフレと危機の認識の主観化（すべての危機認識は、究極的にはその人次第）が進む今日、安易な無力感と不安感を乗り越えるためにも、危機をめぐる対話は不可欠である。危機をめぐる合意は難しいとしても、対話による納得は得られる。議論していた想定をはるかに超える危機が生じるとしても、危機に対する何らの想定も準備もないのと比べれば、はるかにマシであろう。何より、何が危機なのか、危機に対して何をなしうるかについて、一度は議論したと思えることが重要である。その意味で、危機をめぐる多様な考えを付き合わせ、対話を十全に行うことこそが、最大の危機対応であると考えたい。

あるいは、このような危機をめぐる対話を重ねることで、いざ危機が起きたときにどのように対応すべきかについての「共有信念」（森本真世）が形成されるかもしれない[7]。とすれば、それが無責任な危機言説の自己実現化を食い止めるための、最大の防波堤ともなりうる。

政治思想史の視点から危機について考えるとき、かつては何かが危機であり、それに対し、いかに対応すべきか、現代に比べてはるかに明快な見通しを持っていたようにも思える。これに対し、現代では、そのような危機の認識は主観化し、客観的な危機の認定は難しくなるばかりである。しかしながら、このことは一人ひとりの個人が、自らの判断で現実を批判し、問題提起できることの裏面でもある。また、国王など特定の主権者による前もっての明確な委任が困難なことも、人民主権の下での民主主義のコストと言えるかもしれない。そうだとすれば、危機に対する万能の「独裁官」を想定するよりはむしろ、どれだけ労力がかかるにせよ、危機をめぐる対話の繰り返しと、それによる共有信念の形成こそが、現代にふさわしい危機対応ではなかろうか。

注

（1）あえてぼやかした書き方をしたが、２０１１年5月28・29日に開催された政治思想学会研究会の統一テーマである。

（2）もちろん、万人の認める、その意味で客観的な危機も存在するかもしれない。例えば、「キューバ危機」、「エネルギー危機」、「金融危機」など。しかし、それらの危機にしても、ある時期に問題として急に浮上し、やがて人々の意識から遠ざかっていく。そのことは直ちに危機が去ったことを意味しない。危機もまた、人々の認識に依存するのである。

（3）Habermas（1981）で、より明確に本書に対する批判を行っている。

（4）一例として牧野（２０１８、10頁）。

（5）憲法における非常事態・緊急事態条項については、マッケルウェイン論文（上巻第2章）も参照。

（6）その意味で、モンテスキューが『法の精神』において、政体を共和制、君主制、専制制に分類し、専制政治がけっして同時代のフランス人にとっても他人事でないと暗示したことは、重要な意味を持った。

（7）危機に対する「共有信念」については、森本論文（上巻第9章）を参照。

参考文献

Habermas, Jürgen（1981）. *Philosophisch-politische Profile*, 3. erw. Aufl. Frankfurt am Main: Suhrkamp.（小牧治・村上隆夫訳『哲

学的・政治的プロフィール——現代ヨーロッパの哲学者たち（下）』未來社、1986年）
Habermas, Jürgen (1990), *Strukturwandel der Öffentlichkeit: Untersuchungen zu einer Kategorie der bürgerlichen Gesellschaft,* Frankfurt am Main: Suhrkamp.（細谷貞雄・山田正行訳『公共性の構造転換——市民社会の一カテゴリーについての探究〔第2版〕』未來社、1994年）
Koselleck, Reinhart (1959), *Kritik und Krise: eine Studie zur Pathogenese der bürgerlichen Welt,* Freiburg/ München: Verlag Karl Alber.（村上隆夫訳『批判と危機——市民的世界の病因論のための一研究』未來社、1989年）
Schmitt, Carl (1921), *Die Diktatur: von den Anfängen des modernen Souveränitätsgedankens bis zum proletarischen Klassenkampf,* München: Duncker & Humblot.（田中浩・原田武雄訳『独裁——近代主権論の起源からプロレタリア階級闘争まで』未來社、1991年）
Schmitt, Carl (1922), *Politische Theologie: vier Kapitel zur Lehre von der Souveränität,* München: Duncker & Humblot.（田中浩・原田武雄訳『政治神学』未來社、1971年）
齊藤誠（2018）『危機の領域——非ゼロリスク社会における責任と納得』勁草書房。
牧野雅彦（2018）『危機の政治学——カール・シュミット入門』講談社選書メチエ。
マッケルウェイン、ケネス・盛（2019）「危機に対応できる憲法とは——安定性と適応性の間で」東大社研・玄田有史・飯田高編『危機対応の社会科学（上）——想定外を超えて』東京大学出版会、第2章。
森本真世（2019）「危機対応と共有信念——明治期における鉱山技師・石渡信太郎を事例として」東大社研・玄田有史・飯田高編『危機対応の社会科学（上）——想定外を超えて』東京大学出版会、第9章。

第2章　危機に対応できる憲法とは

——安定性と適応性の間で

ケネス・盛・マッケルウェイン

【個別・集団】

〈本章への視座〉

①マッケルウェイン論文では、憲法による予期せぬ危機への対応方法のうち、平常の枠組みを超えた「例外」を作り出す緊急事態条項について考察する。各国の憲法は国家の権限を制限する点で共通する一方、歴史や経験に応じてその内容は大きく異なっている。

②現在、9割以上の国々の憲法に緊急事態条項が含まれるが、同時に権力による国家緊急権の乱用を防ごうとする傾向は強まっている。一方、自由民主党による憲法改正の草案では、重要項目は法律で定めるとしたり、人権の制限が大きい等の特異性がみられる。

③政府による緊急権の乱用を防ぐためには、行使できる状況に関する規定が詳細かつ明確でなければならない。議員内閣制と多数代表制を取る日本は、緊急事態に対応する柔軟性をある程度有しており、導入は慎重に検討すべきであることが結論される。

一　はじめに

近代立憲民主主義は、人権を至上のものとする原則に立脚しているが、その人権を守るには、権限をある程度国家に移譲することが必要である。例えば国家は、国民が個々の権利を行使するために欠かせない「公共財」（国防、国内の治安維持など）や、人が人らしく生きるために必要な「社会権」（公的医療、義務教育など）を提供するために税を課す。国家は憲法に明記された制約の範囲内でしか権限を行使できないため、成文化された憲法は国家を縛る取扱説明書といえる。

とはいえ、制定時の憲法は完全なものとは限らない。憲法の起草者たちは、国家が将来直面するかもしれない状況をすべて予測することはできないからだ。そのためほとんどの憲法は、予期せぬ危機への対応策として三つの方法を組み込んでいる。第一は憲法の内容を改正する手順を明記する、第二は条文の細部を法律で制定・変更できるようにする、第三は緊急事態条項を明記することである。第三の場合、政府は、平常の憲法の枠組みを超えた特別な権限を、危機に対応するために、限定的に行使できる。

本章では、この第三の方法が各国の憲法でどのように規定されているかを考察する。まず、19世紀から今日までの憲法に関するデータを用いて、緊急事態条項の歴史的変遷を考察する。次に、緊急事態条項を日本国憲法に付加することをめぐる現在の国内議論を分析する。そのうえで筆者は、日本国憲法の相対的柔軟さゆえに、政府はほとんどの緊急事態に対応する術をすでにもっていると論じる。同時に、議院内閣制で多数代表制（majoritarian democracy）をとる現在の日本は、他の先進民主主義国より政策面のハードルが少なく、緊急事態の際に政策の不一致が生じる度合いは小さいことも論じる。

これは、緊急事態条項を明記することが悪いというのではないというわけではなく、今すぐ必要ということを意味している。緊急事態条項は権力の濫用を招く可能性があるため、その導入提案は慎重に検討する必要がある。日本における現在の憲法改正案は、緊急事態を宣言する手続きや政府の措置に対する監視など、詳細が明記されておらず、他の国々に見られる「ベストプラクティス」から逸脱している。政府による緊急権の濫用を防ぐには、こうした詳細の規定が不可欠であり、それがなければ、緊急事態条項の目的とは筋違いの新たな危機を誘発しかねない。

二　憲法と予測できる危機・できない危機

立憲民主主義において、権力分立・法の支配・国民主導に基づき、国民の権利と自由を守ることを目的にした成文の法典を「憲法」と呼ぶ（芦部 2015）。立憲民主主義の概念には、地方分権や議員の選出方法など、権力組織を規律するルールや、言論の自由や法の下の平等などの人権が含まれる。だが、これらは必ずしも憲法に明記されておらず、特に古い憲法だと法律や規範で定める場合が多い。普通選挙以前の憲法では、選挙権は富裕層の男性に制限され、それゆえ憲法の主眼は、個人の自由や所有権の神聖不可侵の保障をとおして国家の権限を制限することにあった。参政権が女性や貧困者に付与されてからは、政府への要求は生存権等の社会権（公的医療、義務教育、社会保障等）に拡大していった。国家の権限が大きくなるに従い、国家統治のルールを明確ではない規範や比較的変えやすい法律にゆだねることに新たな懸念が生じ、それに伴い成文憲法に明記される統治機構が増えていく。その結果、憲法は時を経るにつれて長くなり、より詳細なものになってきた（Elkins, Ginsburg, and Melton 2009）。

とはいえ、予想される問題、解決しようとする問題は国によって違うため、成文憲法に明記されている内容にはかなりの差がある。例えば、現行憲法の語数（英訳）の平均は2万1000語であるが、インド憲法は15万語、アイスランド憲法は4000語とずいぶん違う。日本国憲法の英訳版は4998語で、世界で六番目に短い。これは、連合国軍最高司令官総司令部（GHQ）の憲法起草者たちが象徴天皇制・平和主義・基本的人権を明記することを何よりも重視したため、選挙制度や地方分権など政治制度に関する詳細は「法律で定める」としか規定しなかったことに起因する（McElwain and Winkler 2015）。つまり、憲法の内容を決めるにあたって、国の歴史や経験が間違いなく重要な意味をもつということである。

そもそも、民主主義国家における成文憲法とは、多数決原理の問題を解決する方途を提示したものである。憲法の重要な性質は、通常の法律より変えにくい「硬性度」（rigidity）にあり、多くの場合、改正するには議会における圧倒的多数の賛成や、それに加えて国民投票や地方公共団体の同意を必要とする。権利や統治機構を改正が難しい憲法に規定する意義は複数ある。第一に、財産権や法の下の平等などの原則を明文化することで、少数派（富裕層や民族的マイノリティー等）が懸念する過度な徴税や権利剝奪のリスクが緩和され、結果として経済発展や治安が促進される。第二に、達成できない目標を政治家が争点化するメリットは少ないので、社会を分断するような問題は、憲法に明記することで政治アジェンダから除外される。第三に、政府に許される行為と実施原則が憲法に明記されていれば、国民は政府の行き過ぎた行為をより適切に監視し、制することができ、それによって立憲民主主義が保持されやすくなる（Weingast 1997）。

憲法は長く使われることを考慮して作成されるので、制定時に存在する政治・社会問題や将来生じうる問題の対処法を扱う。憲法の内容が国によって違うのは、予期できる問題が国の歴史や社会構造によって違うからである。例えばインド憲法が非常に長いのは、宗教や民族、カーストによる差別が国を分断してきた歴史があり、そうした差別を禁止する規則を詳細に列挙しているからである。ドイツ連邦共和国基本法が地方政府と中央政府の権力分立に7000語以上も充てているのは、国家自体が、歴史的には独立したアイデンティティと権限をもつ州（ラント）が結合して連邦制を構成しているからである。それに対し日本国憲法が差別や権力分立への言及が少ないのは、民族紛争や宗教紛争の歴史がほぼないからであり、また、明治維新後、中央集権主義に基づいて国家が形成されてきたからである。

とはいえ、憲法起草者たちは何世代も先に起こりうる問題や危機をすべて予想することはできない以上、憲法は不完全な契約にならざるを得ない。例えば、第二次世界大戦以前に制定された憲法には、国民が良好な環境を享受する権利（環境権）はまず明記されていない。地球温暖化や水不足、公害など、自然破壊に関する問題が顕在化していなかったからである。

一般に憲法は、予期せぬシナリオに対処するために二つの「安全弁」を備えている。第一は、単純に憲法の改正を認めることである。改正が認められるかどうかという議論は、アメリカ合衆国憲法の成立にまでさかのぼる。特にジェイムズ・マディソンとトマス・ジェファソンの考え方は対照的で、マディソンは、修正が少ないほうが憲法は威厳あるものになると考えたのに対し、ジェファソンは、市民は先行世代の意向に拘束されてはならないと論じた（Elkins, Ginsburg, and Melton 2009）。19世紀以前の憲法の1割から2割は改正手続きを明記していなかったのだが、社会・政治情勢の変化に対応できない憲法は、結局は全面的に再制定（replace）されていった。

第二の安全弁は、意図的に、一定の事項は「法律で定める」と規定し、関連事項は通常の立法プロセスで処理できるようにすることである。法律制定が容易であるかどうかは三権分立の制度のありようによって異なるが、それでも正式な憲法改正よりは、概してハードルが低い。その結果、予期せぬ問題が生じた場合に憲法を変えなくても対応できる。実際、マッケルウェインとウィンクラー（McElwain and Winkler 2015）が指摘しているように、日本国憲法が70年以上もの間、一度も改正せずに持ちこたえているのは、多くの細部、特に政治制度に関する項目は法律で変更できるからである。マッケルウェインとクリッパートン（McElwain and Clipperton 2014）は複数国を対象とした回帰分析によって、統治機構の細部を法律で制定できる憲法は改正の頻度が低いことを示している。

第三の安全弁は、緊急事態条項を明記することである。近代立憲主義は、国家権力の制限による国民の権利と自由の遵守を主たる目的とするが、国家はその制限ゆえに、外国からの侵略や自然災害の際に国家と国民の生存に必要な措置を迅速にとることが難しくなる。緊急事態条項は、立憲主義の平常の制約に対し特別な「例外」を認める具体的なガイドラインである。この例外的な権限には、三権分立を緩和して政府が議会の承認を経ずに法律を制定できることや、社会秩序を維持するために報道の自由を制限することが含まれる。こうして拡大された権限は濫用されやすく、行き過ぎることもあるため、緊急事態条項についてはきわめて慎重に検討する必要がある。

日本においては、緊急事態に対処する仕組みの必要性を安倍晋三首相が主張し、２０１２年の自民党憲法改正草案にも盛り込まれた。そこで以下では、緊急事態条項の理論的枠組みと、世界の憲法はこのルールをこれまでどのように扱ってきたのかについて論じる。その上で、日本が緊急事態のルールを検討する際に考慮すべき点を提示する。

三　緊急事態条項の原則

自然災害や国際紛争のような危急の事態に対し、政府が予め準備を進めることに異論を挟む人々はいないだろう。事実、危機への行政上の対応を明確化した法律は、ほとんどの国に存在する。日本でも、国と地方公共団体が、国民の生命と財産を保護するために公的資源をいかに活用するかを定めた災害対策基本法が設けられており、国の領域と国民を守るために、いつどのような場合に自衛隊が発動可能となるかのガイドラインを示した有事法制もある。危機は、その予測可能性、出現スピード、短期的・長期的影響などが多様であるため、変わりゆく状況に対する融通を極力認めるような準備や対応を法令で明示する傾向がある。

対照的に、憲法での緊急事態条項は、もっと抜本的なものである。国家緊急権としても知られているその規定は、立憲主義体制に対する「例外」を作り出すことを目的としている。最も一般的な意味において、憲法は二つの事柄を特定化する。第一に憲法は、私的な事柄に対する政府による介入や偏重を制約するものとして、公民権と自由権を定めるものである。第二に憲法は、政治代表の選択、維持、権威などを制定する統治機構、なかでも政治制度の輪郭を描くものである。立憲主義のもとでは、明記されている人権と統治機構の取り決めは、正式な憲法改正の手続きを踏まない限り、廃棄することは不可能である。日本国憲法第九十八条にも記されるとおり、「この憲法は、国の最高法規であつて、その条規に反する法律、命令、詔勅及び国務に関するその他の行為の全部又は一部は、その効力を有しない」のである。最高法規として国民の支持のもと長期的に効力を発するために、国会の過半数で変えられる「法律」と違い、日本国憲法の「改憲」は衆議院と参議院の各議員の3分の2と国民投票の過半数の承認を要する。

緊急事態条項は、特定の状況下、定められた機関（主に行政府）に対し、一時的に平常の憲法の枠組みを超える権限を与えるものである。例として、緊急事態が宣言された場合、デモなどの規制（集会の自由の制限）、法律と同等の効力を持った政令（立法府の権限の奪取）、政府情報の開示の制限（報道規制）、議会の事前承認無しでの軍隊の発動（シビリアンコントロールの弱体）などを、期限付きで許すことが可能だ。これらの行動は、平常の秩序を取り戻し維持するために必要な非常処置として、合憲化されるのである。

ただし、国家緊急権の濫用を用心しなければならないことを歴史は物語る。おそらく最も有名なケースが、戦前ドイツ国のヴァイマル憲法四十八条である。そこでは共和国議会の事前同意なく緊急令を発し、一時的に基本権を停止する権限が、大統領に与えられた。1930年代初頭におけるヴァイマル大統領による度重なる緊急令の乱発のため、立憲民主主義に対する大衆の不満は増大していく。それが結果的に、ナチスの台頭と第二次世界大戦前のドイツにおける議会政治の崩壊につながっていくのである（石田 2015）。同様の問題は、1970年代を通じて南米諸国においても噴出した。軍隊をバックに付けた大統領が、権力の集中と自由権・公民権の制限を合法化する緊急権をその支配に用い、国家権力に歯向かう者を拘留したり、民主化運動を妨害したりしたのである（Loveman 1993）。

したがって、国家緊急権の最も重要な原則の一つは、国家緊急権を行使できる状況を明確にしておくことである。政府に付与される権限が大きくなるほど、このガイドラインは明確でなければならない。この点を銘記したうえで、緊急事態条項の原則を憲法に盛り込む際に考えるべきことが三つある。第一は、国家緊急権を発動できる具体的な状況とはなにか。第二は、そのような状況が実際に現れたかどうかの判断、すなわち緊急事態の発動を議会や国家元首など誰がするのか。第三は、緊急に際してどのような主体が平常の枠組みを超える権力を発揮できるのか、そしてそれらの権力が、どの程度、通常の人権や統治プロセスを無視できるのか、である。

四　世界の憲法における緊急事態条項

では、緊急事態条項の内容は、各国の憲法において、どの程度、共通しているのだろうか。ここでは個別の憲法との比較ではなく、より広範なアプローチを行ってみたい。具体的には、1789年から2013年まで制定された約900にのぼる憲法の内容を、800以上の変数についてコード化した“Comparative Constitutions Project”（比較憲法プロジェクト）のデータを用いる（Elkins, Ginsburg, and Melton 2009）。このデータからは、人権、統治機構、政軍関係、そして緊急事態条項などの内容が、憲法上、どのような流れに沿って特定化されてきたのかを、直接比較し、計測することが可能である。

具体的な例から始めよう。図2−1は、調査された各国の憲法のうち、緊急事態の条項を含む割合（実線）、および最も濫用の危険がある、緊急時の人権保護規定の緩和もしくは停止を含む割合（点線）の経年変化を示したものである。ここからはまず、2013年時点では93・2％の憲法において、緊急事態条項が含まれていることが分かる。

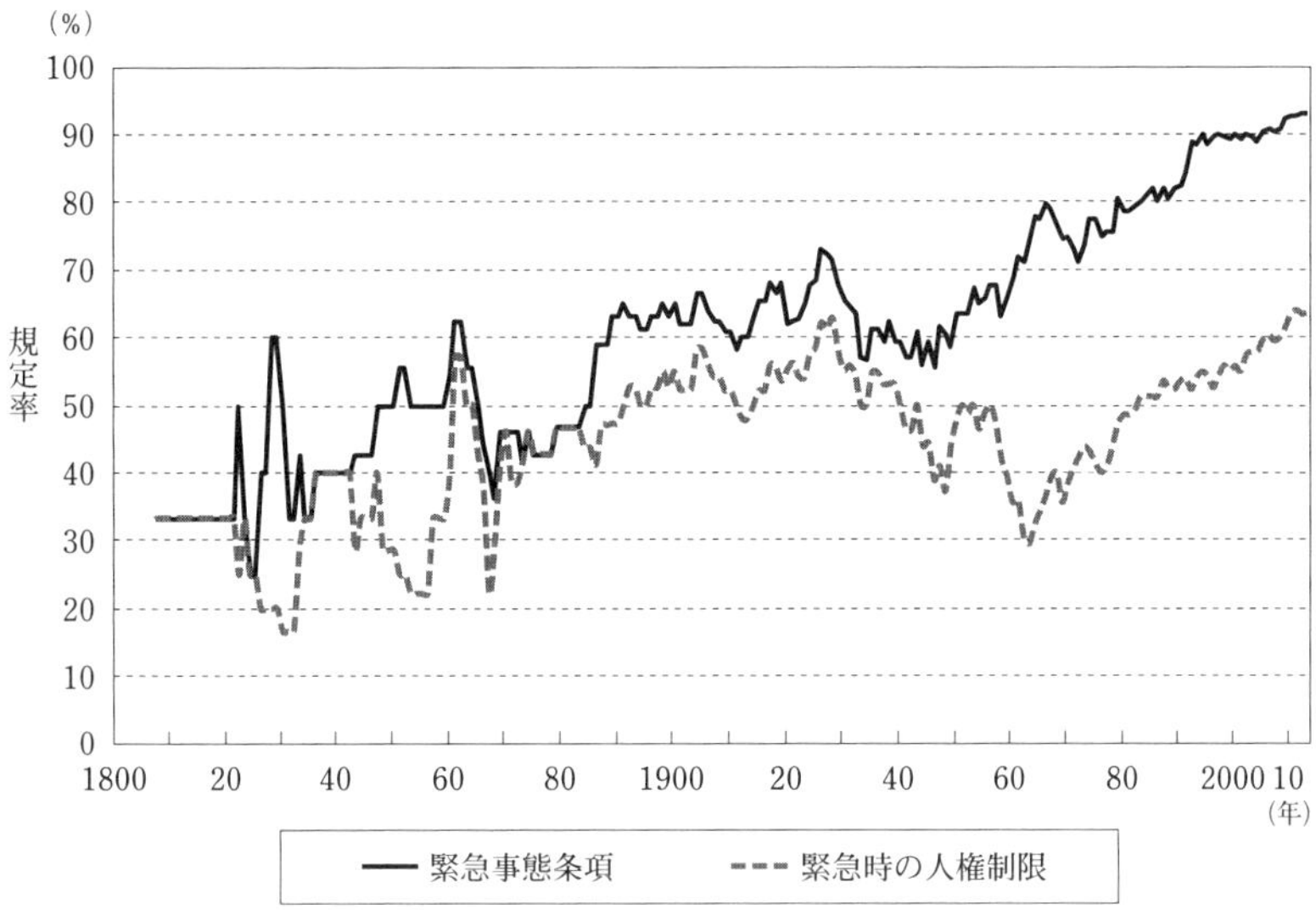

図2-1　緊急事態条項の憲法規定率

出所）Comparative Constitutions Project.

今や緊急事態条項は、憲法における最も共通した項目の一つとなっている。比較として、表現の自由は現行憲法の95・9%に明記されている。ところが一方で、緊急時の人権保護に関する規定は、かなり異なった動きをみせている。二つの線は、歴史上多くの場合、併行して動いてきたが、第二次世界大戦後になって大きな断絶を見せた。その因果関係については今後さらなる検証が必要ではあるが、現行憲法のうち、緊急時における人権制限を認めているのは63・7%に限られる。言い換えれば、憲法の起草者たちは、政治的に選ばれた人々に過大な権力を委任することに対して、ますます慎重になっているのである。

すでに述べた国家緊急権の状況・効果・発動の三原則について、さらに詳しく見ておこう。まず図2-2は、緊急事態を宣言できる状況に違いがあることを示している。最も多いのは他国からの武力攻撃および戦争状態で、現行憲法の64・0%に明記されている。国家の消滅は国民の生活と財産を最も直

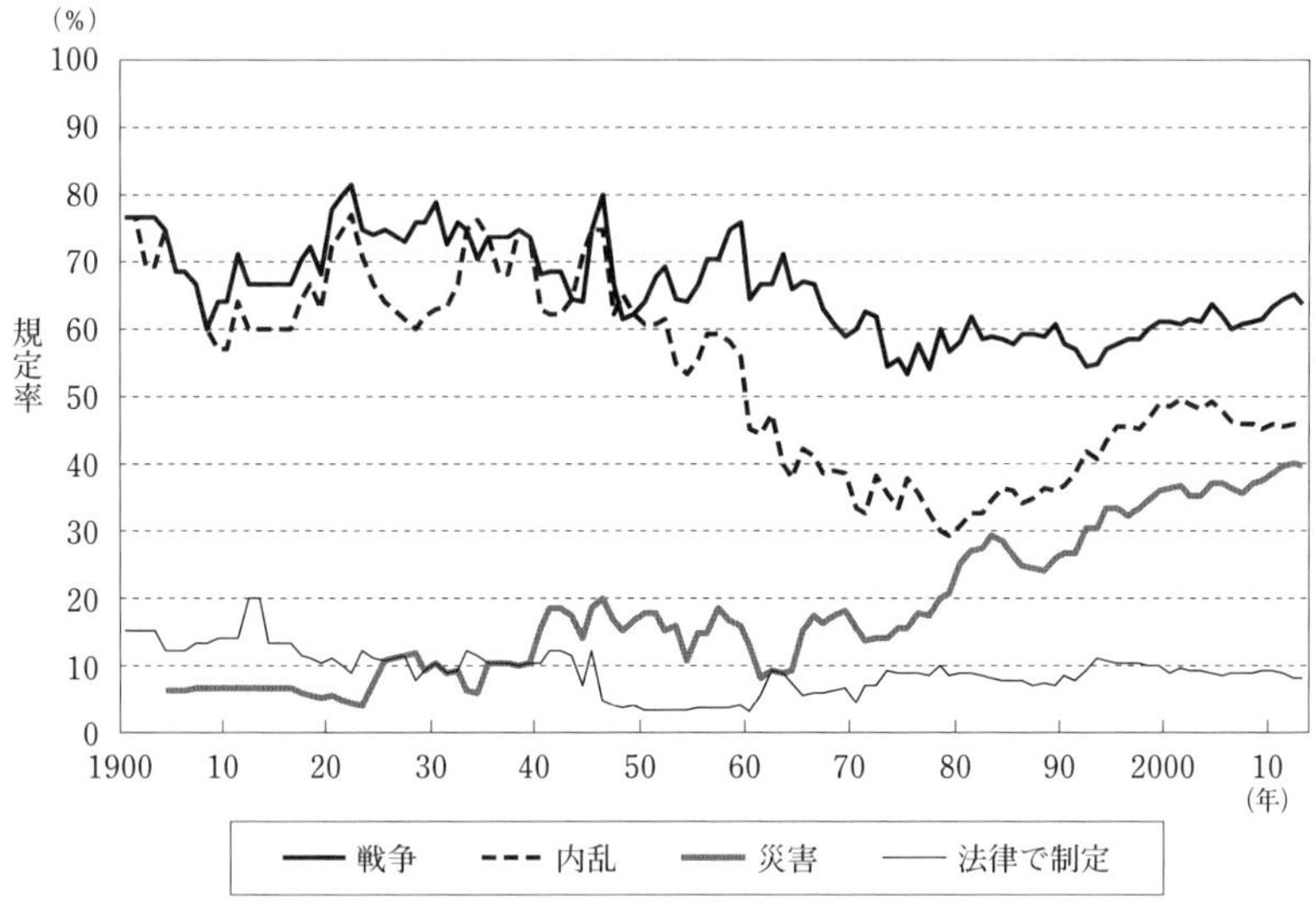

図2-2 緊急事態の宣言状況

出所）Comparative Constitutions Project.

接的に脅かす以上、これが、憲法起草者たちが第一に想定したシナリオであるのは当然であろう。二番目に多いのは、内乱における内部保全のためである。国内の反政府勢力はテロやクーデターによって立憲主義体制の存立を脅かす可能性があるため、その論理は戦争と似ている。とはいえ、図2-2が示すように、内乱を明記しているのは現行憲法の45・6%で、およそ70%の憲法に規定されていた1900年代初めよりは少ない。これは、主として歴史的出来事、特に戦前ドイツのヴァイマル憲法の失敗や、1960年代の中南米諸国の独裁政権状況から学び、対応したものである。対外的な軍事紛争は客観的に観察しやすいが、内乱はそれより主観的な概念であり、権力の乱用を招きかねない。最も急ペースで規定率が上昇しているのは災害、特に自然災害である。第二次世界大戦以前は憲法の20%にしか規定されていなかったが、今では39・7%の憲法に規定されている。それは言うまでもなく、気候変動と環境悪化によって自然災害の頻度と激しさが増しているからである。最後に注目すべきは、緊急事態を宣言できる状況を法律で定めるとしている憲

表２－１　非常事態宣言の効果と現行憲法での規定率

議会任期延長・非解散	22.8%
憲法改正不可	12.5%
必要な処置を取れる	8.8%
政府の長の政令＝法律と同効果	7.4%
法律で定める	5.2%

注）2013年時点のデータを基に計算．非常事態条項を明記している憲法の内訳．
出所）Comparative Constitutions Project.

法は10％に満たないことである。緊急事態を法律で定めるとすると、政府の重大な権限をいつ行使しうるかを議会の単純過半数で決定できることになるため、こうした重要なルールを憲法の枠組みから外すことはほとんどない。

次に、緊急事態の際に政府に付与される特別な権限について見ておこう。約60％の憲法は個人の権利の停止を認めているが（図２－１）、多くの憲法はそれ以外の権限も認めている。表２－１に示した比率は、緊急事態条項がある憲法のうち、緊急事態の際に付与される権限を明記している現行憲法の割合である。まず、現行憲法の22・8％は議会の解散を認めていない。これは、独裁的支配者の権限に対する監視機能を停止させないためである。12・5％の憲法は、憲法改正を禁じている。これは、そもそも緊急事態は特別な一時的状況であり、その間に立憲主義体制を根本的に変えるようなことがあってはならないという原則に基づく。法律と同じ効力を有する政令を行政府が発することができるというのも、重要な権限である（7・4％の憲法に規定）。注目すべきことに、国家緊急権の発動条件同様（図２－２）、その効果を法律で定めるとしている憲法は5・2％にとどまる。繰り返しになるが、国家緊急権は平常の立憲主義体制に対する特別な例外として規定され、その間に政府に大きな権限が付与されるため、憲法の起草者たちは、そうした権限が政府与党の単独採決で操作できないようにしているのである。

最後に、緊急事態を宣言・発動する実際のプロセスを見てみよう。ほとんどの憲法は二段階のプロセスを必要としており、発議と承認の手続きが異なる。非常事態条項を明記している現行憲法の80・8％は、発議は行政府が行うと規定し、4・8％は立法府が行うと規定している。行政府が緊急事態を宣言することは、緊急事態と認められる主な状況は外交や国防と関係し、それらの分野に最も大きな責任を有することと整合的である。承認については、60・5％の憲法が立法府の責任としている。この責任分担は、三権分立の原則の下ではきわめて重要である。緊急事態をいつ宣言するかの決定が、政府の一機関でなされてはならないからだ。緊急事態の宣言によって、その機関の権限が拡大する場合はなおさらである。

緊急事態時に政府の権限が拡大する場合、政府の権限濫用を監視し防止する議会の役割が特に重要である。全体として憲法の55・0％が、発議と承認を行政府と立法府に分けている。ただし、政府は緊急事態時に人権を制限できるとする憲法では、この比率は62・6％にのぼるが、制限できない憲法では35・3％にとどまる。この違いは、政府に付与される権限が大きいほど、緊急事態に関する明白な制約が強まるという考え方に立つものである。

五　日本国憲法における緊急事態対応

最後に、日本国憲法は緊急事態条項を付加するために改正すべきなのか、またどのような改正が理想的なのかについて論じて本章のまとめにしたい。日本における憲法改正論議は、これまで憲法第九条が中心であり、緊急事態条項を付加するかどうかをめぐる議論が盛んになったのはこの10年間のことである。自由民主党の２０１２年の「日本国憲法改正草案」に新たに第九章「緊急事態」を設けることが提案され、これは自民党の２０１７年の衆議院選挙公約にも盛り込まれた。東日本大震災後、特に有事や大規模自然災害の際に国民の生命、身体、財産を保護するために政府がより迅速に対応することに関心が集まっている。２０１７年に自民党が提示した具体的なシナリオは、緊急事態の際、衆議院が任期を迎え解散しないといけない場合、実際選挙を行うことが難しいので、衆議院解散の制限や国会議員の任期の特例を設けるべきというものである。

実際、緊急事態条項を憲法に付加することについては、政治家も一般市民も広く支持している。東京大学谷口将紀研究室・朝日新聞共同調査のデータによると、2017年選挙当選者の45%が、緊急事態条項を憲法改正の三大優先事項の一つに挙げたのに対し、憲法第九条を挙げたのは41%であった（McElwain 2018）。読売新聞の憲法世論調査（2018年4月30日）では、「緊急事態の際、選挙を延期して現職議員の任期を延長できるようにすべき」に75%が賛成したが、「緊急事態における政府の責務や宣言を憲法改正により条文で明記する」に賛成したのは29%にとどまった。

自民党の2012年憲法草案に含まれた非常事態の発動手続きとその効果について、もっと具体的な内容を見てみよう。まず、自民党の憲法草案はけっして非典型なものではない。緊急事態の宣言できる状況は、自民党草案第九十八条一項に照らし合わせるならば、「我が国に対する外部からの武力攻撃」は、現行憲法の64%、「内乱等による社会秩序の混乱」が46%、「地震等による大規模な自然災害」が40%で含まれ、この三項目はドイツ連邦共和国基本法と同じ規定である。また草案九十九条二項の「法律で定めるところにより、事前又は事後に国会の承認」も、現行憲法の60%に制約がある。その一方で、いくらかほかと異なるのは、緊急事態の最中、「法律で定めるところにより、内閣は法律と同一の効力を有する政令を制定することができる」（草案九十九条一項）を含むのは、現行憲法の7%にすぎない点にある。

自民党草案は、二つの点でグローバルな流れと大きく異なっている。第一は、詳細の多くが、議会の単純多数で通せる法律に任されている点である。先に述べたように、国家緊急権は、立憲主義体制への深刻な「例外」であり、それゆえ慎重な叙述と制限が求められる。ところが草案では、宣言状況、国会承認の事前・事後のタイミング、および政令の制定と承認などの重要な項目は、法律によって定めることが認められている。他の憲法の多くが緊急事態の発動と効力を明示された事態に限定しているのに比べて、きわめて珍しいといえる。例えば、緊急事態の発動に関して同様の条項をもつドイツ連邦共和国基本法は第百十五条aで、「連邦領域が武力によって攻撃され……ていることの確定は、連邦参議院の同意を得て、連邦議会が行う。その確定は、連邦政府の申立てに基づいて行い、連邦議会議員の投票数の3分の2の多数、少なくともその過半数を必要とする」と規定している（初宿・辻村 2017）。いつ、誰が緊急権の発動を宣言し、承認するのか、この条項に曖昧さはほとんどない。

第二の特徴は、緊急時における人権の制限にある。草案第九十九条三項には「何人も、法律の定めるところにより、当該宣言に係る事態において国民の生命、身体及び財産を守るために行われる処置に対して発せられる国その他公の機関の指示に従わなければならない。この場合においても、第十四条［法の下の平等］、第十八条［身体的自由権］、第十九条［思想・良心の自由］、第二十一条［集会・結社・表現の自由］その他の基本的人権に関する規定は、最大限に尊重されなければならない。」と記されている。

ただこの程度の尊重では、裁量の余地が心地悪いほどに広い。尊重すべきと記されている条項は自由権にかかわるものだが、一体、いつ、誰が、政府の行動がその条項に従っているかを決めるのか、明確でない。さらに内閣が制定する政令に限ると、草案第九十九条二項は「法律の定めるところにより、事後に国会の承認を得なければならない」と規定されているが、もし政府与党が議席の過半数を占めていれば、国会はどの程度内閣に対する精密なチェック機能を中立的に果たせるだろうか。

実のところ、これは国家緊急権と日本の政治構造との間に存する基本的な問題と関係する。1994年に小選挙区比例代表並立制が導入されて以来、与党が衆議院で過半数を獲得することは決して難しいことではなくなった。立法府と行政府の権限が分立する大統領制と違って、日本は議院内閣制であり、機関間のチェックアンドバランスが比較的弱い。唯一の例外は参議院である。参議院は比例代表制になっていて、一政党が過半数を占めるのは難しく、政党間の譲歩が必要となる。もっとも、単一与党に支えられた内閣は政治的な制約がほとんどないため、他の国に比べれば迅速に多くの政策決定ができるので、なぜ緊急事態条項が必要なのか、明確でない。

このような問題に対しては二種類の補完的な解決策がある。第一は、政令の効果をより明示的に限定することだ。第二には、最高裁判所には、独立の判断であるか、要請に基づくかにかかわらず、政令を精査できるよう、権威付けがなされるべきだろう。それは「最高裁判所は一切の法律、命令、規則又は処分が憲法に適合するかしないかを決定する権限を有する終審裁判所である」という、憲法第八十一条に記された最高裁の権力に関する規定とも整合的である。

また、国会議員の任期延長については最近たびたび議論され、多くの調査で支持されているが、本質的に危険な側面がある。選挙の延期は有権者の意思を問う機会を延期することと同義であり、それを認めると、緊急事態に対応できず国民の支持を失った政府が政権を維持することを可能にしかねない。憲法第五十四条二項ですでに、国に緊急の必要があるとき、参議院の緊急集会を求めることが可能になっており、議会が機能できないことはない。つまり、政府の能力は別として、日本の統治機構は災害に迅速に対応できるよう設計されているのである。

六　おわりに

緊急事態条項の問題は、しばしば行政上もしくは業務上の事柄であるとして描かれがちである。しかし、その真の目的とは、人権や統治機構に対して、超法規的な例外を与えることにある。緊急事態条項の存在は世界中の憲法の多くで共通すると同時に、行政府による権限の拡大は、いつ、どのくらいの期間、どの程度制限されるべきかが、詳細に規定される傾向もある。その意味で、自民党による憲法改正草案は、緊急事態の施行手続きと効果に関する条項において、「法律で定める」という表現が頻繁に見られるように、その曖昧さが際立っている。

憲法改正の目的は、通常の法律では対処不可能である困難な問題を解決することにある。それが政府のあらゆる部門を縛る最高法規を変更するものである以上、改正は、不測の事態と効果に目を向けつつ、慎重に考慮されなければならない。緊急事態条項に関する論争は、憲法九条や天皇制のようなイデオロギーに関するものではない。立憲主義体制の例外となる権力が認められることを念頭に、適切なチェックとバランスの識別ができるよう、歴史的な事例と比較の文脈から、大いに学んでいく必要があるのだ。

参考文献

Elkins, Zachary, Tom Ginsburg, and James Melton (2009), *The Endurance of National Constitutions*, Cambridge: Cambridge University Press.

Loveman, Brian (1993), *The Constitution of Tyranny: Regimes of Exception in Spanish America*, Pittsburgh: University of Pittsburgh Press.

McElwain, Kenneth Mori (2018), "Constitutional Revision in the 2017 Election," in: Robert J. Pekkanen, Steven R. Reed, Ethan Scheiner, and Daniel M. Smith (eds.), *Japan Decides 2017: The Japanese General Election*, New York: Palgrave Macmillan, pp. 297–312.

McElwain, Kenneth Mori and Jean Marie Clipperton (2014), "Constitutional Evolution: When Are Constitutions Amended Versus Replaced?" Paper presented at the Annual Conference of the Midwest Political Science Association, Chicago, IL.

McElwain, Kenneth Mori and Christian G. Winkler (2015), "What's Unique about the Japanese Constitution?: A Comparative and Historical Analysis," *Journal of Japanese Studies*, Vol. 41(2), pp. 249–280.

Weingast, Barry R. (1997), "The Political Foundations of Democracy and the Rule of Law," *American Political Science Review*, Vol. 91(2), pp. 245–263.

芦部信喜（２０１５）『憲法〔第6版〕』岩波書店。
石田勇治（２０１５）『ヒトラーとナチ・ドイツ』講談社現代新書。
自由民主党（２０１２）「日本国憲法改正草案」平成24年４月27日。https://www.jimin.jp/news/policy/130250.html
初宿正典・辻村みよ子編（２０１７）『新解説世界憲法集〔第４版〕』三省堂。

第3章　キューバ危機はなぜ回避されたのか？

——時間の国際政治学

保城広至

【個別・集団】

〈本章への視座〉

①保城論文では、核戦争の一歩手前まで差し掛かったキューバ危機が回避できた理由を、他の国際政治上の危機とも比較しながら検証していく。キューバ危機は突発的に発生し、かつ13日という短期間で解決したという点で、特異な国際政治上の危機だった。

②穏便から過激までの多様な選択肢のうち、米政府が最後通牒による海上封鎖という最も合理的な選択を実現できたのは、5～7日間という、異質な意見を排除する集団思考に陥らない討議のための時間的猶予が、ソ連も含めて確保されたことが大きかった。

③論文では、統計データを用いて世界全体の国際危機の暴力度に対する政策決定に要した時間の影響を計量分析している。その結果、他の要因を制御すると、暴力度を最小化する最適な時間的猶予は、キューバ危機と同様、5～8日前後であることが確認された。

一　はじめに

２０１６年11月25日、キューバの国家元首であったフィデル・カストロがこの世を去った。これで１９６２年10月に起こったキューバ危機の主役三人がすべて鬼籍に入ったことになる（あとの二人は、米国大統領であったジョン・Ｆ・ケネディと、ソ連の最高指導者であったニキータ・Ｓ・フルシチョフ）。

国際政治上、危機と言われる事件は数多くあるが、核戦争の一歩手前まで行ったキューバ危機は、その中でも最も重要なものの一つである。そしてアメリカの政府関係者がミサイル持ち込みを全く予期できなかったという点で、この事件はまさに「想定外」のことであった。通常、安全保障における危機は時間をかけて進むことが多く、キューバ危機のように突然生じるような事例は限られている。その意味でも、この事件は国際政治学の分析対象としても興味深く、多くの研究者が多面的に取り上げて分析してきた。

われわれにとって幸運なことに、キューバ危機は大国間の戦争に至らなかった。なぜ危機は回避できたのだろうか？　換言すれば、アメリカおよびソ連の政府関係者は、なぜ適切な対応をとることができたのだろうか？　本章では、キューバ危機に関する研究群を紹介していきながら、筆者自身の見解も含めて、危機回避の理由を探ってみたい。

本章が導き出したのは、危機回避に大いに貢献したものの一つは危機についての対応を十分に練ることができた「時間的猶予」であった、という仮説である。そしてその仮説は、果たして他の国際危機でも有効であったのかという問題を、最後に計量的に検証してみる。その結果、他の国際危機においても政策決定時間に要する時間は、24時間以内といった短いものでも、２週間以上という長いものでも、武力を伴う結果になる傾向があることが明らかになる。

米国の偵察機 U2 がキューバ上空から撮影した写真のうちの 1 枚

写真提供）ロイター＝共同.

二　キューバ危機とは何だったのか

キューバ危機とは、確執を高めていた米国とソ連という超大国が、1950年代末の革命後に社会主義国家となったキューバという小国を通じて引き起こした、国際政治の事件である。1961年に米国で43歳の若き大統領ケネディが就任した後に、米国とソ連・キューバの関係は悪化する一方であった。まずケネディは、就任直後に外交で大きな失態を犯してしまった。アメリカの支援を受けた1300人の亡命キューバ人部隊が1961年4月にキューバを侵攻したが、逆に返り討ちに遭ってしまったのである（「ピッグス湾事件」）。この事件によってケネディの評価は落ち、そしてフルシチョフはキューバ防衛の必要性を痛感したと考えられている。また同じ年、東ドイツから西ドイツへ向かう大量の難民流出を止めるためにソ連は、ベルリンの壁を建設し始めた。そしてソ連はその直後の9月に、核実験を再開する。さらに翌年に入ると、米国はキューバに対して医薬品等を除く物品の全面禁輸を決定、さらには米政府も核実験を再開した。このように世界が緊迫した状況の中で、キューバ危機は起こったのである。

キューバ危機を描いた「13デイズ」という映画のタイトルが示すとおり、危機は1962年10月16日から28日まで、13日間という短い期間に生じた。10月中旬、キューバ上空を偵察していた米国の偵察機U２が撮影した写真を解読した結果、キューバにＭＲＢＭ（medium-range ballistic missile; 準中距離弾道ミサイル）基地が建設されていることが判明する。その事実が大統領に報告された16日に、「危機」は開始されたのである。13日という短い期間で数々のドラマが展開されたが、大きなポイントは二つある。一つは、米国の対応である。米政府は22日に海上封鎖を発表、24日からこれを敢行し、キューバをソ連から隔離（米国側は「検疫（quarantine）」という語を使用）して、これ以上のミサイルの持ち込みを防ぐ姿勢を示した。そしてもう一つのポイントは、それに対するソ連側の対応である。米国がキューバを攻撃しないという条件で、ソ連側は28日にミサイル撤去に同意した[1]。キューバ危機は核戦争一歩手前まで人類を追い込んだ、「有史以来最も危険な瞬間であった」（アリソン・ゼリコウ　２０１６、20頁）。それにも拘わらず犠牲者はほとんど出ずに、危機は回避されたのである[2]。そのような希有な事例であったために、数多くの研究者やジャーナリストなどが、次のような疑問の分析に取り組んできた。すなわち、なぜ米国はいくつかあった選択肢の中から海上封鎖を選んだのだろうか？　そしてなぜソ連は、強硬派のカストロを抑えたかたちで、ミサイルを撤去するという決断をしたのだろうか？

三　なぜ米国は海上封鎖を選んだのか？

ミサイルがキューバに持ち込まれていることが判明した16日に、米政府内で危機を解決するために集められたのは、大統領が最も信頼した約20人からなる、後にExComm（Executive Committee of the National Security Council）と名付けられたグループであった。閣僚ではリンドン・ジョンソン（副大統領、後に大統領）、ロバート・ケネディ（司法長官）、ジョン・マコーン（CIA長官）、ロバート・マクナマラ（国防長官）、ディーン・ラスク（国務長官）などが含まれており、またアドレイ・スティーヴンソン（国連大使）やディーン・アチソン（元国務長官）といった、通常では外交政策決定に関与しない重要人物もメンバーに入っていた。大統領がことの重大さを強く認識していた事実がうかがえる。このメンバーが6日間の討議を行った結果、「最後通牒アプローチによる海上封鎖」を行うこと、すなわちソ連が封鎖を突破すれば、すぐに攻撃に移るというオプションが採用されることになった。実は当該政策は当初から考えられていたわけではなく、また七つあった選択肢の中の一つであった。その他の六つの選択肢は、次の通りである（阪本・保城・山影 2012、32-33頁）。

（1）何もしない
（2）外交的解決
（3）交渉開始アプローチによる海上封鎖
（4）外科手術的な空爆
（5）全般的空爆
（6）キューバ侵攻

一見してわかるように、（1）が最も弱腰であり、そして（6）が最も過激なものである。（1）は文字通り、米国は行動しないという選択であり、ことの成り行きを見守るだけの消極的なものであった。（2）の外交的解決とは、キューバあるいはソ連に内密に働きかけてミサイルを撤去するように打診する、という方法である。（3）の交渉開始アプローチによる海上封鎖は、実際に選択された政策とは異なり武力行使が考慮されておらず、海上封鎖をきっかけとして交渉を開始するという、より慎重なものであった。（4）の外科手術的な空爆は、キューバのミサイルと核貯蔵庫のみを通常兵器で空爆するというもので、（5）のような戦闘機や爆撃機といった防空体型全般を標的にしたものとは異なるものであった。そして（6）は、カストロ政権もろとも転覆しようする、最も攻撃的な選択であった。これら七つの選択肢は、当初からすべて出そろっていたわけではなく、議論と情報収集を重ねていくうちに、結果として提案されたものである。そして興味深いことは、6日間の間に各メンバーが、おのおのの意見を頻繁に変えていたという事実である。たとえば国務長官であったラスクは、初日の会議では（2）の外交的解決を唱えていたが、次の2日間は（4）外科手術的な空爆を、そして最終日には（3）交渉開始アプローチによる海上封鎖が最も望ましい、という意見を表明していた（阪本・保城・山影 2012、34頁）。

以上のように、キューバ侵攻といった過激な行動を含む七つの選択肢のなかから、米国は「最後通牒アプローチによる海上封鎖」という手段を採用した。これによってソ連の船は、キューバに入れずに足止めを食うことになる。結果的に、この手段は実にうまくいった。このまま手をこまぬいて何もしないでいれば（選択肢の（1）および（2））、北米大陸に届く範囲に核ミサイル基地が建設されることになり、アメリカ外交にとって極めて大きな失態となるはずであった。逆にキューバ侵攻（同（6））、あるいは限定的であれ空爆を行った場合は（同（4）と（5））、すでにミサイルはキューバに持ち込まれていた事実を考慮すれば、キューバからの報復攻撃の可能性は大いに存在した。実際のところ次節で紹介するように、カストロがソ連の反対を押し切って、感情に任せてそのような報復行動に出る確率は非常に高かったのである。

ではなぜ、アメリカは「最後通牒アプローチによる海上封鎖」を行ったのだろうか？ 危機直後から数年間は、当時の状況をよく知悉している米政権内部の関係者が、回顧録というかたちでその内実を明らかにしてきた。最もよく知られているのは、大統領の弟であり、当時は司法長官であったR・ケネディの回顧録であろう（ケネディ 2014）。本回顧録は、大統領選出馬を見据えていたR・ケネディによって書かれた、いわば兄弟自賛の書であり、彼ら二人の奮闘によって、危機が未然に回避されたとの印象をわれわれに与える。それは大統領側近であり、スピーチライターでもあったセオドア・ソレンセンなどの研究書でも裏付けられている（Sorensen 1969）。周知のように、兄のJ・F・ケネディは大統領職に就いていた1963年に、R・ケネディは大統領候補指名選の最中であった1968年に、いずれも暗殺される。そのような悲劇とも相まって、兄弟は神格化されることになる。

しかしながら、聡明で冷静なケネディ兄弟によってキューバ危機が解決に向かったというイメージは、危機関連の文書が公開されるにともなって、大きな修正を余儀なくされることになる。特に「ケネディ・テープ」と呼ばれる、大統領がホワイトハウスの大統領執務室と閣議室に内密に設置したテープ・レコーダによる録音テープが公開されたことによって、ExComm の討議内容の詳細が明らかになった(3)。判明した中で特に注目を集めたのは、R・ケネディが最も過激な選択肢であるキューバ侵攻を唱えていたという事実である。そして大統領もまた、当初は外科手術的な空爆が最も適当な選択であると考えていたのである。

また、その特異性から、キューバ危機は多くの理論研究の分析対象となった。その中でも最も有名なものは、政策決定論の古典とも言うべきG・アリソンの『決定の本質』であろう（Allison 1971, アリソン・ゼリコウ 2016）。アリソンはキューバ危機における米国の外交政策決定に際して、三つのモデルを唱えている。すなわち、単一の行為者と見なされる合理的な国家による戦略的行動を分析する「合理的行為者」（第一）モデル、視野が狭く漸進主義的・惰性的であり、絶えず自律性を保とうとする組織の行動を対象とする「組織過程」（第二）モデル、組織の頂点に立つ政治的リーダーがおのおのの立場や組織的利益を背景に行動することを分析した「政府内政治」（第三）モデルである。その中でも特にアリソンの著書を有名にしたのは最後の第三モデルであり、それによればアメリカが「最後通牒アプローチによる海上封鎖」を決定した理由を、次のように説明する。すなわち、大統領が最も信頼し、また個人的にも最も意気投合する助言者であるR・ケネディ、ソレンセン、そしてマクナマラ国防長官という「三者同盟」が誕生し、彼らが海上封鎖を唱えたことによって最終的な決定となるのである（Allison 1971, pp. 188, 202–205）。これはメンバー間の力関係や大統領との個人的距離といったものから導き出されるものであり、第三モデルで想定されるとおりの説明でもある。

　このように、アリソンは１９７０年代の前半に、当時（そして今でも）国際政治学で主流であった第一モデルではなく、第三モデルでキューバ危機を分析して見せた。しかしながら彼の歯切れの良い説明は、またしてもケネディ・テープによって後退を余儀なくされる。実際のところソレンセンやマクナマラの意見はR・ケネディとは異なったものであり、その結果『決定の本質』初版の約30年後に出されたゼリコウとの共著である第２版（アリソン・ゼリコウ　２０１６）では、「三者同盟」といった説明は消えてしまっているのである。つまり、「あなたの政治的立場は、現在あなたが就いているポストによって決まる（Where you stand depends on where you sit）」というアリソンによる格言は、現実を忠実に反映したとは言いがたく、アリソンの著名な研究もまた、キューバ危機における米国の政策決定の本質は捉えることができなかった。特にメンバーが次々と意見を変えたという事実は、基本的に静的な分析枠組みであるアリソンのモデルではうまく説明できず、依然として課題は残されたのである。

　その点で、I・ジャニスの社会心理学的アプローチは注目に価する（Janis 1982, 1989）。ストレスの度合いが高い危機下において、できる限り意見を収斂させようとする力が働くことによって、同質な集団が異質な少数意見を抑圧し、自分たちの居心地の良い政策を次第につくり上げて代替案が十分に検討されない現象をジャニスは「集団思考（groupthink）」と定義し、キューバ危機はそのような現象が起きなかった事例だと論じた。その理由はいくつかあるが、さまざまな意見を持った個人や立場の異なる専門家が、ExComm に情報を与え続けたこと、リーダー（ケネディ大統領）が検討会議にあまり顔を出さなかった事実などを、ジャニスは挙げている。

また筆者を含む共同研究では、その ExComm での討議自体に注目し、マルチエージェント・シミュレーションという手法を用いて、米政府の政策形成過程を再現してみた（阪本・保城・山影 ２０１２）。その結果、実際の政策（海上封鎖）が採られた可能性は、やはり一番高かったという知見が得られている。ドイツの政治哲学者であるＪ・ハーバーマスは、自由な討議が合理的な結果をもたらすというコミュニケーション論を唱えたが（ハーバーマス １９８５、１９８６、１９８７）、筆者らの研究はその主張に沿っていると言える。[4] つまり豊富な情報下での自由な討議は、最終的に決定される政策の質を高めるだろう。その点、ExComm は６日間という期間を討議に費やすことができた（海上封鎖の決定がなされたのは５日目）。仮にこれが１日しかなければ、米政府は拙速に空爆というオプションを選んだかもしれなかった。実際のところ、米国の海上封鎖が発表された後に、アメリカ軍がキューバに侵攻した場合はこれを殲滅せよとの命令を、フルシチョフはキューバ駐留のソ連軍に対して下していた（ドブズ ２０１０、91頁）。核兵器を使用することは禁じられていたものの、仮に米国が空爆オプションなどを採用した場合は、米ソ両国間で軍事紛争（MID: militarized interstate dispute）が生じた可能性があった。それがエスカレートして、核兵器使用という最悪の結末が待っていたかもしれなかったのである。

四　ソ連とキューバ側の事情

キューバ危機におけるソ連側のプレイヤーは、ほぼフルシチョフ一人だけだったとする見解がある。ミサイル配備を決めたのも、その撤去を決めたのも、フルシチョフの独断であった、というものである。フルシチョフの独断かどうかという論点には筆者はやや懐疑的であり、議論の余地がある（保城 ２０１６）。たとえば、米国が海上封鎖を決

ジョン・F・ケネディとニキータ・S・フルシチョフ

写真提供）ロイター＝共同.

めてから、ソ連の潜水艦をすべて呼び戻すべきだと主張するアナスタス・ミコヤン第一副首相と、そのままキューバへ向かわせるべきだとするロディオン・マリノフスキー国防相との対立が見られたが、その事実はソ連政府内部でも議論が行われていたことを示している（ドブズ 2010、111-112頁）[5]。もちろん最終的な政策決定の責任者はフルシチョフであるが、彼が誰の助言も聞かずにそのような決定を下したということは考えられない。ただしケネディ・テープのような第一級の資料が存在しない以上、ソ連の政策決定過程は相対的に不明な点が多い。今後の資料公開とそれを利用した研究によって、さらなるソ連側の事情もわかってくるかもしれない。

ミサイルの配備に関しては、フルシチョフとその側近は、米国がどのような行動に出るかをソ連の米国専門家に諮ることなく、それを決定したことが明らかになっている。ホワイトハウ

フィデル・カストロ

写真提供）ロイター＝共同.

スがさまざまな専門家を招いて、慎重な討議を行ったのとは対照的である。ミサイル配備の理由としては、欧州やトルコに配備してあった米国の核ミサイルとのバランスをとるという考え、あるいはフルシチョフのカストロに対する個人的な親近感などが存在していたと言われている。そしてその決定は、すぐさまミサイルを撤去せざるを得なかった結果から考えると、誤っていたのである。ただし逆にその撤去に関して言えば、ソ連の判断は評価できる。22日の海上封鎖の決定を聞いたフルシチョフは激怒したと言われているが、頭を冷やし、部下と対応を練る時間は十分にあった（封鎖が開始されたのは24日）。26日には、フルシチョフ第一書簡と呼ばれる私的な書簡が、米政府に届けられた。そこには、米国がキューバを攻撃せず、また海上封鎖を解くのであれば、ソ連側はこれ以上兵器を運び込まず、カストロにも何らかの説得をする、という解決策を探ったものであった。

最終的には、キューバからのミサイル撤去の条件として、キューバを攻撃しないという約束と、自国に突きつけられていたトルコのミサイル撤去（密約）を得ることができた。結局のところ、ミサイル配備を決定した前よりも、ソ連の国際政治環境は改善されたのである。

ただし、キューバの指導者であるカストロは怒っていた。大国間政治に振り回される自国の無力さに、大いに憤慨していた。国際政治は基本的にヒエラルキー（階層的）であり、小国は大国に自律的・強制的に従わざるを得ないという国際政治の冷酷な前提（Lake 2009）通り、キューバの置かれた状況というのは、まさに小国のそれだった。「キューバを防衛する」という名目でミサイルの設置を持ちかけられたものの、米国の固い意思に屈服したソ連によって何の相談もなくそれを撤去させられた。そこには、大国間政治に踊らされた小国の指導者の怒りがあった。カストロは、おそらくこの危機の最大の犠牲者と言っても良いであろう。ただし危機が去った後ですら、国連の査察を拒否したり、ソ連の自制要求に反してＵ２機への攻撃命令を止めなかったカストロの行動に鑑みると、彼が政策決定の主導権を握っていた場合、結果は全く異なった様相を呈しただろうと予想できる。カストロは犠牲者ではあるが、彼が主要政策形成メンバーに入っていなかったのは、世界にとって幸運なことだった。

五　危機が回避できた理由

ここでわれわれは（最終的に）危機を回避した米国とソ連の政策決定過程に関して、二つの教訓を導き出すことができる。すなわち一つ目は、討議の重要性である。最適な対応を導き出すには、ケネディ政権のように、多様なメンバーによる議論をある程度続けることが好ましい。それによって選択肢も増え、ある政策を採用した場合に生じうる結果の予想確率も上昇するからである。キューバ危機に対するアメリカの政策形成グループは、まさにその成功例と言える。

そして教訓の二つ目として挙げられるのが、その討議を可能にしたある程度の時間の必要性である。ミサイル基地が発見されてから海上封鎖が決定されるまで、5日という時間があった。この5日間で、ExComm のメンバーはさまざまな意見変遷を経験した。次節で論じるように、安全保障上の国際危機が生じたときは、即座にその対応をとらなければならず、時間的な余裕はあまりないことが多い。それでもなお、少人数の即決によって政策が決まってしまえば、結果は悲惨なことになりかねない。仮にケネディが当初持っていた自らの空爆案を採用していれば、その結果は実際よりも確実に悪化していたはずである。また、米政府による海上封鎖の発表から、実際に封鎖されるまではさらに3日という時間があった。この3日という猶予期間を米国が用意したからこそ、ソ連側はさまざまな選択肢を考慮することができた。ソ連の最初の反応である、フルシチョフ第一書簡はそのままのものであり、そして最終的なミサイル撤去へと繋がったのである（ソ連の最終決定は28日なので、結果的には7日間の猶予が存在した）。

「13日間」というのは短いと思われるかもしれないが、実は国際危機においてそれぞれ5日間と7日間も考える時間が許されていた両国の政策形成者は、非常に幸運だったのである。

六　時間的制約と国際紛争

国際政治における危機とは、次の三つの段階的な状況を意味している。第一に、ある国の政府にとって、他の主体の行動のために想定外の突発的な事件に遭遇する。そしてその事件は、当該国家の重要な利益を損なう可能性を有している。第二に、その解決のための時間は限られているために、政府の政策関係者（グループ）には早急な意思決定が求められる。第三に、どのような決定を下すかで、危機を引き起こした相手の対応が異なるために、結果もまた大きく異なってくる。特に第二の状況である時間的な制約は、強い圧力を政策決定者に与え、しばしばその適切な判断を誤らせる。キューバ危機が生じた際に、何らかの原因によって米政府に許された時間が5日ではなく24時間しかなければ、あるいは米国が海上封鎖を発表した後にソ連が対案を出す時間が３日ではなく同じく24時間であれば、結果は悪い方向へと変わっていたかもしれないというのが、前節で述べた筆者の主張である。

ではキューバ危機に限らず、他の国際危機において、決定を下すまでの時間の長さは危機の結果に影響を及ぼすのであろうか？ Bolton（2001）は、予期しない事態（surprise）、脅威の性質（nature of threat）、政策決定に要する時間（amount of decision time）という三つの要因が結合するシナジー効果が、米国の政策決定者に強いストレスを与え、そのためにより攻撃的な政策が採用されると主張している[(6)]。本節ではBolton（2001）が使用したものと同様のデータセットを使用して、米国だけでなく世界全体の国際危機における政策決定に要した時間の影響を、統計的に検証することを試みる。そのデータセットは、米デューク大学が提供しているInternational Crisis Behavior（ICB）である（Brecher and Wilkenfeld 1997）[(7)]。分析単位は一国家（monad）における危機で、従属変数（結果）は、危機が引き起こす物理的暴力（violence）の程度で、１（暴力なし、No violence）から４（全面戦争、Full-scale war）まで４段階のスケールがあり、値が大きくなるに従って結果は武力を伴うものとなる[(8)]。

主要独立変数（原因）は、危機が生じたことが国家の政策関係者に認識されてから、最初に何らかの反応を行うまでに要した日数である。この日数が増えれば増えるほど、結果はより穏当なものになるのだろうか。それを検証するのが、本計量分析の目的である。たとえばキューバ危機であれば、米国・キューバ・ソ連にとっての危機であったので、観察値（observations）は三つある。最初に危機を認識したのは米国で、キューバにＭＲＢＭ基地が建設されていることが判明し、その事実が大統領に報告された10月16日が開始日にあたる。そして米国が最後通牒アプローチによる海上封鎖を決定したのは10月20日であるので、対応までに要した時間は５日となる。従属変数（結果）である物理的暴力の程度は、キューバ上空でアンダーソン空軍少佐が爆死したためだと思われるが（注２参照）、２（軽度の衝突、Minor clashes）となっている。キューバ側からこの危機を見れば、始まりは米国が海上封鎖を公表した10月22日であり、それに対する初動までにかかった日数は2日間であり、米国の海上封鎖に対して強く非難した23日が最初に対応した日となっている。結果として物理的暴力の程度は米国と同じく、2である。最後にソ連側にとっては、始まりはキューバと同じく22日であり、最初の対応日はフルシチョフが米国に第一の書簡を送った26日であるので、要した期間は5日となっている。またソ連は米国とは直接的に軍事的な衝突はしていないために、物理的暴力の程度は1（暴力なし）となっている。

回帰分析に入る前に、独立変数と従属変数の関係を記述統計で確認しておこう。表3-1は、危機の認識から最初の対応までに要した日数と、最終結果（暴力なしか全面戦争か）の関係を示してある。危機が生じてから何らかの政策対応をする日数は、短いもので1日、最も長いもので464日という、大きなヴァリエーションが存在する。(9) その要した日数のうち、最も観察数が多いのが1日以内の154で、21日以上かかったものも133事例ある。興味深いのは、対応までに1日以内しか時間がなかった場合と、17日以上かかった事例である。この両端は、結果が全面戦争に至った比率が、暴力なしで収束した比率を上回っているのである（表3-1の5列目がほとんどマイナスとなっている）。先述したようにキューバ危機では、米国が5日、ソ連は3～7日という時間的猶予があり、これが最善の政策を行う可能性を広げたというのが筆者の仮説であった。仮にこれが短ければ、拙速な対応になるだろう。そして逆に、2週間以上の長さに延びたとすれば、議論が拡散したり、集中力が低下したりして、むしろ最善な政策を妨げる恐れが生じる。つまり、決定の時間が短過ぎても、長過ぎても、結果は物理的暴力を伴うものになるかもしれない。計量分析では、この仮説を検証してみることにする。

従属変数は先述したように最終的な危機の物理的暴力の程度であり、1が暴力不在の結果、4は全面戦争に至った結果を示している。制御変数としては、民主主義か軍事独裁かといった政治体制の違い、敵国との国力の不一致度、危機の重要度、エスニック紛争か否か、生じた危機がどれくらい自国から離れているか、危機のストレス度など、危

表3－1　危機認識から最初の対応までに要した日数と，最終的な結果の関係

要した日数	観察数	暴力なしの比率（%）	全面戦争の比率（%）	暴力なしの比率－全面戦争の比率
1	154	23	29	－6
2	94	31	22	9
3	59	41	14	27
4	54	35	15	20
5	41	34	17	17
6	25	56	16	40
7	27	30	30	0
8	15	33	27	6
9	21	19	19	0
10	8	63	13	50
11	17	53	12	41
12	11	45	18	27
13	14	29	29	0
14	8	38	13	25
15	5	40	20	20
16	5	40	40	0
17	7	29	43	－14
18	8	25	25	0
19	8	0	50	－50
20	6	17	33	－16
21日以上	133	25	35	－10

出所）Brecher and Wilkenfeld（1997）.

機をもたらす原因と考えられる諸変数をモデルに組み込んでいる（表3－2）。

以上の変数を使用して計量分析を行うが、その際にいくつかの留意点がある。第一に、ＩＣＢのデータセットにおける国際危機は、安全保障上の危機だけではなく、経済危機も含む。しかしながら経済と安全保障の危機は異なった要因によって左右され、また政策対応も異なってくると考えられるために、本分析ではデータを安全保障上の国際危機（イシューが「軍事・安全保障」のもの）に限定している。第二に、そのような安全保障の国際危機に限定したＩＣＢのデータでは、危機と認識されている観察数は７２７あり、その中で

表3－2　変数一覧

変数名	スケール	変数の内容
危機の物理的暴力の程度（従属変数）	1～4	1 暴力なし 2 軽度の衝突 3 重度の衝突 4 全面戦争
要した日数	連続変数	危機が主要政府関係者に認識されてから，最初に対応するまでに要した日数
要した日数二乗	連続変数	上記の二乗
政治体制	1～5	1 民主主義 2 シビリアンが統治する権威主義 3 軍部が直接支配する体制 4 軍部が間接的に支配する体制 5 シビリアン・軍部双方が支配する体制
国力の不一致度	連続変数	敵国との人口・GDP・国土の大きさなどの違い
危機の重要度	0～7	0 経済的な脅威 1 限定された軍事的脅威 2 政治的な脅威 3 領土紛失の脅威 4 国際システムや地域内における影響力に対する脅威 5 重大なダメージを受ける脅威 6 生存に影響する脅威 7 その他
エスニック紛争	1～3	1 分離主義による紛争 2 民族統一（領土回復）主義による紛争 3 エスニック問題以外の紛争
危機との距離	1～4	1 自国領土 2 自国に近い地域（sub-region） 3 自国と同じ大陸 4 上記以外の領域
危機のストレス度	連続変数	危機を経験した政策担当者の経験に基づく指標と，敵国との力関係を結合した値

危機が生じてから最初の対応にかかった日数が判明しているものは、7減って720になる。そして先述したように、危機が生じてから何らかの政策対応をする日数は、1日以内から464日までの開きがある。ただし本節の最初に述べたように国際政治における危機とは、対応する相手主体との駆け引きであると同時に、時間的な圧力との戦いでもある。つまり最初に危機が認識されて何らかの対応をとるまでに数カ月以上もかかるような状況は、時間的制約がそもそもないということになる。したがって本分析では、危機が生じてから対応日数までの期間が10～20日以内である観察値に限定している。やや恣意的ではあるが、20日間のうちに何らかの結論を出す必要があれば、政策決定者にとって時間的な制約は深刻な問題になるだろう。本研究は以上の二つの限定を施したうえで、回帰分析を行っている（観察数はさらに減って、最大548となる）。

回帰モデルは次の五つである。モデル1から3までは、日数を15日以内に限定している。最初のものは、独立変数（要した日数）が一つだけのシンプルなモデルであり、二つめのモデルは、先に紹介した制御変数を含んだものである。そして第三のモデルとして、独立変数（要した日数）を二乗したものを組み込んだものを推計する。先述したように、危機が生じた後、決定までの時間が短すぎても（1日以下）、比較的長くても（20日）、結果は物理的暴力を伴うものになる可能性が高まり、その中間（5～10日）が最も適切な政策対応ができる時間かもしれない。図3－1は、そのイメージであり、そのような仮説を検証するために、独立変数（要した日数）の二乗項をモデルに組み込むのである。仮説が正しければ、この変数は正に有意となるはずである。第四と第五のモデルは、日数を10日および20日に限定して、第三モデルと同じ分析を行った結果である。

表3－3が回帰分析結果である。この結果からわかることは第一に、独立変数である危機が生じてから何らかの反応を行うまでに要した日数は、第二モデルを除いたいずれのモデルでも統計的に有意であり、その符号は負であった。すなわち、日数が増えれば増えるほど穏当な結果になるという仮説は、確かめられた。第二に、その他の制御変数も、

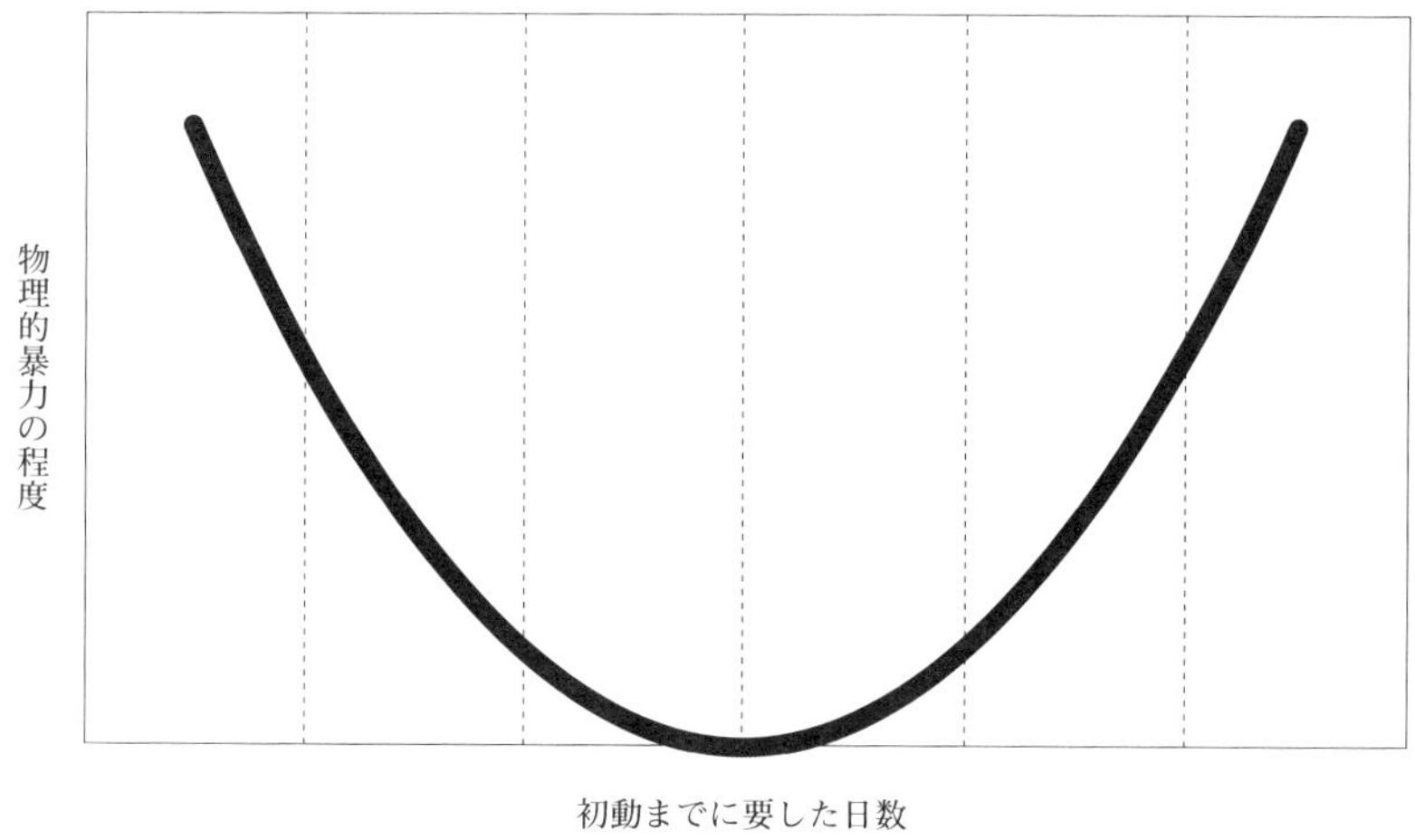

図３－１　初動までに要した日数と，物理的暴力の程度の関係

表３－３　順序型ロジスティック回帰分析結果

	モデル１（15）	モデル２（15）	モデル３（15）	モデル４（10）	モデル５（20）
要した時間	−0.056**	−0.028	−0.190**	−0.386**	−0.201***
	(0.022)	(0.026)	(0.094)	(0.157)	(0.065)
要した時間二乗			0.013*	0.039**	0.013***
			(0.007)	(0.017)	(0.004)
政治体制		0.186**	0.181**	0.168**	0.204***
		(0.079)	(0.079)	(0.084)	(0.076)
国力の不一致度		0.002	0.002	0.002	−0.002
		(0.006)	(0.006)	(0.006)	(0.006)
危機の重要度		0.247***	0.254***	0.251***	0.236***
		(0.072)	(0.073)	(0.076)	(0.070)
エスニック戦争		−0.082	−0.076	−0.045	−0.107
		(0.135)	(0.135)	(0.144)	(0.133)
危機との距離		−0.856***	−0.873***	−0.770***	−0.776***
		(0.146)	(0.146)	(0.157)	(0.137)
ストレス度		−0.008	−0.008	−0.012	−0.012
		(0.028)	(0.028)	(0.030)	(0.027)
Observation	548	420	420	371	447
Pseudo R-sq	0.004	0.058	0.061	0.052	0.063

注）* p<0.1, ** p<0.05, *** p<0.01. 上段の数値は係数，下段の括弧内の数値は標準誤差.

概ね常識的な結果となっている。たとえば当事者の政治体制が軍事独裁であれば、あるいは危機が重要なものであれば、さらには当事者と危機が起こった場所との物理的距離が近ければ近いほど、最終的な結果は暴力を伴ったものとなっている。そして第三に、二乗項の符号が正に有意であるということは、時間が短すぎても長すぎても結果は暴力的になるという仮説を支持していることが示されている。

最後に、モデル3・4・5の結果から、政策決定に要する最適日数を算出してみよう。推定式は下記数式(1)となるので、aとbにそれぞれのモデルで得られた係数を代入し、要した時間で一階微分することによって、危機の物理的暴力の程度が最小に抑えられる日数が判明する。

危機の物理的暴力の程度＝a（要した時間）＋b（要した時間）^{2}＋C（その他制御変数）＋余剰項　(1)

すなわち他の条件を同一とした場合、モデル3では最適日数は7・3日、モデル4では4・9日、モデル5ではそれが7・7日となる。おおよそ5日から8日の間に収まっており、危機が生じた後に決定まで要した時間は、短すぎても長過ぎても物理的暴力を伴う可能性が高まる、という仮説は概ね妥当なものであることが確認された。

七　おわりに

キューバにおける危機が去ってから、すでに50年以上が経過した。今でも、この事件に関する研究は次々と発表されている。新しい文書が公開されたり、生存する関係者に対するインタビューが新たに行われたりする限り、キューバ危機の「最新研究」なるものは次々と現れるだろう。

本章では、キューバ危機から得られた知見として、国際危機回避の理由の一つである十分な時間の確保の必要性を、他の事例で計量的に検討してみた。キューバ危機では、米国とソ連がそれぞれ5日程度の「猶予期間」を持ったからこそ、十分な討議や情報収集、冷静な熟考が可能になり、全面戦争に至ることなく危機は収束した。その時間が1日以内という短い場合、あるいは2週間以上といった比較的長い場合は、むしろ危機の結果が暴力的なものになる可能性があった。それが筆者の仮説であった。そしてその仮説を、ICBデータセットを使用して、全世界の安全保障上の国際危機で統計的に分析した。その結果は、仮説を支持するものであった。

もちろん本研究で行った回帰分析はシンプルで予備的なもの（preliminary）であり、さらなる制御変数・データの追加や他の統計手法による検証が必要だろう。それでもなお、時間と国際危機との関係を全世界のデータで明らかにした本研究は、国際危機研究に少なからずの貢献ができると思われる。

〈付記〉本研究で使用したデータセットは、松岡智之さん（東京大学大学院博士課程）に収集・整備していただいた。記して感謝したい。

注

（1） さらには、トルコにあった米国のミサイル撤去も、密約として両国間で了解している。
（2） 唯一の犠牲者は、米国のルドルフ・アンダーソン空軍少佐である。彼はU2のパイロットであったが、27日にキューバ上空で地対空ミサイルに撃墜された。
（3） キューバ危機の録音テープの筆写は、May and Zelikow（1997）を参照。なぜ大統領が閣僚に内密に議事録を録音したかについては諸説あるが、陰謀的なものではなく後の回顧録執筆の参考資料に用いるためであったという説が最も有力である（Stern 2003, pp. xxi–xxiv）。

（4） ただし討議が必ずしも最適な結果をもたらすとは限らない。よく知られている社会現象では、人々の討議によって結論が最も大胆になるリスキー・シフト、逆に最も消極的になるコーシャス・シフトというものが社会心理学の分野で報告されている（Stoner 1968）。

（5） 結局のところこの論争は、海軍総司令官であるセルゲイ・ゴルシコフ大将がミコヤンを支持することによって決着がついた。

（6） ただしBolton（2001）による計量分析によれば、時間の長さは統計的に有意ではないという結果が出ている。

（7） ICB Project. https://sites.duke.edu/icbdata/

（8） つまり従属変数は4段階の順序に分かれている。したがって、計量手法は順序型ロジスティック回帰を採用する（Long 1997, Ch. 5）。

（9） ちなみに後者の危機は、１９７７年のベトナムによるカンボジア侵攻である。この危機は最終的に、全面戦争という結果に陥った。

参考文献

Allison, Graham T.（1971）, *Essence of Decision: Explaining the Cuban Missile Crisis*, Boston: Little, Brown.

Bolton, Kent M.（2001）, “Pas De Trois: The Synergism of Surprise, Threat, and Response Time and Its Effects on U.S. Foreign-Policy Behavior,” *Conflict Management and Peace Science*, Vol. 18(2), pp. 175–210.

Brecher, Michael and Jonathan Wilkenfeld（1997）, *A Study of Crisis*, Ann Arbor, Mich.: The University of Michigan Press.

Janis, Irving L.（1982）, *Groupthink: Psychological Studies of Policy Decisions and Fiascoes*, 2nd ed., Boston: Houghton Mifflin.

Janis, Irving L.（1989）, *Crucial Decisions: Leadership in Policymaking and Crisis Management*, New York: Free Press.

Lake, David A.（2009）, *Hierarchy in International Relations*, Ithaca: Cornell University Press.

Long, J. Scott（1997）, *Regression Models for Categorical and Limited Dependent Variables*, Thousand Oaks, Calif.: Sage Publications.

May, Ernest R. and Philip D. Zelikow（1997）, *The Kennedy Tapes: Inside the White House during the Cuban Missile Crisis*, Cambridge, Mass.: The Belknap Press of Harvard University Press.

Sorensen, Theodore C. (1969), *The Kennedy Legacy*, New York: Macmillan.

Stern, Sheldon M. (2003), *Averting 'The Final Failure': John F. Kennedy and the Secret Cuban Missile Crisis Meetings*, Stanford: Stanford University Press.

Stoner, James Arthur Finch (1968), "Risky and Cautious Shifts in Group Decisions: The Influence of Widely Held Values," *Journal of Experimental Social Psychology*, Vol. 4(4), pp. 442-459.

アリソン、グレアム、フィリップ・ゼリコウ、漆嶋稔訳（２０１６）『決定の本質――キューバ・ミサイル危機の分析（１）（２）〔第2版〕』日経ＢＰ社。

ケネディ、ロバート、毎日新聞社外信部訳（２０１４）『13日間――キューバ危機回顧録〔改版〕』中公文庫。

阪本拓人・保城広至・山影進（２０１２）『ホワイトハウスのキューバ危機――マルチエージェント・シミュレーションで探る核戦争回避の分水嶺』書籍工房早山。

ドブズ、マイケル、布施由紀子訳（２０１０）『核時計零時1分前――キューバ危機13日間のカウントダウン』日本放送出版協会。

ハーバーマス、ユルゲン、河上倫逸、Ｍ・フーブリヒト、平井俊彦訳（１９８５）『コミュニケイション的行為の理論（上）』未來社。

ハーバーマス、ユルゲン、藤澤賢一郎・岩倉正博・徳永恂・平野嘉彦・山口節郎訳（１９８６）『コミュニケイション的行為の理論（中）』未來社。

ハーバーマス、ユルゲン、丸山高司・丸山徳次・厚東洋輔・森田数実・馬場孚瑳江・脇圭平訳（１９８７）『コミュニケイション的行為の理論（下）』未來社。

保城広至（２０１６）「書評　ドン・マントン、デイヴィッド・ウェルチ著（田所昌幸・林晟一訳）『キューバ危機――ミラー・イメージングの罠』」『国際政治』第１８３号、１４４-１４７頁。

第4章　危機の元凶は中国か？
――マグロ、レアアース、サンマの資源危機

丸川知雄

〈本章への視座〉

【事実・言説】

①丸川論文では、中国が元凶と見なされた三つの資源の危機に関する言説の背後にあった事実が解明される。その考察からは、メディアや政府の冷静さを欠いた反応が、ときとして事実ではない危機の言説を作り上げることが具体的に示される。

②マグロ枯渇の真の原因は、中国より日本の過剰消費にあった。レアアースの制限も独占力維持を目論んだ中国政府の対応が主因だった。サンマが日本の食卓に上がらなくなったのも、回遊ルート変化への日本の不十分な対応と需要の価格弾力性の高さによる。

③以上の事例について、データに基づく分析を通じた教訓として、ややもするとゼロサムゲーム的な思考に陥りがちな「資源の危機」が叫ばれた際には、立ち止まって危機の本質を見極めることと、軽率な反応を自重することの重要性が導かれる。

一　はじめに

1973年のオイルショックを経験して以来、日本人は資源危機、とりわけエネルギー危機には敏感である（下巻第8章のノーブル論文参照）。危機対応学では「事前と事後」「個別と集団」「確率と意識」「事実と言説」という四つの視点から危機対応を分析しているが、資源に関しては特に「事実と言説」という視点から危機言説を批判的に検討していく必要がある（玄田・有田 2018）。つまり、ある資源が危機に瀕しているといわれているが、「そもそもそれは本当に危機なのか」と問い直してみると、実は資源が枯渇に瀕しているなどということはなく、問題の本質は別のところにあったりする。オイルショックの頃には世界の石油の可採年数は30年ほどとされており、その危機感から日本では省エネと原子力や新エネルギーの開発が推進された。しかし、あれから40年以上が経過した今日、石油は枯渇するどころか、可採年数が50年以上に伸びている。石油資源の将来に危機感を持つことは必ずしも無駄ではないと思うが、オイルショック当時は小学生だった筆者自身を含め、多くの人々が石油はあと30年ほどで枯渇すると思い込んでいたのは明らかに誤解であった。

本章で取り上げるのは石油やコメのように日本人の生存に大きな影響があるようなものではなく、マグロ、レアアース、サンマという、どちらかといえばマイナーな資源である。資源枯渇の危機が迫っているとされる資源はもとよりこの三つだけではないが、本章で特にこの三つを取り上げたのは、いずれも危機の背後に中国の台頭があるとみられていることによる。

今世紀に入ってから中国経済の成長が顕著になり、2010年には国内総生産（GDP）の規模が日本を超え、日本は1970年代から約40年間維持してきた世界第2位の経済大国という地位を、中国に明け渡すに至った。中国の台頭が日本にとって脅威になるのではないかということは早くから言われてきたが、経済や生活のなかで実際にマイナスの影響を感じることは少ない。そうしたなか、日本人がよく食べるマグロやサンマが中国のせいで食べられなくなるとか、日本のハイテク産業の重要な材料であるレアアースが中国のせいで供給が途絶したとかいわれると、中国の脅威がいよいよ現実のものとして日本人の身辺に及んできたように感じられる。

様々な社会でリスクがどのように認知されるかを比較したDouglas and Wildavsky（1982）は、社会の価値観や文化によってどのようなリスクが重視され影響するかを論じている。言い換えれば、社会が何をもって重大なリスクと感じるかには文化的なバイアスが働くのである。マグロ、レアアース、サンマの「危機」は、今世紀に入ってから日本人がぼんやりと感じてきた中国の脅威を具現化するものであったために、危機のレベルが何倍にも増幅されて認識されたのである。

本章では、これらの危機の本質が何であったのかを検証する。実は、マグロとサンマに関しては中国は危機とあまり関係がない。日本のメディアは中国の脅威という先入観に支配されて歪んだ危機のイメージを描き、それは人々を誤った行動へ導いた。一方、レアアースに関してはまさに中国が危機を作り出したが、日本の政府およびメディアは慎重であった。歪んだ認識に支配されていたのは、むしろ中国政府であった。日本の政府とメディアが比較的冷静であったため、危機の拡大には至らなかった。

以下では、発生順に一つ一つの危機の経過とその内容を見ていく。まずは２００６年ににわかに注目されたマグロの資源危機、続いて２０１０年に東シナ海の尖閣諸島沖で起きた、日本の海上保安庁の巡視船と中国の漁船との衝突事件をきっかけとして起きたレアアースの危機、そして２０１６年秋の価格高騰をきっかけとして注目されたサンマの危機について取り上げる。

二　マグロの危機

２００６年９月10日に、ＮＨＫで「日本の食卓からマグロが消える日――世界の魚争奪戦」と題するドキュメンタリーが放送された[1]。この番組は周到な取材に基づき、日本人がやがてマグロを食べられなくなるのではないかと警告した。番組がマグロの危機をもたらす要因として指摘したのは次の二点である。

第一に、日本のマグロ漁業が燃料費の高騰と労働力不足のために衰退しつつあることである。番組には、倒産した日本の漁業会社の大型マグロ漁船が中国の会社に買い取られるシーンがあった。明言は避けていたものの、漁船が中国の手に渡ることによって、漁船が捕獲するマグロも中国国民に消費される恐れがあることを示唆していた。この番組を見たと思われるある評論家は、テレビ番組のなかで「マグロ漁船が中国の手に渡らないように、廃業した漁業会社の船は国で買い取って廃船にすべきだ」と発言していたが、それだけこのシーンは強い印象を与えたのである。

マグロ危機の第二の要因は、中国国民の海産物に対する需要が高まっていることである。中国市場にマグロを売り込む商社の活動が紹介され、中国人がいずれマグロを大量に消費し始めることが示唆された。番組では、世界での魚需要の高まりによって、日本がかつて多く輸入していた魚（例えばギンダラ）も競売で日本の業者が競り負けるケースが多くなっていることが指摘された。

その後、実際にマグロ危機説を裏付けるようなことも起きた。例えば、築地市場における２００８年１月の初競りでは、香港の寿司店が津軽海峡で捕獲されたクロマグロを６００万円で落札し、市場関係者に大きな衝撃を与えた。中国でのマグロ需要の高まりが、ついに日本でもっとも高級なマグロを、日本人には手の届かない価格で買い取るまでに至ったかに思われた。この香港の寿司店は翌年の初競りでも最高級のクロマグロを競り落とそうとしたが、銀座の寿司店が対抗したため、結局両者で一尾を半分に分けた。その翌年と翌々年はこの両者が組んで競り落としたが、2012年の初競りでは別の日本の寿司店が最高級のクロマグロを5649万円という破格の値段で競り落とした。この寿司店の社長は赤字覚悟で競り落とした動機として、海外の業者に持っていかれたくないからだと述べた（『産経新聞』2012年1月5日）。

NHKのドキュメンタリーが放映されてから本章執筆時まで13年経ったが、その後どうなっただろうか。マグロにはいくつか種類があるが、なかでも寿司や刺身のネタとして日本人が好むミナミマグロ（別名インドマグロ）とクロマグロ（別名本マグロ）について詳しくみていこう。

図4－1にみるように、2016年の世界のミナミマグロの水揚げ量は1万9284トン、うち日本は4609トンで24％を占めた。2010年から2016年の平均をとると日本は世界の水揚げ量の20％を獲っている。これ以外に、日本は世界の水揚げ量の75％に相当する量のミナミマグロを輸入している。両者を合わせると、日本は世界のミナミマグロの95％を消費していたことになる。この期間の中国の消費量は、世界の0・2％にすぎない。

図4－1の見方について少し解説しておく必要があろう。日本の漁獲量と日本の輸入量とを合計した日本のミナミマグロの消費量は、世界のミナミマグロの漁獲量を大きく上回っている。これはオーストラリアでミナミマグロが畜養されていることと関係がある。オーストラリアでは捕獲したマグロのほぼすべてを海中のいけすで畜養し、重量を増やしたのちに水揚げする。そのためオーストラリアのミナミマグロの水揚げ量は、その漁獲量より93％多い。

なお、2010年以降についてはCCSBT（Commission for the Conservation of Southern Bluefin Tuna; ミナミマグロ保存委員会）の詳しいデータがあるため、世界の水揚げ量についても正確な数字が得られるが、2004～2009年については漁獲量のデータしかなく、畜養によって重量がどれだけ増えたのかはわからない。そこで、2010年以降と同じ割合で重量が増えたと仮定すると、2004～2009年の期間に日本は世界のミナミマグロの水揚げ量

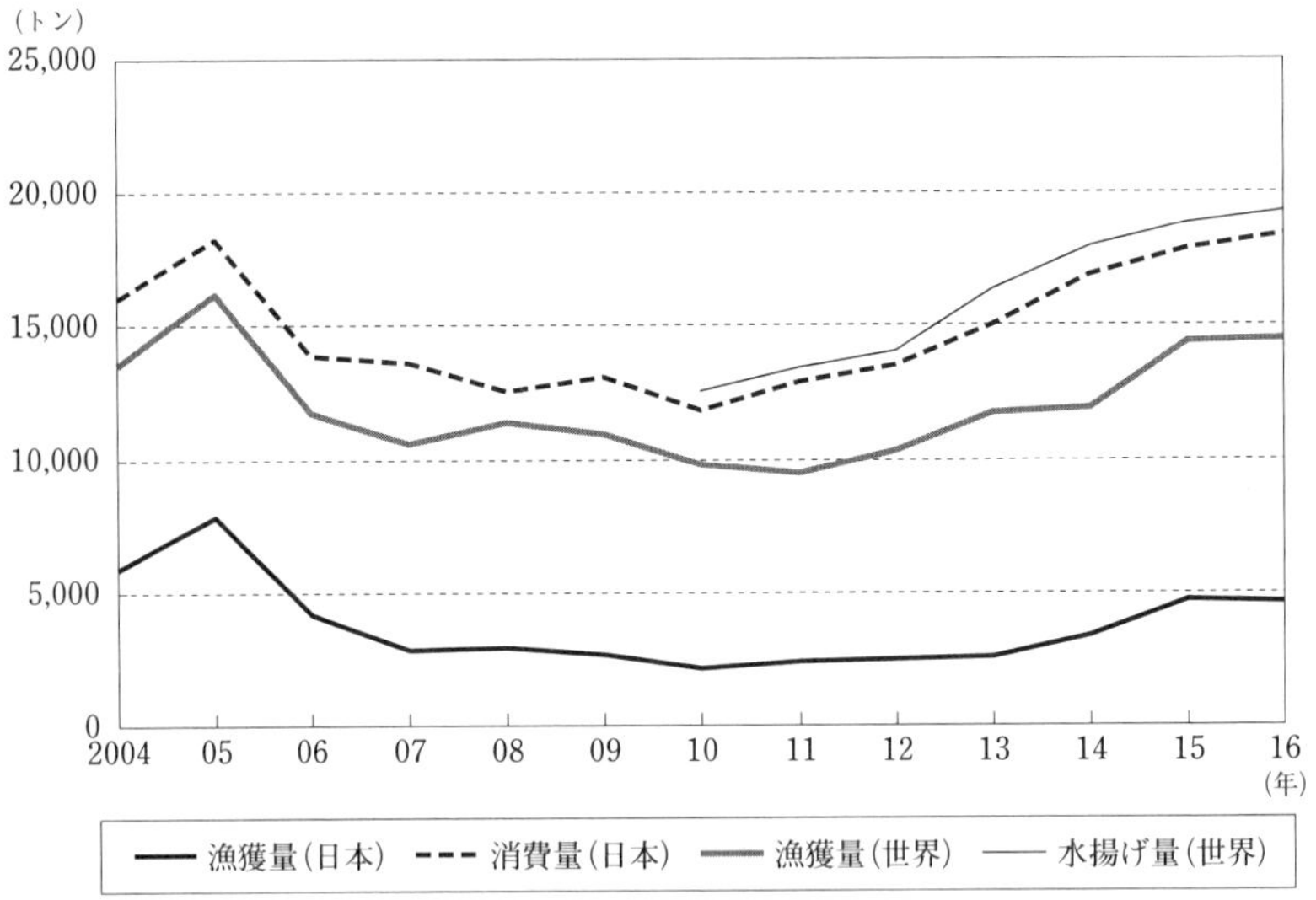

図４－１　世界のミナミマグロの漁獲と日本の消費

注）日本の消費量は日本への輸出量＋日本の漁獲量によって推計した.

出所）2004～2009 年は，Global Southern Bluefin Tuna Catch By Flag, Subset of the Annex 2a Report of the CCSBT Trade Information Scheme, CCSBT. 2010～2016 年は，Report of the CCSBT Catch Documentation Scheme, CCSBT.

の85％を消費していたと推測できる。

次にクロマグロ（太平洋クロマグロと大西洋クロマグロ）についてみてみよう。２０１６年の日本の漁獲量は９７５０トンで、世界の29％を占めた。２００４〜２０１６年の平均では日本の漁獲量は世界の33％である。これに加えて日本は、世界の漁獲量の52％を輸入していた。両者を合わせると、日本は世界で漁獲されたクロマグロの85％を消費していたことになる。この期間の中国（香港、マカオを含む）のクロマグロの輸入量は、世界の漁獲量の０・４％にすぎない。

世界の漁獲量が減る中で、日本が消費する割合は２００８年以降上昇している（図４－２）。もっとも、ここでは畜養による重量の増加分は計算されていない。クロマグロの場合も地中海やメキシコで畜養が行われているので、水揚げ量は漁獲量よりも多いはずである。したがって、日本の消費割合は85％より少ないとみられるが、

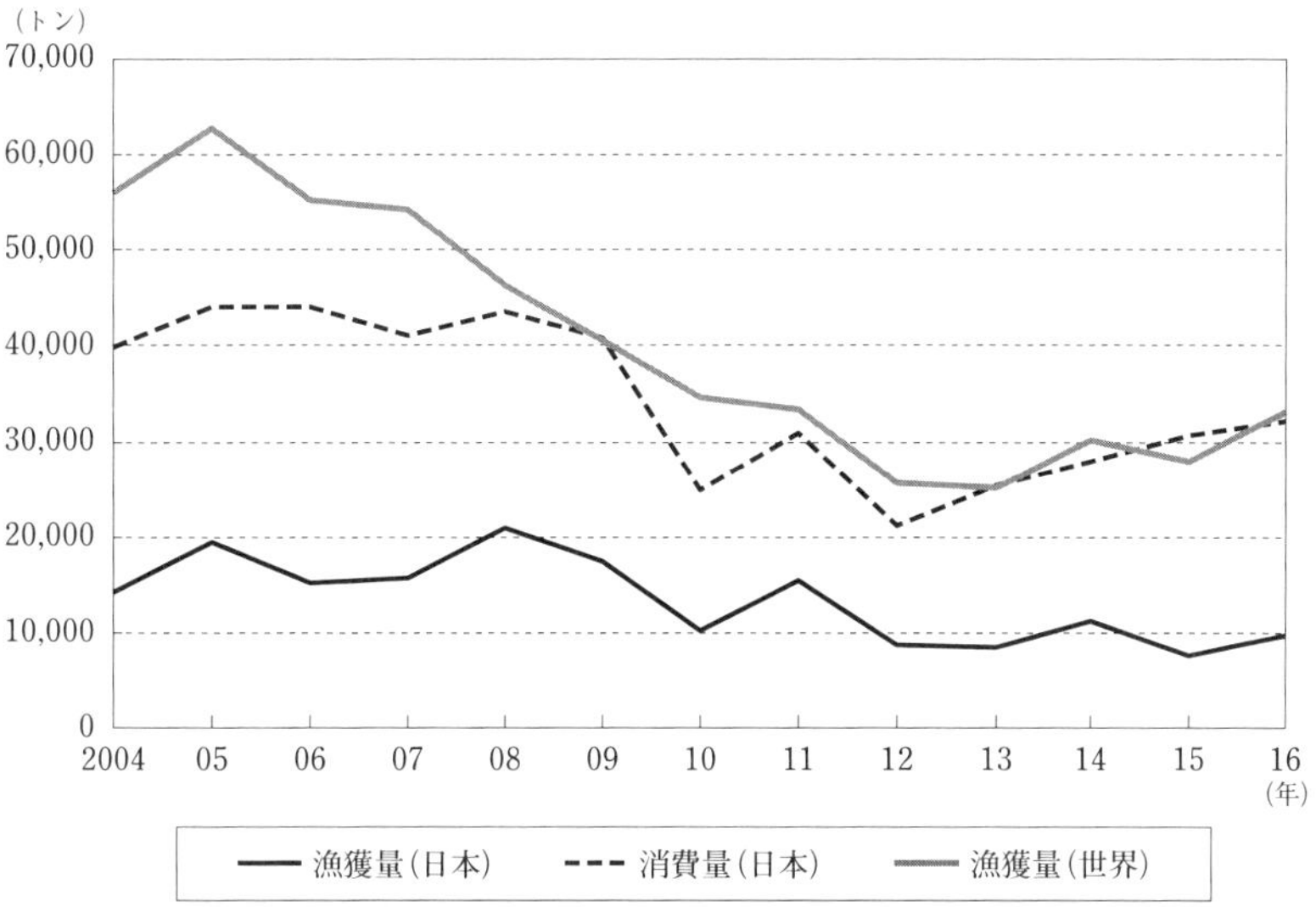

図4－2　世界のクロマグロの漁獲と日本の消費

出所）世界の漁獲は，FAO "Global Capture Production". 日本の漁獲は，農林水産省．日本の輸入は，財務省．

日本が世界のクロマグロの大半を消費していることは疑いない。

以上からミナミマグロとクロマグロに関しては、NHKの番組の警告とは裏腹に、日本の食卓からマグロが消えるどころか、むしろ、番組が放映された2006年当時も今日も、日本が世界の消費量の大半を占めてきたことがわかる。中国は日本のマグロ消費に脅威を与えたことはなく、日本の世界の中での消費割合は、番組が放映された2006年よりも2016年の方が高い。

懸念されていた日本のマグロ漁業の衰退も起きておらず、だいたい世界の2～3割程度の漁獲を維持している。これには理由があって、ミナミマグロやクロマグロのような絶滅が危惧される魚種については、国際的な地域漁業管理機関（RFMO）が毎年の漁獲枠を定め、それを各国に割り当てているのである。RFMOのメンバーで、マグロの大消費国である日本は常にある程度の割り当てを受けることができるため、日本のマグロ漁業も存続することができる。

現時点から考えれば、NHKの番組が示した見通しはすべて誤っていた。日本のマグロ漁業はその後衰退しなかったし、中国人のマグロ需要の増大によって、日本がマグロを輸入できなくなるということもなかった。

むしろ真の危機は日本の過剰消費によってマグロの資源量が急減していることである。

たとえば、太平洋クロマグロの親魚量[2]（spawning stock biomass）はISC Pacific Bluefin Tuna Working Group（2016）の推定によれば、1996年の6・2万トンから2010年には1・1万トンに激減している。この期間の漁獲の67％は、日本の漁船によるものだった。2010年以降、親魚量の減少は止まったものの、漁業が行われなかった場合の親魚量のわずか2・6％という危機的な水準にある（ISC Pacific Bluefin Tuna Working Group 2016, p. 10）。日本の漁船が重量30キロ未満の未成魚まで乱獲してしまった結果、資源量が激減したのである（勝川 2016、片野 2016）。2014年に太平洋クロマグロを管理するRFMOである中西部太平洋マグロ類委員会（WCPFC）は、30キログラム未満の小型魚の漁獲を半減させるなどの厳しい制限を行うことを決めた。また、同じ2014年に太平洋クロマグロは、国際自然保護連合によって「絶滅危惧種」に指定された。

大西洋クロマグロも親魚量の減少が著しいため、2010年にはモナコがワシントン条約（CITES）に基づいて国際取引を制限するべきだという提案を行った。この提案は日本などの反対によって否決されたものの、その後は資源回復のために漁獲枠が大きく削減された。

ミナミマグロについては、親魚量が2011年には初期資源量の5・5％にまで落ち込んでいたのが、CCSBTによる漁獲制限のもとで2017年には11％にまで回復した（CCSBT Extended Scientific Committee 2017）。そのため、図4-1に見たように世界の漁獲量も徐々に増えている。

2006年のNHK番組の警告は誤っていたばかりでなく、日本人を誤った行動に誘導した可能性がある。番組は暗に、もし中国人にマグロを食われたくなければ、日本はもっと積極的にマグロを獲得すべきだと示唆していた。日本の寿司店が初セリで高級マグロに法外な値段をつけるようになったのも、この番組のメッセージに影響されたのかもしれない。だが、日本人が知るべきことはむしろ、日本のマグロ消費によって世界のマグロ資源が危機にさらされているということであった。

三　レアアースの危機

２０１０年9月7日、尖閣諸島沖で操業していた中国漁船を日本の海上保安庁の巡視船が発見し、その海域を立ち去るように命じた。だが、漁船は逃亡を試み、巡視船と衝突した。海上保安庁は漁船の船長を逮捕し、書類送検した。従来、こうしたケースでは中国の漁船員はただちに強制送還となるのが常であったが、この時検察は船長を起訴するために2週間以上拘留した。拘留延長が決まった直後の9月21日、中国の温家宝首相はインタビューに対して「船長を即時・無条件で釈放すべきだ。そうしなければ中国はさらなる措置をとる」と声を荒げた。その3日後の9月24日、日本の新聞やテレビは、中国から日本に向けたレアアース（希土類）の輸出が止まっていると報道した。タイミングから言って、この輸出停止がすなわち温家宝首相の言っていた「さらなる措置」であるように思われた。実際、当時日本の政府・産業界にとって中国からのレアアース輸入を確保することは大きな関心事だったので、その輸出を中国が停止することは日本に対する強い圧力となりえた。

衝突事件に先立つ２０１０年の年初から、中国政府は資源保全を理由としてレアアースの輸出に対する制限を強め、7月には同年の年間の輸出枠を前年の5万トンから3万トンに削減すると発表した。レアアースはハイブリッド自動車や液晶パネルなど、日本が強い競争力を持つハイテク製品にも使われる補助原料なので、日本の政府・産業界はこの決定に慌てた。２０１０年8月末には当時の岡田克也外相が、9月上旬には御手洗冨士夫日本経団連会長が中国の要人と会見した際に、レアアースの輸出制限を緩和するように働きかけた。

中国政府は、レアアースの輸出制限は資源枯渇と採掘に伴う環境悪化を防ぐためだと説明したが、それは表向きの口実にすぎず、本音は電気自動車などレアアースを利用する自国産業の発展を後押しすることにあった(Mancheri 2015)。２００９年11月に中国の工業情報化部が公表した「２００９〜２０１５年のレアアース産業発展計画」も、そうした意図を明確に示していた。

だが、もし仮に中国がレアアースの輸出停止を環境悪化の防止など世界貿易機関（ＷＴＯ）のルールで認められている理由によってではなく、他国に外交的圧力をかける手段として行ったとすればそれはルール違反であるばかりでなく、さらに重大な結果を引き起こす恐れがある。中国から日本へのレアアース輸出の停止を最初に報じた２０１０年9月22日の『ニューヨークタイムズ』の記事は、１９４１年のアメリカの日本に対する石油禁輸措置が日米開戦の引き金になったことを引き合いに出した。

当時の日本における報道をみると、ＮＨＫは「船長の釈放を求めるため日本に圧力をかけているという見方が出ています」（２０１０年9月24日）とし、『産経新聞』は「日本への露骨な報復措置となりそうだ」（同日）と、輸出停止の狙いは報復や圧力だとの解釈を示していた。一方、『日本経済新聞』や『読売新聞』は、中国政府が輸出停止を命じたことはないと言明したことや経済産業省が輸入商社に対する調査を開始したことを伝えており、より慎重であった。

実際に当時のレアアースの貿易がどうであったかを中国側の輸出データで確認してみると、２０１０年9月には中国から日本へのレアアース輸出は２２０３トンだったのが、10月には１８０トンに激減しており、たしかに輸出停止に近いことがあったことがわかる（図４－３）。当時経済産業省が日本の輸入業者31社に調査したところ、すべての業者が中国からのレアアースの輸入が滞っていると回答した（『鉄鋼新聞』２０１０年10月6日）。ただし、図４－３からは輸出停止が、逮捕された船長の拘留に対する報復だという解釈とは矛盾する事実も読み取れる。第一に、２０１０

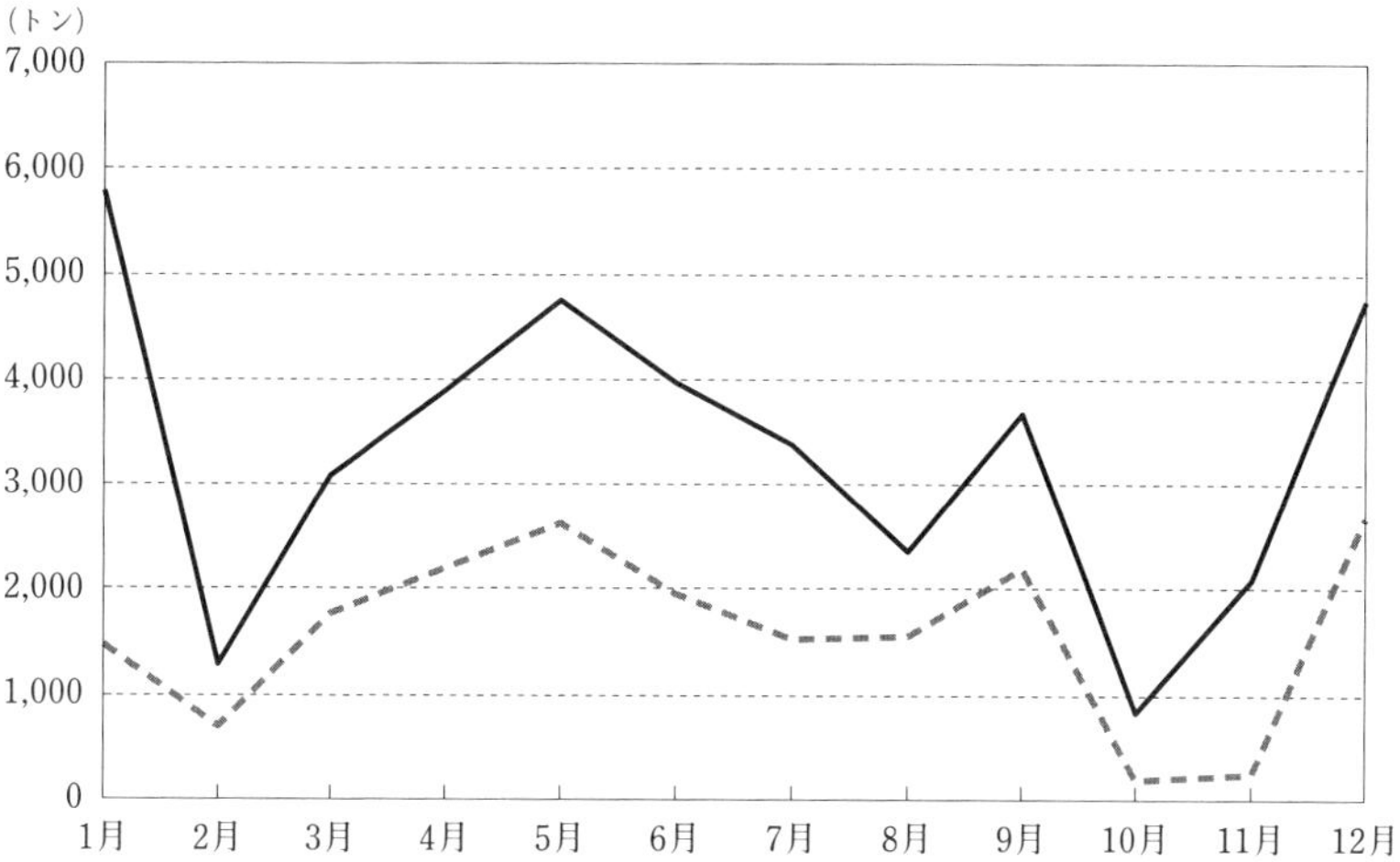

図 4-3　中国の対日本・対世界レアアース輸出

注）レアアース元素，スカンジウム，イットリウム（HS280530）およびこれらの化合物や混合物（HS2846）．
出所）UN Comtrade.

年10月には中国のレアアース輸出は日本向けだけでなく、他の国への輸出も激減している。第二に、日本向けの輸出量は10月のみならず11月もとても少なかった。実は船長は9月25日には拘留を解かれて帰国している。中国政府は船長が2週間余り拘留された恨みが骨髄にしみて、11月に至るまで執拗に報復を続けたのだろうか。それはあまり説得力のある説明ではない。

実は当時経済産業省が日本の企業に対して行ったアンケート調査によれば、レアアースだけでなく、機械部品、電子製品、繊維、食品などさまざまな品目において、9月20日から28日の期間に中国の税関での輸出手続きに遅延が生じていた。その理由は税関がいつもよりも開梱検査を求める割合を高めたり、追加資料を要求したりしたことによる（『日刊産業新聞』２０１０年10月7日）。日本への輸出が全面的に遅滞するなかでレアアースの輸出手続きも止まっていたが、船長の釈放後にレアアースも含めて輸出手続きがいったんは正常に戻った（『朝日新聞』２０１０年10月21日）。

おそらくこれが中国側の報復・圧力のすべてであっ

た。レアアースに焦点が当たったのは、当時日本側がもっとも気にしていた輸入品だったからである。

事態をわかりにくくしたのが、10月に入って中国のレアアース輸出業者が日本企業との契約を相次いで破棄してきたことである。中国の税関が特に日本向けのレアアース輸出を厳しく制限していた。

船長が帰国したのちのこの措置が、報復や圧力だったとは考えにくい。むしろ、中国のレアアース輸出量が、年初に設定した3万トンの輸出枠の上限に達したからだと解釈するのが自然である。2010年の1月から9月までの中国のレアアース輸出量は3万2156トンで、すでに輸出枠を超えている。なかでも1～9月までの輸出量の半分を占めた日本向け輸出を、中国の税関が厳しく制限しようとしたのだと考えられる。

尖閣沖での衝突事件が起きる以前から、中国の当局者は日本によるレアアースの大量輸入に対して不満を持っており、日本の政府と財界が輸出制限の緩和を働きかけたことに強く反発していた。そのことは例えば『大河報』2010年9月4日付の記事からうかがえる。それによれば、「日本は中国のレアアースを大量に安く買い入れ、巨大な戦略備蓄を行っている。日本は海底に20年分以上のレアアースを隠しているといわれる」。もし中国が安い値段でレアアースの輸出を続ければいつかその資源は枯渇し、その時「中国は現在の数百倍の価格でレアアースを（日本から）輸入しなければならなくなる」とこの記事は主張する。

同様の見解は中国の多くの新聞や書籍（例えば、王編 2011）で繰り返し表明されている。しかし、これらは事実無根であり、なぜこのような誤解が広まっているのかは謎である。たしかに日本政府はニッケルなど9種類のレアメタルについては国家備蓄をしているが、レアアースを備蓄しているかどうかは明らかにしていない。レアメタルの備蓄量は60日分にすぎないので、仮にレアアースを備蓄しているとしても20年分も持っているはずはないであろう。ましてや、レアアースを海底に隠す合理的な理由があるとも思えない。おそらく日本の排他的経済水域（ＥＥＺ）の深海底にレアアースがありそうだ、という話がどこかで歪曲されて伝えられたようだが、「中国のレアアースの父」と言われる物理化学者の徐光憲氏までがこの説を信じて広めている。

レアアースは実はそれほど希少な元素ではなく、すでに探査されている資源量だけで、現在の年間消費量の900年分もある（Government Publishing Office 2017）。従って、仮に中国でレアアースが枯渇しても、その価格が数百倍に高騰するということはあり得ない。荒唐無稽な説ではあっても、マスコミで繰り返されているうちにまるで公知の事実であるかのように一人歩きし、中国政府の当局者も日本に対して特に厳しく対処したのではないだろうか。

2010年9月に始まった中国のレアアース輸出の停滞は12月には解消され、輸出が急回復している（図4－3）。その結果、2010年の中国のレアアース輸出は3万9813トンとなり、皮肉なことに日本の中国からのレアアース輸入量は前年を49％も上回った。

結局、中国政府は輸出枠を超える量の輸出を認めたのであるが、これは日本の働きかけが功を奏したのではなく、9月下旬の輸出停止以降、中国で半密輸が跋扈《ばっこ》したこととおそらく関係がある。「半密輸」とは、レアアースが中国の税関を通過するときは輸出制限や輸出関税を回避するためにレアアース以外のものに偽装されるが、輸出先国の税関を通過するときはレアアースとして正しく申告されるような貿易を指す。表4－1では中国の税関からの情報に基づく中国の輸出統計と、輸入国の税関の情報に基づく中国からのレアアース輸入量とを比較しているが、2009年には中国のレアアース輸出量と各国の中国からの輸入量とがおおむね一致していたのに、2010年には前者より後者の方が2万トンも多くなっていることがわかる。

2010年に中国は世界のレアアース生産の97％を占めていたので、中国が輸出制限を行うと輸入国でのレアアース価格が上昇する。日本のレアアース輸入価格も2010年1月には1キログラム911円だったのが、9月には2964円に、11月には3728円に高騰した。こうした価格高騰が、半密輸の増加をもたらした。中国の対日本輸出量と日本の中国からの輸入量は、2010年9月まではおおむね一致していたが、10月以降かなりの差が生じるよう

表4－1　中国のレアアース輸出

（トン）

年	中国のレアアース輸出（対世界）	世界各国の中国からのレアアース輸入	中国のレアアース輸出（対日本）	日本の中国からのレアアース輸入
2007	54,353	88,749	28,084	35,784
2008	54,986	57,558	28,427	31,097
2009	43,918	44,870	14,993	15,613
2010	39,813	59,321	19,132	23,311
2011	16,861	39,565	9,443	15,378
2012	16,265	24,480	6,607	8,013
2013	22,493	30,798	7,565	9,084
2014	27,729	35,674	12,442	13,303
2015	34,832	32,092	12,677	12,788

出所）UN Comtrade.

になり、結局２０１０年全体では日本の輸入量が中国の輸出量を４０００トン以上も上回った（表４－１）。半密輸が増えると、正直に輸出枠を申請して輸出関税を支払っている業者が不利になるので、結局政府も輸出制限を緩めざるをえなくなる。12月に輸出が急回復した背景には、こうした事情があったと推測される。

２０１１年に中国政府は前年に続いて年間３万トンという輸出枠を維持するとともに、レアアース製品に対する輸出関税を20～25％に引き上げたが、こうした輸出制限の強化は半密輸をますます活発化させた。この年は３万トンの輸出枠のうち実際に中国の輸出業者が取得したのは１万８６００トンにすぎず、輸出枠を取得しても利用しない業者も多かった（『経済参考報』２０１２年８月９日）。一方、この年の半密輸は正規の輸出を大きく上回る２万２７００トンにも及んだことが、表４－１から読み取れる。

中国によるレアアースの輸出制限は、レアアースを利用する他国の企業の側でレアアースを節約したり、他の物質で代替する技術の発展を促し、中国産のレアアースが安かった時代に操業を停めていた他国のレアアース鉱山の再稼働ももたらした。

さらに、2014年8月にはWTOのパネルが、中国のレアアース輸出に対する数量制限と輸出関税が、GATT（関税と貿易に関する一般協定）違反であると裁定した。こうして中国による世界のレアアース供給の独占が破られたばかりでなく、中国政府による独占力の行使もGATT違反とされた。レアアースの価格は2012年以降下落し、2015年には2009年の水準にまで下がった。

2010年9月から11月にかけてのレアアース危機は、中国によるレアアース供給の独占と、中国政府がその独占力を国内産業の発展につなげるために行使したことが根底にあった。尖閣沖の衝突で逮捕された船長の拘留延長に対して中国が行った報復とは、日本向け輸出の通関手続きを遅らせることであった。これと、2010年のレアアースの輸出枠が上限に達したタイミングがたまたま同じだったため、中国が日本に対する報復として2カ月余りに及ぶレアアース禁輸をしたように見えてしまった。だが、仮に尖閣沖での衝突事件がなかったとしても、この年後半に日本向けレアアース輸出は滞っていたであろう。

ただ、中国政府がレアアース輸出を止める理由を積極的に説明しなかったことも事実である。そのため、「中国は日本への報復のためにレアアース輸出を長いあいだ止めた」というやや正確性を欠く認識が広まり、その後も中国の対外政策における強硬姿勢を示す事例として頻繁に言及されることになった。

中国政府による輸出制限の強化は、かえって自らの独占力を掘り崩すことになった。もともと世界のレアアースの資源量は900年分もあり、中国にもっとも多くの資源量があるといっても、世界の3分の1強にすぎない。このような資源に対して中国が独占力を行使しようとしても限界がある。2018年時点でも中国が世界のレアアース生産の7割ほどを占めているため、今後も輸出を制限して価格を吊り上げる可能性がないとはいえない。ただ、中国が世界のレアアース生産の97%を占めていた2010年でさえ、せいぜい2カ月ほどの「危機」を演出できたにすぎないし、その後GATT違反という裁定も下った。今後、同様の規模の危機が再現される可能性は低い。万が一のレアアース供給途絶に対する備えとしては、レアアースを使う企業である程度のストックを持っておくという程度で十分であろう。南鳥島周辺の日本のEEZに、膨大なレアアース資源が眠っているといわれる（加藤 2012）。これが現行のレアアース価格のもとでも採算ベースに乗るというのであればもちろん開発すべきだが、将来の危機への備えとして開発する必要があるとは思えない。

四　サンマの危機

2016年9月、日本のテレビや新聞は、悪天候および中国と台湾の漁船による乱獲の影響でサンマの漁獲が減少し、サンマの価格が高騰していると報じた（『産経新聞』2016年9月17日）。サンマは北太平洋を回遊する魚で、もともとは日本とロシアがそれぞれのEEZで漁獲していた。1980年代末から韓国と台湾の漁船も公海でサンマをとるようになり、2012年からは中国の漁船もこれに加わった。2001年には日本が北太平洋のサンマの75%をとっていたが、台湾の漁獲増加とロシアの復活とによって、2015年には日本のシェアは32%に下がった。それ以降の日本の漁獲量の減少は著しく、2017年の漁獲量は8・4万トンと、ピーク時の2008年の2割ほどに落ち込んだ（図4‐4）。

日本政府はサンマの乱獲に歯止めをかける必要があるとして、2017年7月の北太平洋漁業委員会（NPFC）の場で、各国ごとの漁獲枠を設けて漁獲量を規制することを提案した。日本が提案した漁獲枠は日本が24・2万トン、台湾が19・1万トン、中国が4・7万トン、ロシアが6・1万トン、韓国が1・9万トンというものであったが、中国、ロシア、韓国が反対して否決された（*Japan Times*, Sept. 14, 2017）。日本が提案した漁獲枠を2014年の各国の実績と比べてみると、日本の漁獲枠だけが2014年の実績を上回り、他の国々の枠はいずれも下回っている。これ

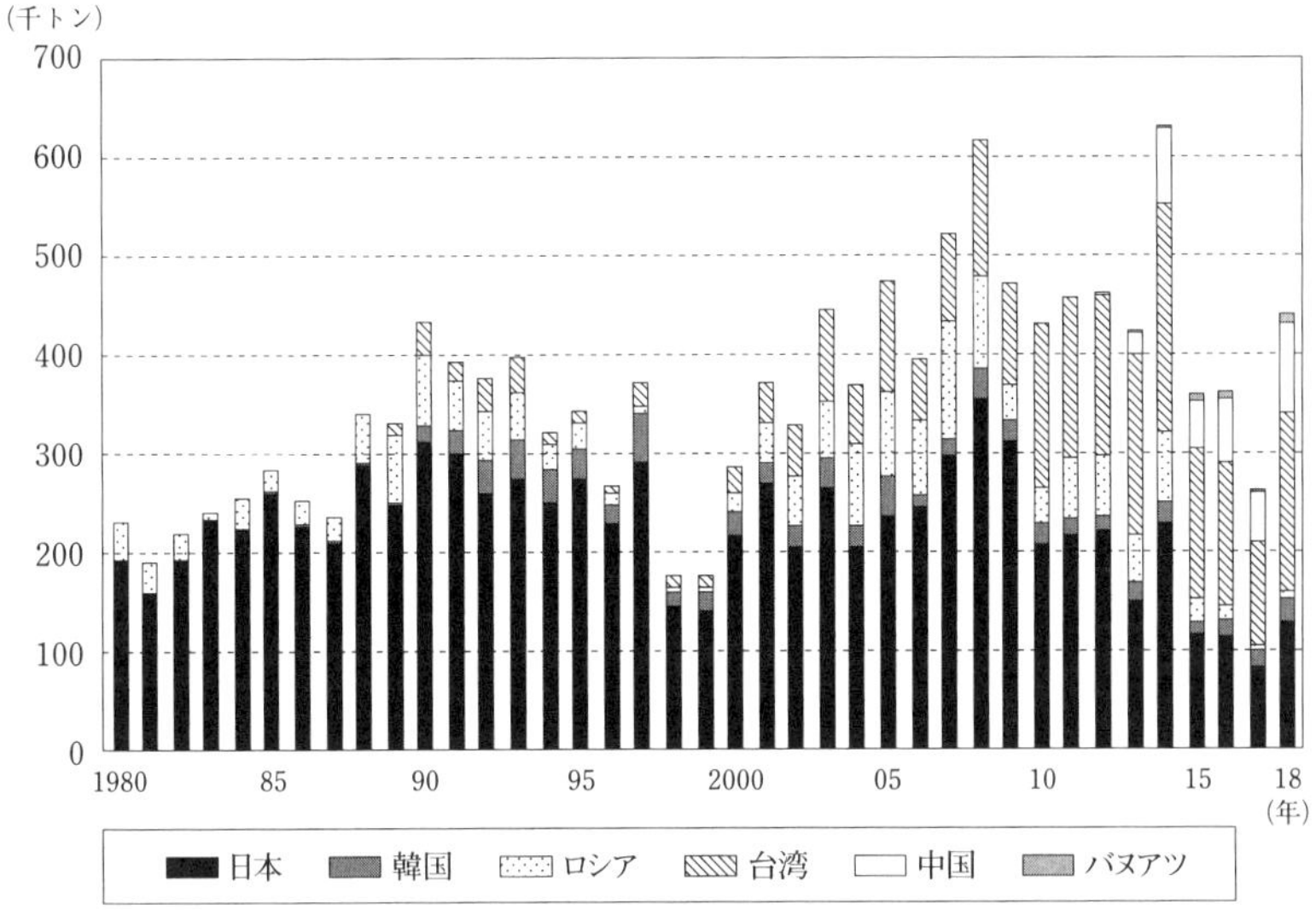

図４－４　北太平洋におけるサンマの漁獲量

出所）NPFC（2019），全国さんま棒受け網漁業組合より作成．

では、日本は本気で資源を保全したいと思っているのか、それとも単に他国の漁獲量を減らしたいだけなのかとの疑念を抱かれてもしかたがない。

翌２０１８年も日本の提案は採択されなかったが、２０１９年７月のＮＰＦＣでは日本の提案により、漁獲量の総量を55・６万トンとすることで合意された。国別に漁獲枠を設置するのではなく、公海では33万トンまで、ＥＥＺでは22・６万トンまでとした。こうすることで台湾、中国、韓国の漁獲量は２０１８年並みに抑えられる一方、ＥＥＺを主たる漁場とする日本は実質的に２０１８年の漁獲量から８割増ぐらいの漁獲枠を獲得したことになる。

だが、これが実際に日本のサンマ漁業の復活につながるかどうかは二つの点で疑問がある。第一に、日本の漁獲が減少しているのは、海水温の上昇によってサンマの回遊ルートが変化し、日本の近海に来なくなったのに、日本の漁法が対応できていないからだといわれる（『毎日新聞』２０１７年９月19日）。日本のサンマ漁船は10～２００トンの小さな船で日本近海に出漁し、日帰りで操業

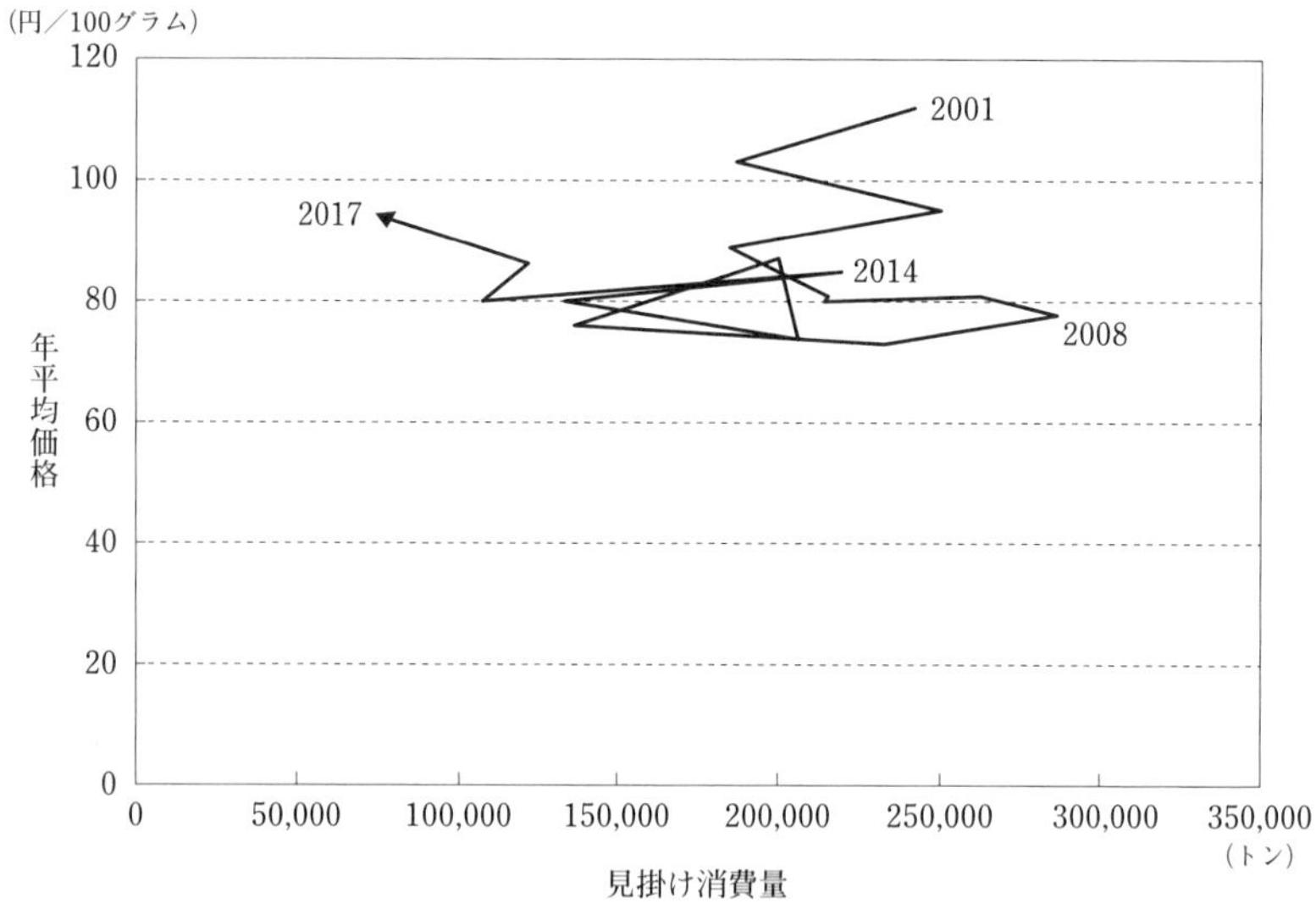

図 4－5　サンマの見掛け消費量と年平均価格

注）見掛け消費量は漁獲量＋輸入量－輸出量．価格は東京 23 区の平均価格．

出所）水産研究・教育機構（2017），全国さんま棒受網漁業協同組合，農林水産省統計，小売物価調査より作成．

するのに対して、台湾や中国の漁船は1000トン前後の大きな船で公海に出漁し、サンマを漁獲したら船内で冷凍しながら数カ月間連続して操業する。そのため、台湾や中国の船はサンマの回遊ルートが変わった時にそれを追いかけていくことができるが、日本の船はサンマが日本近海に来なくなればお手上げなのである。

第二に、漁獲量の増加を支えるだけの需要が日本に本当にあるのか、という疑問がある。ニュースではサンマの初ものに高値がついたと毎年のように報道されるので、一見するとサンマが不足して値上がりしているような印象がある。ところが、サンマの供給量が大幅に減っているにもかかわらず、サンマの年平均価格をみると、実は大して上昇していない。2016年と2017年の平均価格は、それぞれ前年に比べて7・5%と9・3%の上昇にとどまった（図4－5）。しかも驚くべきことに、日本のサンマ漁獲量が前年に比べて大きく減った2015年と2017年には、日本のサンマの輸入よりも日本からの輸出の方が多かったのである。日本国内でのサンマの見掛け消費量は、２０１４年から２０１７年にかけて3分の1に減少したのであるが、この間のサンマの値上がり率は10・6％にとどまった。

これらの事実からわかることは、日本人は、自分たちが思っているほどどうしてもサンマが食べたいというわけではない、ということである。経済学の用語で表現すれば、日本におけるサンマ需要の価格弾力性はかなり大きい。もし日本でサンマの漁獲が減り、サンマの値段が少し上がると、日本国民の需要は他の種類の魚などにシフトするため、結局サンマの値段は大して上がらないのである。

危機に瀕しているのは日本の食卓ではなく、日本のサンマ漁業である。需要の価格弾力性が大きく、供給量が減っても大して値上がりしないため、供給量が減った時は漁業者の収入が大幅に減ることになる。実際、２０１７年のサンマの売上額は２０１４年から62％も減少している。日本は他国の漁獲量を抑え、自国の漁獲枠を実質的に大幅に増やすことに成功したが、日本のサンマ漁船が相変わらず小さいままでは、日本のＥＥＺに回遊してくるサンマが減れば漁獲の減少はいずれにせよ避けられない。２０１８年秋は北海道北東海域の海水温が低下したため豊漁となったが、２０１９年は不漁になる可能性が高い。サンマ漁業の危機を打開するのは、漁業者自身がサンマの回遊ルートの変化に耐えられるような大型船を利用するか、あるいは他の魚種を狙うなどの努力を行うほかはない。

五　おわりに

本章の三つの事例からわかるように、資源問題はナショナリズムに訴える形で報道されたときに大きな注目を浴びる。一般に資源の賦存量は有限だと思われているので、資源問題は、他国がより多くを獲得したら自国の獲得分が少なくなるというゼロサムゲームの枠組み、言い換えればナショナリズムの枠組みに乗せられやすい。

だが、実際のところ経済的に有用な資源は、必ずしもゼロサムの状況にはない。石油やレアアースのような地下資源は、需要が増えて価格が上昇すると、これまで開発されていなかった資源が開発されるようになって利用可能な資源量も増える。マグロのような生物資源は、各国が協調して消費を抑制することで資源を増やすことができる。このような性質を持った資源に対してゼロサムであることを前提とした対策をとることは誤っており、後から振り返れば滑稽とさえいえるような行動に政府と人々を駆り立てることがある。

ミナミマグロやクロマグロの場合、日本は世界の消費量の大半を占める国として率先して資源の保全と回復に努めるべきである。ところが、ＮＨＫの番組は「日本人がマグロを食べなければ中国人に食べられる」という誤解を広めた。それ以来、マグロを中国と奪い合っている誤ったイメージばかりが浸透し、日本の過剰消費が世界のマグロ資源に危機をもたらしていることに対する意識がいっこうに高まらない。国際的なマグロの資源保護に関する委員会で、日本政府は漁獲制限の強化に反対する立場に立っているが、日本国内からそうした政府の姿勢を疑問視する声は上がってこない。

レアアースも価格が上がれば資源の探査、採掘、節約が促されて、資源の供給量が増加する性質を持つ。希土というその名前に影響されたのか、中国政府はこの点を見誤り、独占力をふるおうとした結果、かえって自らの独占を掘り崩してしまった。中国が世界のレアアースの供給をほぼ独占できたのは、国内の資源の豊富さに加えて、極めて低コストで地中から採取する技術を編み出したからである（丸川　２０１３）。中国は技術の優位性によって世界最大のレアアース生産国になったのだが、そうした優位性を愚かにもわざわざ輸出関税と輸出制限によって打ち消した。中国が重視すべきは、自国資源の保全よりも、レアアース採掘の副作用である環境破壊を抑えることである。レアアース開発者がしかるべき環境保護のコストを負担する仕組みを作ることで、中国政府が憂慮するレアアースの乱開発にも一定の歯止めがかかるであろう。

日本ではサンマが不漁になると、その責任を中国と台湾に帰すような報道が行われる。２０１８年秋は豊漁だったのでそうした報道は下火となったが、２０１９年には再燃している。サンマの魚群が、公海から日本のＥＥＺに回遊してくる前に中国や台湾の大型漁船がとられてしまうという説明は、いかにもゼロサムゲームらしく聞こえる。だが、過去のデータから明らかなことは、日本人にとってサンマは他に代替の効く大衆魚にすぎず、マスコミが思っているほど日本人はサンマに固執していないということである。もし日本人がサンマに強い愛着を持っているのであれば、サンマの供給量が3分の1になったら価格は急騰し、輸入も増加したであろう。そうなれば日本のサンマ漁業者は大型の漁船に投資し、公海まで出かけて行くだろうし、中国や台湾のサンマ漁船は日本にサンマを輸出するであろう。

「他国に資源をぶんどられる」というストーリーはわかりやすいし、人々の感情を刺激する。本章の三つの事例の教訓は、「資源の危機」が叫ばれた時には、まずは立ち止まって危機の本質を見極めるべきだということである。時が経てば危機の本質が見えてくることも多いのである。

注

（1） この番組の内容はのちにディレクターによって書籍化された（星野　２００９）。

（2） 毎年初セリで最高値がつけられる「大間のマグロ」や「戸井のマグロ」は回遊の途上で津軽海峡を通過する太平洋クロマグロである。

参考文献

CCSBT Extended Scientific Committee (2017), "Attachment 11: Report on Biology, Stock Status and Management of Southern

Bluefin Tuna". https://www.ccsbt.org/sites/default/files/userfiles/file/docs_english/meetings/meeting_reports/ccsbt_24/Attachment11_from_report_of_SC22.pdf

Douglas, Mary and Aaron B. Wildavsky（1982）, *Risk and Culture: An Essay on the Selection of Technical and Environmental Dangers*, Berkeley: University of California Press.

Government Publishing Office（2017）, *Mineral Commodity Summaries 2017*, U.S. Govt. Printing Office. https://s3-us-west-2.amazonaws.com/prd-wret/assets/palladium/production/mineral-pubs/mcs/mcs2017.pdf

ISC（International Scientific Committee for Tuna and Tuna-Like Species in the North Pacific Ocean）Pacific Bluefin Tuna Working Group（2016）, "Report of the Pacific Bluefin Tuna Working Group," Annex 9, 2016 Pacific Bluefin Tuna Stock Assessment, 13-18 July 2016, Sapporo, Hokkaido, Japan. http://isc.fra.go.jp/pdf/ISC16/ISC16_Annex_09_2016_Pacific_Bluefin_Tuna_Stock_Assessment.pdf

Mancheri, Nabeel A.（2015）, "World Trade in Rare Earths, Chinese Export Restrictions and Implications," *Resources Policy*, Vol. 46(2), pp. 262-271.

NPFC（2019）, Summary Footprint of Pacific saury fisheries, NPFC（The North Pacific Fisheries Commission）. https://www.npfc.int/summary-footprint-pacific-saury-fisheries

王珺之編（２０１１）『中国稀土保衛戦』北京・中国経済出版社。

片野歩（２０１６）『日本の漁業が崩壊する本当の理由』ウェッジ。

勝川俊雄（２０１６）『魚が食べられなくなる日』小学館。

加藤泰浩（２０１２）『太平洋のレアアース泥が日本を救う』ＰＨＰ研究所。

玄田有史・有田伸（２０１８）「危機対応学とその調査について」東大社研・玄田有史・有田伸編『危機対応学――明日の災害に備えるために』勁草書房、１-14頁。

水産研究・教育機構（２０１７）『平成28年度国際漁業資源の現況』国立研究開発法人水産研究・教育機構。http://kokushi.fra.go.jp/genkyo-H28.html

水産研究・教育機構（２０１８）「サンマ　北太平洋」『平成29年度国際漁業資源の現況』Ｎｏ．75、国立研究開発法人水産研究・教育機構。http://kokushi.fra.go.jp/H29/H29_75.pdf
ノーブル、グレゴリー・Ｗ（２０１９）「日本の「水素社会」言説——高リスクエネルギー政策と不安の利用」東大社研・玄田有史・飯田高編『危機対応の社会科学（下）——未来への手応え』東京大学出版会、第８章。
星野真澄（２００９）「日本の食卓からマグロが消える日」文藝春秋。
丸川知雄（２０１３）『チャイニーズ・ドリーム——大衆資本主義が世界を変える』ちくま新書。

第II部

危機と政策

第5章　東日本大地震後の電力危機と危機対応

――将来に備えた電力システム改革

松村敏弘

【事前・事後】

〈本章への視座〉

①日本の電力システムは、電力供給不足を引き起こした東日本大震災が生じる以前から深刻な構造問題を抱えていた。松村論文は問題の所在と解決に向けた改革の意義を解き明かし、将来の電力危機を避けるための事前と事後のあるべき備えを提案する。

②電力の安定供給には、エネルギー、電源、電源立地の多様性の確保が鍵になる。だが多様性の実現を阻んできたのは想定外や安定供給を名目に独占利潤の維持を目論む一般電気事業者の消極的な意思決定であり、それを克服するシステム改革は不可欠だった。

③危機時の電力不足の回避には新技術による事後対応の体制と事前のインフラ整備が重要になる。そのためにも国民が電力システムの制度設計に関心を持ち、利害関係者とその代弁者に歪んだ意思決定をさせないよう、最後の監視者となることが求められる。

一　はじめに

２０１１年3月11日に起こった東北地方太平洋沖地震とその後の原発事故によって、日本の電力市場では様々な問題が噴出し、東日本大震災前の日本の電力システムが深刻な脆弱性と非効率性を抱えていたことが顕在化した。本章では、大地震後に発生した輪番停電をはじめとする電力供給力不足に伴う電力危機を引き起こした、震災前の電力システムの抱えていた問題と、その改革を振り返ることで、危機に対する事前と事後の備えを考えることを目的としている。

電力市場の問題としては、東京電力福島第一原子力発電所の深刻な事故による汚染問題と、原子力発電所の安全規制の再構築の方が重要で、その問題を論じることなく電力システム改革のみを論じるのはセンスのない問題設定に見えるかもしれない。しかし筆者自身は、規模はともかく再び起こる可能性の高い電力供給不足に備えた事前の危機対応も含めて、低廉で安定的な電力の供給体制を構築することは、原子力問題と同様に重要な問題だと考えている。

各世帯の電気代は世帯人数等にも依存するが、移動体通信費などと比べて少なく、多くの人は、コストを抑制しつつ電力供給の安定性を維持する必要性を実感していないかもしれない。しかし家庭の電力消費量は日本全体の電力消費量の3分の1程度で、企業が使う電力消費量の方が多い。非家庭部門が負担する電気料金の高騰は、日本企業の競争力の喪失や製品価格の上昇などを通じて、何らかの形で国民負担となることを考えると、電力危機を回避するためにはいくらコストをかけてもよいとは言えない(1)。低コストで危機を回避する必要性は、今も将来も大きいと考えられる。

更に、来たるべき低炭素社会、ゼロエミッション社会を見据えると、電化社会の実現（都市ガスや石油系燃料を使う住宅から、オール電化住宅に変えるという小さな電化ではなく、化石燃料を使う内燃機関も電力を使うモーターに置き換えていくなど、エネルギー消費の大半を電力消費に置き換えていく社会）と、その電気を供給する電源の低炭素化ひいてはゼロエミッション化は不可避となるかもしれない。その社会では再生可能電源が主力電源となると予想されている。再生可能電源は、地熱・水力・バイオマスなどの安定的な電源もあるものの、資源量、開発期間、コスト、地球温暖化以外の面での環境負荷等に難点を抱えている。再生可能電源の中で、近年大きく伸びたあるいは近い将来伸びると考えられているのは、太陽光発電（ＰＶ）及び風力発電である。しかしこれらの電源の発電量は、気象条件に大きく左右される。(2)十分な事前の備えをしておかなければ、予想外の天候の変動で電力需給が逼迫するリスクは、今後ますます大きくなると考えられる。(3)将来起こりえる電力危機への備えは、いっそう重要となるだろう。

二　東日本大震災と電力危機

東日本大震災で東北地方の受けた被害は計り知れないものだったが、電力不足による危機的状況が最初に顕在化したのは、地震の直接的な被害が相対的に小さかった東京電力管内であった。関東の需要家は、２０１１年３月14日から「輪番停電」という思いもかけない事態に見舞われた。東京電力管内で２０００万ｋＷを越す電源が被害を受けたからである。しかし地震・津波の規模が仮に１０００年に一度の「想定外」の事態であったとしても、この規模の電源喪失を「想定外」と安易に言ってはならない。現に、２００３年には全く違う理由（不祥事）で、東京電力管内の全原子力発電所が停止した状態で需要がピークとなる夏を迎える事態も経験している。(4)夏期の需要期に全原発が止まる事態は本来想定すべき事態であり、事前にその備えができていれば、不需要期に２０００万ｋＷ超の電源を失う事態に至っても、あれほど無様で非効率かつ無用の社会的混乱を引き起こした輪番停電よりはましな対応ができたはず

である。(5)

電力危機への対応の問題に関しては、二つのことを区別する必要がある。「事前の準備が不足していた」問題と、「事後の対応がまずかった」問題である。前者に関しては、東京電力をはじめとする事業者だけでなく、行政も、筆者自身を含めた審議会・研究会に参加する有識者も大きな責任を負っている。震災に依って引き起こされた問題を真摯に考え、その教訓を将来の望ましい日本社会の再構築に生かしていくことは、政府及び政策に関与する者の責務である。

東日本大震災後の電力危機の話に戻そう。２０１１年3月14日に始まった、東京電力管内の特定地域を計画的に順次停電させる輪番停電は、大きな社会的混乱を引き起こした。交通信号や鉄道輸送などにも影響を与えるなど社会インフラの機能を損ね、停電の対象となった地域では、命に関わる医療機器を備えた家庭への対応に追われることとなった。実際に停電となった地域で不自由な生活を強いられただけでなく、電力需給の改善によって実際には停電が回避されたケースでも、停電に備えて操業を制限・停止する企業が相次ぐなど、大きな社会的費用が生じた。更には、非停電地域の企業活動も平日のピーク需要の削減を政府から強く要請され、工場の操業日程を変更するなどの対策を強いられるといった負担が生じた。

この輪番停電は、消費者の大きな節電努力と、気温上昇に伴う電力消費量の自然減に伴い3月中に一旦解消した。しかし冷房需要の増加が予想される夏に向けて、再び電力需給が逼迫することが予想された。このため、社会的混乱を最小化するようインフラへの電力供給制限をできる限り回避するなどの、より合理的な輪番停電の計画を策定するとともに、企業を含む電力消費者に対する節電要請が政府からなされ、平日から休日への操業の変更など、企業等にかなりの負担を強いる節電対策が再びなされた。筆者の身近なところでは、同年の日本経済学会秋季大会が、冷房需要を抑制するため9月から10月に開催日が変更になった。多くの消費者の真摯な努力の結果、予想以上の節電が進展し、更に東電をはじめ発電事業者の努力による電源の復旧・確保、他地域の電力会社からの最大限の融通等の複数の対策も効果をあげ、猛暑に襲われなかったという幸運も相まって、結果的にはこの年の夏の輪番停電は回避された。

ところがこの後、電力危機は他地域に広がることになる。まず当時の菅首相からの要請により中部電力浜岡原子力発電所が停止し、2011年の夏期に中部電力管内の電力不足への懸念が生じ、東京電力と中部電力で電気を取り合う事態になりかねない状況が生じた。更にその後、全国の原子力発電所で、定期点検後の再稼働ができない事態が相次ぎ、日本中の原発が止まる事態に陥った。この結果、震災前に原子力発電比率の高かった関西電力、九州電力管内において、2012年の夏期に電力供給が不足する懸念が強まった。内閣府による需給検証の結果、過去10年でもっとも暑かった夏と同条件になった場合、他地域からの電力融通を考慮しても関西及び九州電力で電力不足が発生することが明らかになった。そこで、猛暑に備え輪番停電の計画が策定され、2012年7月の大飯原子力発電所三、四号機の再稼働、2011年に東京電力管内で行われたのと類似の節電要請や、両地域に比べれば比較的余裕のあった地域からの連系線を介した最大限の応援準備など、事前に多くの対策がとられた。幸いなことにこの年も心配された猛暑に見舞われることはなく、消費者の節電努力やその他の多くの対策も功を奏して、輪番停電なしに乗り切った。この後も冬期には北海道電力管内で、夏期には関西電力、九州電力管内での電力不足の懸念が数年間続くことになった。緊急設置電源の増強、休止していた老朽火力の再稼働、定期点検の繰り延べや新設電源の前倒し運用開始などによって、結果的には輪番停電は震災直後を除いて発動されることはなかった。しかし、震災前に一般電気事業者によって万全に確保されていたと信じられていた電力安定供給に対する信頼は失われ、その後の電力システム改革にも繋がることになる。(6)

三　多様性の重要性

誰もが認める、東日本大震災後の電力問題での教訓の一つは「エネルギーの多様性」「電源の多様性」「電源立地の多様性」の重要性である。震災前の２０１０年に策定された第三次エネルギー基本計画では、２０３０年には電力供給の50％程度を原子力発電で賄うことが計画されていた（経済産業省・資源エネルギー庁編 ２０１０）[7]。しかし震災後、これに遠く及ばない原子力依存率の状況（２０１０年では約27％）で、全原発が止まるとたちまち電力不足となる事態に直面した経験は、電源の多様性の重要性を再認識させることになった。とりわけ原発のように社会的受容性が低く、一部の事業者による信頼を損ねるトラブルが、全国の原発停止に繋がる可能性があることを踏まえれば、原発に過度に依存する基本計画は、電力の安定供給という観点からも極めて危険な計画と言わざるを得ない[8]。激しい意見対立を伴う長い議論を経て、２０１４年にこの基本計画は改定され、可能な限りの原発比率の低減が唱われ、２０３０年度時点での目安となる原発依存度が50％から20％へと引き下げられ（経済産業省・資源エネルギー庁編 ２０１４）[9]、２０１８年の第五次エネルギー基本計画でもこの数字が引き継がれている。

原子力発電に限らず、火力発電所も特定の地域に電源が集中することが大きな危機の原因となる。電源が大規模に失われる災害時には、電源が失われると同時に需要も失われ、構造的に供給不足が起きにくい性質がある。東日本大震災当日に、これだけ大規模な電源喪失がありながら東京電力管内では局所的な停電しか起きなかったのは、地震の影響で鉄道が止まるなど電力需要が減少した事情があった。しかし東京電力管内では、需要家の被害は相対的に軽微で、14日月曜日には需要は概ね震災前の水準に近づくことが予想された。一方で沿岸部に集積していた電源の被害は大きく、多くの電源の被害は数日で回復する程の軽微なものではなかった。これが震災後の輪番停電を不可避にした理由である。また２０１８年９月６日未明に発生した北海道胆振東部地震において、現在の10電力体制になって初めてのブラックアウト（系統全体の停電）を経験したが、これも震源地近くに稼働中の電源が集中していたことが最大の原因であった[10]。

戦前の水力発電が主力であった時代から、大手電力事業者の基本的なビジネスモデルは大規模発電所を遠隔地に建て、それを消費地まで大容量送電線で運んでくるもので、主力電源が火力、原子力発電へと変化していっても変わらなかった（橘川 ２００４）。更に火力、原子力発電では、一発電所に複数の大規模発電所を集中立地させる方式が広がった。この方式はコストの低減には役に立つとしても、災害に脆弱な電力供給体制であるとも言える。この観点からも、需要地近傍におかれる分散型電源と大規模電源を適切に組み合わせることは、重要な危機対策の一つである[11]。しかし分散型電源に優位性を持つのは既存の電力会社ではなく、都市ガス会社や再生可能電源の事業者で、一般電気事業者は、長年染みついた自らのビジネスモデルと反する分散型電源普及を阻害する誘因すら持っている。発電・小売り事業だけでなく送配電部門も抱える一般電気事業者は、新規参入者の分散型電源の接続を不利に扱うことで、危機対応に優れた分散型電源の普及を抑制する手段を持っている。この手段の行使を抑制・監視し、事前の危機対応を阻害する根本原因を除くためにも、送配電部門と競争部門の分離は不可欠と考えられる（八田 ２０１２、松村 ２０１２a）。震災後の電力システム改革により、２０２０年４月には沖縄電力を除く大手９社の送配電部門の法人格を分離する法的分離が行われる予定である。またそれに先立ち、一般電気事業者のライセンスを規制分野である送配電と小売り、発電事業で分け、送配電部門の中立性を高める改革も行われている。

もっとも、規制部門である送配電部門と自由化部門（したがって分散型電源を主力にするなど一般電気事業者とは異なるビジネスモデルで参入する新規参入者と競合する部門）の法人格が分かれても、同一資本下にあることに変わりはない[12]。したがって、送配電会社が新規参入者に不利な扱いをして、兄弟会社あるいは親会社である自由化部門の会社を優遇する懸念は残っている。しかし法的分離によって、かつての内部取引は全て会社間の契約に基づく取引に移行することになり、監視の実効性は向上すると考えられている。更にこの監視を担う機関である電力監視等委員会（現在の電力・ガス監視等委員会）が2015年9月1日に発足している[13]。

危機時に威力を発揮する分散電源というと、PVあるいは燃料電池を思い浮かべるかもしれないが[14]、意外なものが分散電源として活躍しうる。危機対応では、次世代自動車も「分散型電源」としての役割を果たしうる。電気自動車（EV）はその蓄電能力を生かして電力供給に余裕のある時間帯に電気をため、需給が逼迫する時間帯に逆に電気を系統に流す、いわば揚水発電所の役割を果たすこともできる。燃料電池車（FCV）はピーク対応の発電所の役割を果たしうる。仮に燃料電池車を1万台系統に接続して発電できれば、原発1機分の出力を代替できる。しかも自動車であれば、必要な場所まで自分で動いていって発電することもできる。燃料電池車の発電コストは通常時に発電するものとしてはコストが高すぎるとしても、電力危機時の非常用電源としては絶大な威力を発揮しうる。プラグイン・ハイブリッド自動車（PHV）なら、EVと燃料電池車の両方の役割を果たしうる。震災前には一般電気事業者の厳しい規制でこの種のビジネスモデルの実証すら難しく、せいぜい宅内で利用するV2H（Vehicle to Home）の実証が精一杯だったが、送配電部門の中立化で開発のハードルは格段に下がり、系統と融通し合うV2G（Vehicle to Grid）ももはや絵空事ではないだろう。自動車を「電源」として位置づけ、電力危機に対応する付加価値を生み出すビジネスが生まれてくるかもしれない（松村 2011）。

四　インフラ整備による電力危機回避

北海道から九州まで、沖縄電力を除く9電力は地域間を繋ぐ送電線（連系線）で繋がっている。したがって原理的には北海道の電力不足時に九州から電力を送ることも可能である。しかし、９電力会社の送配電門を繋ぐ連系線の容量は一般的にとても小さく、危機時に地域間で電力を融通できる量には制約がある。とりわけ北海道電力・東北電力間（北本連系線）及び東京電力・中部電力間の連系線（ＦＣ）は極めて貧弱だった。東京電力管内が輪番停電を経験した東日本大震災直後も、その後の全国の原発停止で関西電力・九州電力管内あるいは北海道電力管内で電力不足が顕在化した時も、日本全国で見れば需要に見合う電力供給能力はあった。それでも電力危機が発生したのは、連系線の能力が不足していたからである。震災当時西日本と東日本を結ぶ連系線の容量は僅か１２０万ｋＷしかなく、しかも中部電力管内の送電投資の遅れから、この１２０万ｋＷの能力ですら電圧制約のためにフルには使えない状況だった。当時の東京電力管内のピーク時の系統容量がおよそ６０００万ｋＷであったことを考慮すると、驚くほど小さな容量であった。東日本大震災前にもこの連系線の容量を増強する議論はあった。実際30万ｋＷ増強する案が検討されたが、一般電気事業者の強い反対で見送られた。投資費用と投資によって得られるメリットを比べれば、投資のメリットがないというのである。投資費用は規制料金である託送料金(15)の料金原価に参入されることになるので、最終的には電力消費者が負担することになる。この投資によって電気代が上がるほどには消費者の利益がないというのである。

安定供給を何よりも大切にしているはずの一般電気事業者が、電力安定供給のために絶大な威力を発揮する送電線投資に極めて消極的で、経済効率性を重視する経済学者が増強に前向きという奇妙な現象が起こっていたのである。この奇妙な現象は送電線投資に限らず、また震災前だけでなく震災後にも続いている。例えば震災後に設置された緊急設置電源は、将来起こりえる災害時への安定供給に備えて除却を遅らせるべきと考える経済学者と、費用削減のために除却を急ぐ一般電気事業者との意見の対立、あるいは社会的受容性の低い原発に依存する以上、老朽火力をリプレースするのでなければ安直に除却しないで休止させておくべきとの経済学者の主張と、コスト削減のために早期に除却するとの一般電気事業者の意見の相違等、枚挙のいとまもないほどである。一般電気事業者はインフラ事業者としての矜持を持ち、安定供給を何よりも大切にしてきたとの主張は、災害の早期復旧等、電力の安定供給に多大な努力をしてきた現場の従業員の奮闘を見ていれば納得できるとしても、経営レベルでそのような矜持を持ってかつても今も経営してきたのかには、疑問の余地がある。また同じ理由で、地域独占に守られた発送電一貫体制が、費用の観点からはともかく、安定供給の観点からは最善の制度であるとの主張も説得力に欠ける。

安定供給に絶大な効果を持つFCの増強に一般電気事業者が消極的だった事実は、東日本大震災前にも、一般電気事業者が安定供給よりも自社の利潤を重視していたとすれば、容易に理解できる[16]。東日本大震災前に、既に電力市場は部分的に（大口需要家向けの高圧以上の市場は）自由化されていた。したがって各一般電気事業者は、潜在的にはお互いが競争者になり得た[17]。しかし、地域を越えて送れる電力量は連系線の容量が上限となるので、連系線の容量を抑制すれば、地域間の競争をより確実に回避できる。この競争抑制効果を考えれば、各一般電気事業者は安定供給を犠牲にしてでも連系線投資を抑制する誘因があった。

これを踏まえて、東日本大震災後改めて政府主導で設備増強の議論が行われ、投資コストと安定供給上の利益を比較考慮して、最終的には180万kWの増強が決まった。将来の連系線の容量は、既存の設備と合わせて300万kWとなる。しかし、今回のように危機が起こってから事後的に投資量を積み増すだけでは、抜本的な問題の解決とは言えない。危機が起こる度に投資量を積み増すだけでは、常に「間に合わない対策」になってしまう。根本的な問題は、歪んだ誘因を持つ主体に意思決定をさせる構造そのものである。

そこで、震災後から議論が始まった電力システム改革の一環として、2015年4月に電力広域的運営推進機関（広域機関）が設立され、連系線・基幹送電線の投資計画は、危機も見据えたこの機関が策定することとなった。

また電力危機対策では、通信による遠隔での操作が可能で、かつ時間ごとの電力使用量の計量が可能なスマートメータも大きな威力を発揮する。スマートメータが普及したら、輪番停電を強いられるような電力危機時にどう対応できたか考えてみよう。このメータがあれば、各需要家の最大電力消費量を、通信機能を用いて制御できる。例えば各需要家の最大電力消費量を50％、あるいは家庭用の需要家の最大消費量を一律に20Aに制限したとしよう。各需要家は優先順位を考えて自分で電力消費をコントロールできるので、一定地域のすべての電気が止まる輪番停電より混乱は遥かに小さくなり、また負担が特定地域に偏ることもなく、より平等、公平であるとも言える。もちろん事前に設定しておけば、優先度の高い需要家（命に関わる医療用機器を備えている家庭など）の削減率を個別に緩和することも可能である。輪番停電と比べ、非常時に遥かに公平で合理的な対応が可能になる(18)。

東日本大震災の時点では、停電時には、家庭用の貴重な分散電源であるエネファームなどのコジェネレーションは停止してしまった。電力が足りない事態であるのに、このときの輪番停電では貴重な電源をとめてしまうという愚かな結果をもたらした。また通常余剰電力を系統に供給しているPVも、停電時にはこれが不可能となり、家庭では、手動で非常用のコンセントにつなぎ変えて使い切らない限り、PVの発電能力も無駄になる。東日本大震災時には分散電源は殆ど普及しておらず、結果的に停電による電源喪失は大きくなかった。しかし、今後分散型電源が普及すると、この弊害は格段に大きくなる。スマートメータを備え、上記の対応を取れば、需給逼迫時にも分散型電源をフルに利用でき、家庭での余剰電力を社会全体で使うことができる。

更に価格メカニズムを併用して、電力不足が予想される時間帯の価格を柔軟に引き上げて需要を抑制し、逆に分散型電源での発電・逆潮流をうながすことができれば、上記の強制的な供給制限量を減らすことができる。また価格メカニズムは事前の対応にも使える。危機になる前に、事前に「危機時に供給を50％抑制する」という標準的な契約を設けるとともに、「危機時に優先的に供給を抑制するあるいは抑制量を高める代わりに、平時の基本料金を低くする」特約と「危機時に最後に供給を抑制するあるいは抑制量を低める代わりに、平時の基本料金を高くする」特約を設けておけば、電力供給抑制の打撃の小さな需要家から需要が抑制されることになり、より効率的に危機に対応できる。

このインフラ整備も一般電気事業者は消極的だったと言わざるを得ない。自由化された市場では、各事業者が共通の送配電網に発電した電気を流すことになる。電気に色はついていないので、誰が流した電気を誰が消費したのかを特定はできない。そこで30分単位で各消費者の消費量を計量し、それと同量の電力を送配電網に流したことをもって、特定の電気事業者が特定の消費者に電気を届けたと見なす制度になっている。そのために、自由化市場では、各消費者の電力消費量を30分単位で把握する必要がある。もしスマートメータがなく、従来型の1カ月の積算の電力消費量しかわからないメータしかなければ、電力自由化の範囲を、家庭用を中心とする低圧市場に拡張する際に、時間ごとの電力消費量を各販売事業者に割り振るためにプロファイリングと呼ばれる特殊なルールを設計する必要がある。したがっていざ自由化しようとしても、このルールの設計に時間を浪費することになる。更に各消費者の需要量を、価格メカニズムなどを使いながら需給に応じて適切にコントロールする、人工知能（ＡＩ）や情報通信技術（ＩＣＴ）を活用したDemand Response（DR）を駆使して費用を削減するノウハウを持つ新規参入者の強みを消し、工夫もなく消費者が消費したいだけの電気を供給するビジネスモデルを展開してきた一般電気事業者の旧来のビジネスモデルでの競争に持ち込むこともできる。つまりスマートメータの普及は、自由化の障壁を一つ除く効果を持ち、一般電気事業者の独占を脅かすことになりかねなかった。

電力システム改革により２０１６年４月から家庭用も含めた全電力市場が自由化され、この投資抑制の誘因は除かれている。また新規参入者の顧客にはスマートメータを設置することになっており、かつての弊害は取り除かれている。

五　インバランス料金と電力危機

２００１年から電力小売市場は段階的に自由化され、東日本大震災前には家庭用を中心とした低圧市場を除く、電力消費量の６割程度の市場は自由化されていた。自由化市場では新規参入者も一般電気事業者も同じ電線網を使って電気を供給し、新規参入者の顧客の電力消費量と新規参入者の電力供給量を合わせる必要がある。新規参入者は30分単位で誤差３％の範囲内で両者をあわせることが求められた。この差分は一般電気事業者が調整し、そのためのコストを新規参入者に課していた。ところがこの誤差が３％を超えると罰則的な料金（供給不足の場合高額な料金を一般電気事業者に支払い、超過した場合にはただで一般電気事業者が引き取る）となる制度が採用されていた。

この制度には様々な問題があった。仮に需要家ａ（ｂ）が、電気事業者Ａ（Ｂ）から購入しているとする。需要家ａが工場のトラブルで消費量が急減し、逆に需要家ｂの消費量が増え、系統全体で消費量は変化していないとする。このインバランス制度は、電気事業者Ｂには発電量を増やし、あるいはＤＲ等を使って需要を抑制する誘因を与え、電気事業者Ａには発電量を減らす誘因を与える。別の例を挙げよう。仮に同じ災害が原因で電気事業者Ａの発電機が停止し、需要家ｂの消費量が減少したとしよう。仮に電気事業者Ａの供給力喪失量が、需要家ｂの消費の減少量より大きいとすると、系統全体の需給は逼迫することになる。にもかかわらず、電気事業者Ｂは余剰インバランスを発生させないために、自らの電力供給量を減らすことになる。これらの例からもわかるように、この愚かなルールは系統安定化に役に立たないばかりか、有害な調整を促しかねない。

現実に東日本大震災後の電力危機時には、この制度は東京電力管内で停止された。もし停止されなければ、東京電力の電源が大幅に失われ供給力が不足したのにもかかわらず、電力危機に直面して需要家が予想外に節電した新電力が発電量を抑える事態にもなりかねなかった。つまり電気が絶対的に不足し、少しでも多く発電してもらいたい局面で、新規参入者に発電量の抑制を強いかねない制度だったのである。この制度が安定供給上如何に有害な制度だったかがわかるだろう。更に信じがたいことは、この有害な制度が採用された口実が「安定供給のため」だったことである。

安定供給がもっとも切実な問題となる大規模災害時の電力危機の局面で、安定供給を害する制度がなぜ東日本大震災前に採用されたのかと言えば、この制度が人為的な規模の経済性を生み出し、小規模な参入者の参入障壁を高め、競争を無力化するからである。不可避的に起こる個々の顧客の消費量の変動あるいは電源トラブルも、それぞれの規模が大きければある程度均される。先の例ならａ、ｂに同一事業者が供給していれば、無意味な電源調整を避けられる。大規模な事業者に有利な制度だったのである（松村　２０１４）。

電力システム改革によってこの制度は改められた。人為的な規模の経済性を生み出すルールは極力排除され、電力の危機時に全ての事業者がフルに発電する誘因をもつ制度に改められた。これを支える調整力市場の整備の議論も進められており、制度の更なる改善の努力が今も続けられている。

六　おわりに

電力危機の事後の対応は、スマートメータとＡＩ／ＩＣＴ技術をフルに活用した自動制御を中心としたＤＲと、不安定な再生可能電源も含めた電源の離脱抑制及び停止電源の早期復帰を可能とする体制が、今後整備されていくことになるだろう。事前対応は連系線を中心としたインフラ整備となる。実際東日本と西日本を結ぶ連系線は大増強することが決まっており、これが完成した後であれば、将来起こるかもしれない東南海・南海地震後の電力危機にも一定程度は対応できるだろう。北海道と本州を結ぶ連系線の増強（いわゆる新々北本連系線）も行われ、北海道地区の供給安定性は更に高まるだろう。しかし現実の危機に直面して、その後にインフラ投資を積み増しただけでは根本的な問題解決にはならない。インフラ投資には当然費用がかかるから、投資量は多いほどよいとも言えない。今後様々な状況の変化に応じて、次の危機が現実化する前に柔軟に更に投資を積み増す必要が出てくるかもしれない。そこで重要なのはインフラ整備を「どう決めるか」である。最も重要な事前の危機対策は、投資量を単にアドホックに積み増すことではなく、歪んだ誘因を持つ主体に投資の意思決定を任せない制度を作ること、中立的な者がその行動を監視する仕組みを作ること、である。既に述べたように、電力システム改革ではその方向で制度の改善が進んできたし、これからも進んでいくだろう。

しかしこれは簡単なことではない。歪んだ意思決定がなされていないか監視する制度を作ったとしても、その監視者が利害関係者に囚われて歪んだ意思決定をしていないかを誰が監視するのかと考えれば、最適解は簡単に見つかるとは思えない(19)。おそらく究極的には、国民一人一人が最後の監視者を務めなければ制度は機能しないだろう。決定が基本的に公開の場で行われ、中立者のふりをしていても特定の業者・業界の利害関係者を代弁する委員であることが公開の場で明らかになり、国民からの非難を集める、そんな状況になれば、監視者が利害関係者に囚われるリスクを減らせるかもしれない。電力はあらゆる生活の基盤で、低廉で安定的な電力の供給は国民生活の要である。この制度設計に関心を持ち続け、かつての利害関係者とその代弁者が支配する世界に戻さないよう、国民が電力市場のあり方を注視し続けることが、最大の電力危機対策であると筆者は考えている。

本章では電力の問題だけを取りあげた。危機的な状況が起こりえるのは電力だけでなく、例えば都市ガスも同様である。東日本大震災では仙台の液化天然ガス（ＬＮＧ）基地が被災し、仙台地区では都市ガスの供給が長期停止する事態もあり得た。これを救ったのが新潟から仙台に伸びていた発電用のパイプラインで、これを転用することで、仙台地区ではＬＮＧ基地の機能が回復する前に都市ガスの供給を再開できた。このような広域ネットワーク網の整備に関して、都市ガスは電力に比べても著しく劣っている。電力が、連系線の容量が小さすぎるとは言え、北海道から九州までネットワークが繋がっているのに対し、都市ガスでは東京‐大阪間のような需要稠密地帯ですら高圧パイプライン網が繋がっていない。電気事業者が連系線投資に消極的なのと同じ理由で、都市ガス事業者もパイプライン投資に消極的なのは事業者の利潤最大化動機から理解できるが、その結果都市ガスのネットワークは電気よりも更に脆弱なまま放置されている。足元ではオール電化住宅に住むよりもエネファームを備えたガス併用の住宅に住む方が危機に対して有効で、社会的意義も大きく（松村 2010）[20]、前者ではなく後者が政策的に後押しされるのは理にかなっている。しかし電力システム改革に比べて様々な面で見劣りする都市ガスシステム改革がこのまま進まなければ、どこかのタイミングで政策を変更し、危機対応も見据えて、オール電化推進に舵を切るべき時が将来来るのかもしれない。

注

（1） この認識自体が正しいか自体も問題になりうる（加藤論文、下巻第9章）。更に残念ながら、安定供給を名目としながら、既得権益を守るためだけの制度的措置が、2024年度から始まる容量市場の設計における経過措置のあり方で採用されてしまった。消費者の負担を抑えながらより合理的に容量を確保する経過措置が提案されていたのにもかかわらずである（松村 2017）。この視点を持たないと、安定供給を口実にした将来の消費者負担はどこまでも増加しかねない。

（2） 様々な技術革新により、今後設置されるこれらの電源は従来のものよりも周波数等への影響を小さく出来ると期待されている（日本風力発電協会 2019）。

（3） 東京電力は2018年2月に電力需給が逼迫し、電力広域的運営推進機関（いわゆる広域機関）を通じて他地域から緊急に電力の融通を受ける緊急事態に複数回直面した。電力需要の予測誤り、電源の停止などの原因もあったが、そのうちの1回はPVの発電電力量予測を大幅に外したことが原因であった。東京電力はPVの導入率は近年急激に増加しているものの九州電力などに比べれば低く、それでもこのような問題が起きたわけだから、今後同様の問題が日本中で起こる可能性は否定できない。実際2019年1月には、中部電力がPVの発電予測を大きく外したため大規模な電力融通を受けている。夏期は予想外の降雨等によりPVの発電量が小さい場合には、低温により需要も予想より小さくなる可能性も高く、問題は相対的に起きにくい。しかし冬期には逆にPVの発電量を減らすような荒天が電力消費量を増やす可能性が高く、気象予測を外すことがより電力不足に結びつきやすい。

一方AI等を活用した需要及び再生可能電源の発電量の予想精度は、改善していくことも予想されており、関西電力の先進的な取り組みも知られている。更にそもそもPVの発電量が小さくても対応出来る設備は、あらかじめ備えられるように制度設計されているので、PV発電量の予測外れによる電力不足は、PVの予測発電量が多かったために意図的にバランス停止させた発電所が多すぎたことが原因であり、根本的に供給力が足りなくて起こる危機ではないため、本章で主に論じる電力危機とは性格が異なる。なおPV発電量の予測外れに対応するために、敢えて電源を停止させないで保持しておくための市場、調整力市場（三次調整力②と呼ばれる市場）が2021年度に創設される。更にICT技術を駆使した、需要を抑制することで電力不足に対応するDemand Response（DR）も既に導入されており、今後も拡大していくと予想されている。

（4）2002年に発覚した東京電力管内の原子力発電所のトラブル記録を意図的に改竄、隠蔽していた不祥事で、当時の南直哉東電社長が引責辞任している。

（5）実際輪番停電のやり方は、この経験を踏まえてより合理的なものに改められている。2018年9月に北海道胆振東部地震への対応で準備された（しかし発動はされなかった）輪番停電では、2011年の東京電力管内では5分割だった地域が60分割に、1回の継続時間が3時間から2時間に短縮された。関係省庁を通じた事前調整も行われ、重要施設がよりきめ細かく対象から除外されていた。これも事後対応の検証の成果とも考えられる。

（6）一般電気事業者とは、かつて地域ごとに独占的に電力を供給していた北海道電力、東北電力、東京電力、中部電力、北陸電力、関西電力、中国電力、四国電力、九州電力、沖縄電力の10社を指す。なお2016年4月1日の電力の小売り全面自由化（家庭用を含めた全ての電力市場の自由化）にあわせて改正された電気事業法により、この名称はなくなった。したがってこれ以降の記述では、正確にはかつての一般電気事業者と書くべきだが、本章では混乱を避けるために、「かつての一般電気事業者」と書くべきところも、この10社を指す場合には敢えて一般電気事業者と記載することにする。

（7）この基本計画でも再生可能電源比率を2030年には20％程度とする計画であった。20％にはダム式の大規模水力発電所も含まれており、これを除くと10％を少し超える程度の目標であった。しかし、この大型水力を除く再生可能電源比率は、長年の補助金政策や、RPS（Renewable Portfolio Standard）法による後押しがあったにもかかわらず1％程度でしかなかった。つまり大型水力を除く再生可能電源を2030年までに10倍以上にするという、当時としては高い目標をあげていたとも解釈できる。当時筆者は「ささやかだが意欲的な目標」と表現していた。

（8）筆者は第三次以降現在に至るまでエネルギー基本計画を議論する委員会の委員であるので、筆者も責任を負っている。また筆者の個人的な意見は、電源比率は、環境価値など社会的価値を税や補助金などの政策で補正した上で、最終的には消費者の選択で決められるべきもので、エネルギー基本計画で電源比率を決める必要は無いとの立場である（松村　２０１２ｂ）。

（9）　再生可能電源の比率は22～24％とされている。

（10）　地震が発生した時点で道内の需要約３１０万ｋＷに対して震源地近くの苫東厚真発電所の出力は３基合計で１６５万ｋＷ、内最大の四号機だけで70万ｋＷもあった。なお同じく北海道電力の泊原子力発電所は３基合計で２０７万ｋＷ、内最大の三号機だけで91万ｋＷの出力が有り、もし東日本大震災がなく泊発電所がフル稼働しており、泊近傍で地震が起これば、更に大きな影響になったことも予想される。これを考えれば「泊原子力発電所が再稼働していれば今回のブラックアウトは避けられた」との議論は、仮に正しいとしても思慮に欠けた短絡的な議論である。なお広域機関に設置された検証委員会での検証結果によると、ブラックアウトが起きたのは、苫東厚真発電所の停止、送電事故による40万ｋＷ超の水力発電所の停止が、低需要期（秋の未明）に起きた結果で、苫東厚真発電所の脱落だけであればブラックアウトは起きなかった可能性が高い、と結論づけている。しかし問題はブラックアウトだけではない。もし地震が需要期である冬期に起きていれば、ブラックアウトは起きなかったかもしれないが、供給力不足によって輪番停電を余儀なくされた可能性はむしろ冬期の方が高く、地震が冬期ではなく秋期だったことはむしろ不幸中の幸いと言うべきかもしれない。いずれにせよ、一発電所に電源を集中させることは、災害時の電力危機の可能性を高めるといえる。またこのように安定供給上問題を生じさせかねない危険な投資判断は、小売り自由化による競争圧力があり、低コスト化を追求せざるを得なかったからと考える者もいるようだが、苫東厚真四号機、泊三号機とも運転開始は確かに２００１年の電力小売市場部分自由化後であったが、投資の議論が開始されたのはともに１９９０年代初頭であることを考えれば説得力に欠ける。更にもし仮に電力の小売り自由化に先立って始まった卸電力の入札制度による競争圧力が原因だとすると、北海道電力はコストは小さく出来るが、系統に多大な負荷をかけ、安定供給にも支障を来しかねない巨大な供給力を１発電所に集めてはじめて、より分散的に作られるであろう独立発電事業者（ＩＰＰ）とようやく競争できたことを意味し、北海道電力が如何に競争力のない事業者で、下駄を履かされてようやく競争できる電力供給主体であったかを物語ることになるのかもしれない。

（11）　北海道東胆振地震でブラックアウトが起こっている状況でも、家庭用のＰＶから家庭内に電力が供給され、携帯電話の充電や家電製品の利用に大いに役に立ったとの報告もあった。非常用電源としてのみ用いると考えるとＰＶはコストが高すぎるとしても、非常用電源としても役に立つ点は今後も考慮されてしかるべきである。また同じく分散型電源である家庭用の燃料電池も、東日本大震災当時は停電時には使えないものだったが、現在では停電時でも自力で発電をスタートできるブラックスタート機能付きの機種が開発されている。家庭用非常用電源が高価でその設置が非現実的であったかつては、停電はそれなりの確率で起こる「バットケース」であるが、各家庭では対応困難な事象であったかもしれない。現在では各家庭の現実的な選択で停電の費用を下げられる社会になったことを意味し、問題の構造は大きく変わっているかもしれない（有田論文、下巻第13章）。更に停電時に家庭単位で対応するのではなく地域の分散型電源を利用して地域で対応する可能性も検討されているが、一般電気事業者の水面下での強い抵抗が予想され、どこまで進むかは現時点では明らかではない。

(12) 持ち株会社方式で、送配電部門の会社と自由化部門の会社が兄弟会社となるケースと、送配電部門の会社が自由化部門の会社の子会社となるケースが認められている。東京電力は既により透明性の高い持ち株会社に移行しており、中部電力もこれを採用すると予想されているが、他の会社は敢えて透明性の低い親子会社方式を選択することが懸念されている。

(13) 送配電部門の中立化を担保するための発送電分離には主に「所有権分離」「機能分離」「法的分離」の三つのやり方がある。日本では「法的分離」を行い、更に一般電気事業者の機能の一部を広域機関に移管する限定的な「機能分離」も併用する仕組みとなっている。所有権分離をしなければ中立性は確保できないとの考えもあるが、これには私的財産権の侵害に当たり憲法違反であるとの見方もある。筆者は憲法違反だとは思わない（もしそうなら独占禁止法の企業分割の規定は憲法違反になってしまう）が、一方で他の手段で公益的な目的が達成できる可能性があるのに、その可能性を追求することなくいきなり規制により所有権分離をするのは、違憲の可能性がないとはいえないと考えている。したがって法的分離と部分的な機能分離で問題が解決されるかを見極めるとしたのは妥当な政策判断だったと考えている。（松村 2012a）。

(14) 現在では燃料電池の燃料は、都市ガスを改質して水素を取り出す方式が主流だが、もし将来水素社会が実現すれば、再生電源の余剰電力を用いて水素を製造する社会が実現するかもしれない。再生可能電源が大規模に抑制される事態は既に2018年秋以降、九州電力管内でしばしば発生しており、将来全国に広がる可能性がある。市場メカニズムが働けば、出力抑制が起こる局面では少なくとも電力卸価格はゼロに近い値になる。2018年の大規模な出力抑制では、九州電力の対応の不備で市場メカニズムが機能せず、卸価格が高止まりしたが、この点は電力・ガス監視等委員会及び資源エネルギー庁の迅速な対応によって改善されている（松村 2019）。更に電気分解の過程で周波数調整能力を持たせることも可能であることを考えると、将来採算に合う事業になる可能性はある。この場合にはPVと燃料電池の普及は相互補完的になる。水素社会に関してはノーブル論文（下巻第8章）も参照せよ。

(15) 電線を使うための電線使用料に当たり、一般電気事業者の小売り部門と新規参入者がともに負担するが、最終的には小売り料金に転嫁され、電力消費者が負担する。

（16）　Matsumura（2005）でこのメカニズムが説明されている。

（17）　現実には震災前には一般電気事業者同士がエリアをまたいで競争することはなく、唯一の例外として、九州電力が中国電力管内の需要家に電気を供給する1件の事例があるだけだった。したがって競争はほとんどなかったものの、カルテルとも見まがうばかりの状況がいつまでも続く保証はなかった。

（18）　この問題は、避難所での物資の配給方法、仮設住宅の入居割り当てなどと同じ側面を持っている（有田　２０１８）。しかし避難所での物資の割り当てに価格メカニズムを使うのは荒唐無稽としても、起こりえる電力危機に際して消費電力の割り当てルールを、価格メカニズムを使って事前に決めておくことは十分可能だし、やるべきことだとも考えている。残念ながらこの準備は現時点ではほとんど進んでいないが、スマートメータが全戸に普及した時点では実行できるよう、あらかじめ準備する価値はある。

（19）　この問題はWho monitors the monitorの問題として知られている。この問題についてはDiamond（1984）参照。

（20）　しかし、業界からは熱量バンド制導入というガスシステム改革を阻止するために、ことさらエネファームの脆弱性を強調するコメントが出てきている。エネファームとガス併用住宅の将来性を信じてきた者を裏切る結果になりかねない、残念な動きである。

参考文献

Diamond, Douglas W.（1984）, "Financial Intermediation and Delegated Monitoring," *Review of Economic Studies*, Vol. 51(3), pp. 393–414.

Matsumura, Toshihiro（2005）, "Competition-Accelerating Public Investments," *Australian Economic Papers*, Vol. 44(3), pp. 269–274.

有田伸（２０１８）「限られた物資をどう配るか？——危機時の配分という課題」東大社研・玄田有史・有田伸編『危機対応学——明日の災害に備えるために』勁草書房、２０４－２３０頁。

有田伸（２０１９）「考えたくない事態にどう対応するか？——災害への備えとネガティブ・ケイパビリティ」東大社研・玄田有史・飯田高編『危機対応の社会科学（下）——未来への手応え』東京大学出版会、第13章。

加藤晋（２０１９）「陰鬱な危機対応——現在と未来のトレードオフ」東大社研・玄田有史・飯田高編『危機対応の社会科学（下）

——未来への手応え』東京大学出版会、第９章。

橘川武郎（２００４）『日本電力業発展のダイナミズム』名古屋大学出版会。

経済産業省資源エネルギー庁編（２０１０）「エネルギー基本計画」平成22年6月、財団法人経済産業調査会。

https://www.enecho.meti.go.jp/category/others/basic_plan/pdf/100618honbun.pdf
経済産業省資源エネルギー庁編（２０１４）「エネルギー基本計画２０１４」平成26年4月、財団法人経済産業調査会。

https://www.enecho.meti.go.jp/category/others/basic_plan/pdf/140411.pdf
日本風力発電協会（２０１９）「ＪＷＰＡにおけるグリッドコード化への取組み状況について」総合資源エネルギー調査会省エネルギー・新エネルギー分科会新エネルギー小委員会第20回系統ワーキンググループ資料、２０１９年3月18日。

https://www.meti.go.jp/shingikai/enecho/shoene_shinene/shin_energy/keito_wg/pdf/020_02_00.pdf
ノーブル、グレゴリー（２０１９）「日本の「水素社会」言説——高リスクエネルギー政策と不安の利用」東大社研・玄田有史・飯田高編『危機対応の社会科学（下）——未来への手応え』東京大学出版会、第８章。

八田達夫（２０１２）『電力システム改革をどう進めるか』日本経済新聞出版社。

松村敏弘（２０１０）「オール電化割引は公正で合理的な料金体系か」『ＥＰ　ｒｅｐｏｒｔ』（エネルギー政策研究会）第１６８０号（平成22年11月21日号）、４-５頁。

松村敏弘（２０１１）「スマートメータがあれば——輪番停電はどうなっていたか」『ＥＰ　ｒｅｐｏｒｔ』（エネルギー政策研究会）第１６９６号（平成23年6月1日号）、４-５頁。

松村敏弘（２０１２ａ）「発送電分離と送電部門の中立性——望ましい分離の在り方は」『ＥＰ　ｒｅｐｏｒｔ』（エネルギー政策研究会）第１７２７号（平成24年5月21日号）、４-５頁。

松村敏弘（２０１２ｂ）「原発比率　消えた第４の選択肢——理屈に合わない議論は馬脚を表したはず」『ＥＰ　ｒｅｐｏｒｔ』（エネルギー政策研究会）第１７３７号（平成24年9月11日号）、４-５頁。

松村敏弘（２０１４）「電力改革に欠かせないインバランス料金の見直し——現制度がつくる人為的な規模の経済性」『ＥＰ　ｒｅｐｏｒｔ』（エネルギー政策研究会）第１７８４号（平成26年3月1日号）、４-５頁。

松村敏弘（２０１７）「容量市場に経過措置が不可欠な理由——広域機関は消費者利益のために奮起を」『ＥＰ　ｒｅｐｏｒｔ』（エネルギー政策研究会）第１８９５号（平成29年8月11日号）、４‐５頁。

松村敏弘（２０１９）「自然変動電源の出力抑制　九電の対応は正しかったか——市場メカニズムを使って抑制量の縮小を」『ＥＰ　ｒｅｐｏｒｔ』（エネルギー政策研究会）第１９４０号（平成31年1月21日号）、４‐５頁。

第6章　危機と資本

——金融危機の予防策としての自己資本規制の意義と問題点の検討

田中　亘

【事前・事後】

〈本章への視座〉

①田中論文は世界金融危機を契機に示された、国際的な銀行への自己資本の積み増しに関する規制強化という危機対応をめぐり、その意義と可能性を考察している。そこでは総資産の2～3割の自己資本を求める新たな提案が論点となる。

②銀行の自己資本強化は、銀行危機の予防という社会的便益を持つ反面、負債の節税効果や政府保証により個別動機が不足する他、貸出の減少など社会的費用の発生も懸念される。また、強化に伴う費用は、移行手段の他、移行期間の長さによっても規定される。

③金融危機のような想定内危機への対応には、推定の困難さも十分認識した上で、規制に関する費用便益分析が欠かせない。危機後の理論的・実証的な研究の周到な展開は、業界の利害関係に翻弄されない、社会的な課題への適切な対応過程のモデルでもある。

一　はじめに

米国のサブプライムローン問題に端を発した２００８年の世界金融危機は、金融危機が経済にもたらす被害の大きさを改めて認識させた[1]。

金融危機、とりわけ、預金の受入れと信用の供与を主たる業務とする銀行が大規模に破綻する「銀行危機（banking crisis）」は、経済に甚大な悪影響を与えることが多い。銀行は、預金を受けることにより、公衆に対して決済サービス（お金の受取りおよび支払いを行うこと）を提供するとともに、その預金を元手に貸付けや証券投資を行うことにより、流動的な資産（預金）をより流動性の低い資産（貸付債権や証券）に転換するという、経済的に重要な機能を担っている（アドマティ・ヘルビッヒ ２０１４、65-70頁。Diamond and Dybvig 1983）。

他方、こうした銀行の機能は、同時に銀行の脆弱性をもたらす。何らかの理由で銀行の信用に不安が生じた場合、預金者が一斉に預金を引き出す行為――銀行取り付け（bank run: Diamond and Dybvig 1983）――により、そうでなければ事業を継続できたであろう銀行までが破綻に瀕することがある（アドマティ・ヘルビッヒ ２０１４、69-71頁）。しかも、一つの銀行の破綻は、他の銀行に対する連鎖的取り付け、あるいはインターバンク市場における与信の焦げ付きによる与信銀行の破綻を招くといった形で、銀行破綻の連鎖をもたらしうる（アドマティ・ヘルビッヒ ２０１４、第5章。岩原 ２０１７b、8-11頁）。このような問題に対処するため、日本を含めた世界各国で、銀行破綻における預金者保護の仕組みを設けている。また、特に、その破綻が金融システムの安定に重大な影響を及ぼすような大規模金融機関については、政府が救済的な投融資を行うことにより、その破綻自体を回避することも少なくない。

しかし、破綻しかけた銀行を政府が救済すること（bailout）は、モラルハザードを招くとの批判も強く[2]、その当否を巡る政治的論争を引き起こし、政策の停滞をもたらしがちである[3]。また、大規模な金融危機の場合、政府が銀行を救済することが政治自身の財政基盤を揺るがし、国家レベルの危機へと発展しかねない（アイルランドなど）。さらに、仮に銀行の破綻までゆかなくても、資金不足に直面した銀行が証券等の資産を売却したり、あるいは貸付債権の回収（「貸し剝がし」）や新規貸出の縮減（「貸し渋り」）といった手段に走ることにより、資産価格の下落による（逆資産効果を通じた）消費低迷や信用収縮をもたらして、経済全体に長きにわたる損失を及ぼす（アドマティ・ヘルビッヒ　２０１４、第5章）。このような銀行危機の社会的コストを正確に算定することはもとより困難であるが、自己資本規制の費用と便益の推定のためにバーゼル銀行監督委員会が行った研究レビューによれば、過去に起きた国家的な銀行危機が当該国にもたらした損失は、当該国のＧＤＰの63％（先行研究の推定結果の中央値）から１０６％（同じく平均値）にも上ると推定されている（Basel Committee on Banking Supervision 2010, p. 35, Table A1.1）。

銀行危機のこのような深刻さを踏まえて、日本を含む世界各国で、銀行危機の起こる可能性を減らし、あるいは起きたときの損失を減少させるような制度的対応が進められている（岩原　２０１７ｂ）。しかし、本章の限られた紙幅では、そうした制度的対応のすべてを検討することは不可能である。

そこで、本章では、銀行危機に備えた制度的対応の中でも、近年、有力な経済学者（アドマティとヘルビッヒ）によって強く主張され、学術的にも政策的にも議論を呼んでいる一つの提言に絞って分析することにしたい。それは、「銀行に対し、大幅な自己資本の積み増しを義務づける」という提言である。本章は、このような主張と、その主張に関連して出された理論的・実証的研究を検討することを通じて、経済社会に重大な影響をもたらす危機に対してどのような対応をとることが望ましいかについての理解を深めることを目的とする。

以下では、まず第二節で、自己資本の意義とその経済的機能について述べた後、現行の自己資本規制（バーゼルⅢによるもの）の概要を説明する。次に、第三節で、銀行の自己資本の大幅強化を求める、アドマティとヘルビッヒの議論を紹介する。第四節では、自己資本規制の便益と費用についての議論を紹介、検討し、第五節では、バーゼルⅢの合意に際してバーゼル銀行監督委員会が実施した調査研究を中心に、自己資本規制の便益と費用に関する計量研究を紹介する。第六節は、議論の評価と今後の展望を述べ、結びとする。

二　現行の自己資本規制

1　自己資本の意義

銀行に限らず、企業がその事業に必要な資金を調達する手段としては、自己資本（株主資本）と負債の二種類のものがある。この二つの資金調達手段の間の本質的な相違点は、負債については、企業には契約上の返済義務があり、期限が到来すれば企業は元利金の返済を免れないのに対し、自己資本については、企業にはそうした返済義務がないことである。[4] 企業（株式会社）の株主は、主に剰余金の配当という形で、企業の稼得した利益の分配を受けるが、それは、企業の株主総会または取締役会が配当の決議をしたときだけであり、配当の決議がなければ、株主は企業に対して何らの財産の分配も請求できない。しかも、各国の会社法制により、会社が株主に分配できる財産の額には制限が課されている（制限の内容は各国により異なるが、最低限、債務超過の会社が配当を行うことはできない仕組みになっている。Kraakman *et al.* 2017, pp. 124-127）。また、仮に企業が解散・清算したり、または支払不能もしくは債務超過に陥って破産したりした場合、企業の財産は、まず負債の返済に充てられ、負債全部を返済してなお残る財産（残余財産）がある場合のみ、株主は分配に与ることができる。このように、企業の財産に対する請求権の優先順位という点で見ると、株主の権利は、一般に、負債（債権者の権利）に対して劣後するといえる。

株主の権利のこのような劣後性の故に、銀行の危機時には、自己資本は、銀行の事業・財産を守る役割を果たす。経営環境の悪化により銀行が損失を出し、その保有資産が減少した場合、負債については契約通り返済しなければならないが、自己資本については返済義務がないため、銀行は、生じた損失を自己資本によって「吸収」することができるのである（アドマティ・ヘルビッヒ 2014、128‐129頁）。

2 バーゼル合意による自己資本規制

本節第1項で説明したような自己資本の機能を踏まえて、各国の銀行規制は、銀行に対し、保有資産に対する自己資本の割合（自己資本比率）を一定の数値以上にすることを求めるようになっている。

数値を明示した自己資本規制は、1981年の米国法に始まると言われる（Posner 2015, p.1866）。金融の国際化の進展等を背景に、国際業務に携わる銀行については、統一した自己資本規制を課そうという機運が高まった。そこで、1988年に、国際決済銀行（Bank of International Settlements; BIS）のバーゼル銀行監督委員会において、国際的な監督規制の枠組みが合意され（バーゼル合意。最初の合意であることからバーゼルⅠという）、これに基づいて各国法制の整備が進められた（岩原 2017a。小山 2018、286頁）。

バーゼル合意は、2004年に改訂された（バーゼルⅡ）後、世界金融危機を経て、全面的に改訂されたバーゼルⅢ（2017年12月最終合意）が、現在、段階的に実施される過程にある（小山 2018、286頁）。なお、日本では、バーゼルⅢに基づく規制の適用を受けるのは、国際業務を行う銀行（国際統一基準行）に限定されており、もっぱら国内で業務を営む銀行については、より穏やかな国内基準が適用される（佐藤編 2017、214‐215頁）[5]。以下では、もっぱら、国際統一基準行に適用されるバーゼルⅢに基づく自己資本規制の概要を説明する（規制の詳細については、小山 2018、209‐218頁。佐藤編 2017、209‐218頁）。

３　バーゼルⅢによる自己資本規制の概要

（１）自己資本比率規制

自己資本規制は、基本的に、銀行の保有する資産に対する自己資本の割合（自己資本比率）が一定の数値以上になることを要求するものである。ただし、この場合に分母となる「資産」の額は、銀行が保有する（貸借対照表上に計上された）資産の額そのものではなく、資産の種類に応じて、そのリスクを反映した一定の掛け目（リスクウェイト）を乗じて計算したものである（これをリスクウェイト・アセットという）[6]。例えば、安全資産とされる国債のリスクウェイトは０％であるのに対し、事業法人に対する貸付債権であって外部の格付機関による格付けを使用しない場合は、リスクウェイトは１００％となる（格付けを使用する場合は、その格付けに応じてリスクウェイトが増減する）。また、株式のリスクウェイトは、２０１７年12月のバーゼルⅢの最終合意により、従前の１００％から２５０％に引き上げられている。

次に、自己資本比率の分子となる「自己資本」については、「普通株式等Ｔｉｅｒ１」「Ｔｉｅｒ１」「総自己資本（Ｔｉｅｒ１+Ｔｉｅｒ２）」という三種のものが定義され、それぞれに応じ、異なる水準の自己資本比率が定められている（図６-１）。このうち、「普通株式等Ｔｉｅｒ１」は、最も損失吸収力の強いと認められる資本（「コア資本」とも呼ばれる）のカテゴリーであり、普通株式の拠出資本（資本金や資本剰余金）および内部留保（包括利益累計額や準備金を含む）からなる（のれん等の無形固定資産は控除される。小山　２０１８、２９８-３０１頁）。「Ｔｉｅｒ１」は、普通株式等Ｔｉｅｒ１に、優先株式や優先出資証券を加えたものである。「総自己資本」は、Ｔｉｅｒ１に、一部の優先出資証券、劣後債・劣後ローンおよび一般貸倒引当金（これらを合わせてＴｉｅｒ２という）を加えたものである。

バーゼルⅢは、リスクウェイト・アセットに対する普通株式等Ｔｉｅｒ１、Ｔｉｅｒ１および総自己資本の比率

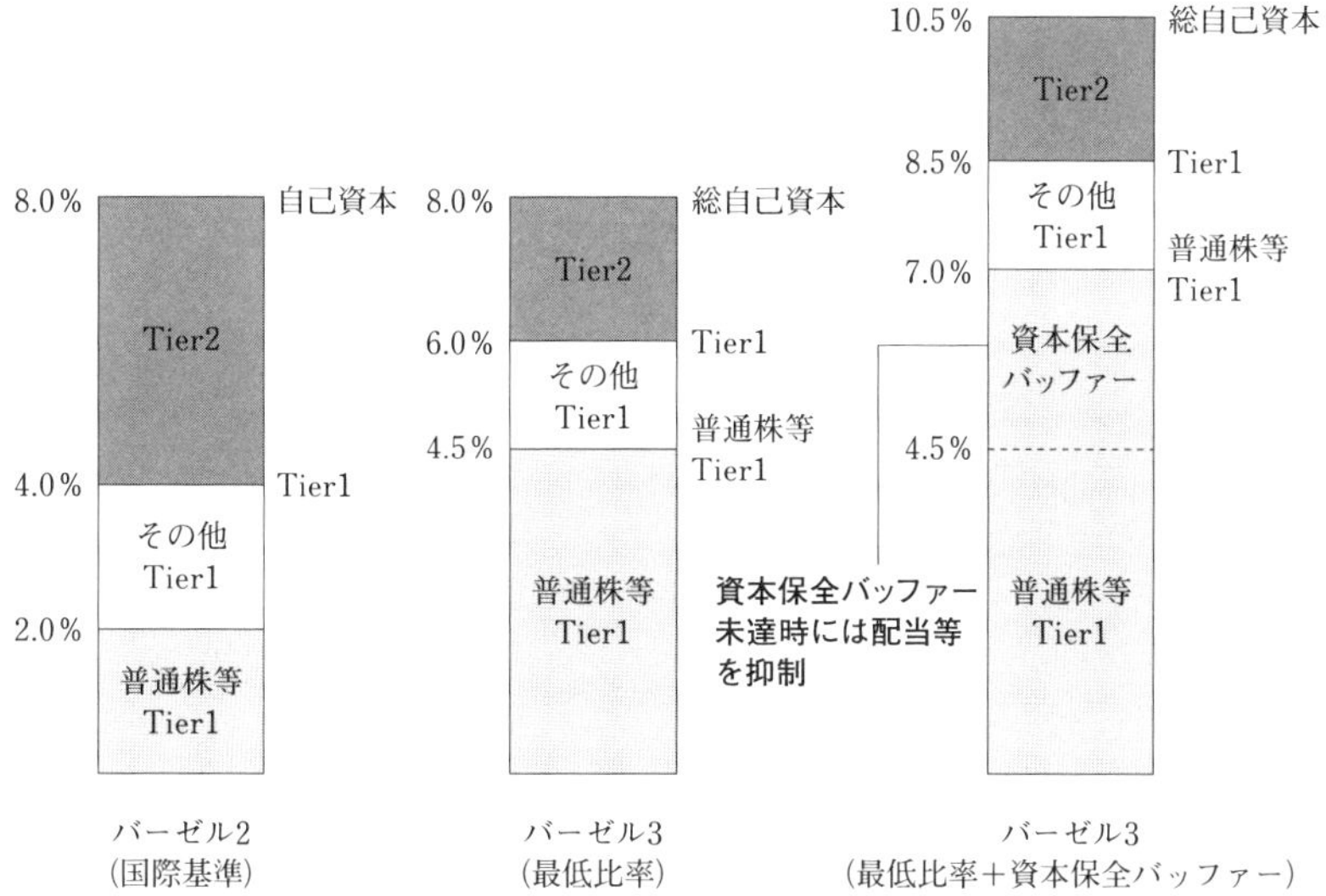

図6-1　自己資本比率規制の概要：バーゼルⅢにおける自己資本の量の強化

出所）金融庁「バーゼル3の概要」. https://www.fsa.go.jp/policy/basel_ii/basel3.pdf

を、それぞれ、4・5%、6・0%および8・0%以上とすることを求めている（図6-1）。バーゼルⅡの時代は、これらの比率は、それぞれ、2・0%、4・0%および8・0%とされていた（自己資本の厳密な定義やリスクウェイト・アセットの計算方法が変更されているため、単純な比較はできないが）。

（2）上乗せ（バッファー）規制

バーゼルⅢは、（1）で説明した自己資本比率規制に加えて、①リスクウェイト・アセットの2・5%に相当する自己資本を「資本保全バッファー」として積み増すことを求めている。また、②信用供与が過剰な場合に、各国の裁量により、「カウンター・シクリカル・バッファー」という自己資本の積み増しを求める制度も新設した（最大でリスクウェイト・アセットの2・5%）。さらに、③グローバルなシステム上重要な銀行（S-SIBs）に指定された金融機関に対しては、「G-SIBsバッファー」という自己資本の積み増しが要求される（リスクウェイト・アセットの1〜3・5%）。これらはいずれも、普通株式等Ｔｉｅｒ１によって充足する必要がある。

これらの上乗せ（バッファー）規制と、（１）で説明した自己資本比率規制の違いは、銀行が自己資本比率規制を満たさない場合は、監督措置（早期是正措置）として、増資等の自己資本の増強が求められるのに対し、上乗せ（バッファー）規制を満たさない場合は、配当や役員報酬といった社外流出を制限する措置がとられるにとどまる、という点にある（佐藤編　２０１７、３２４‐３２６頁）。この点の違いを別にすれば、バーゼルⅢのもとでは、リスクウェイト・アセットに対する普通株式等Ｔｉｅｒ１の比率は７・０％以上（自己資本比率４・５％＋資本保全バッファー２・５％）、もしカウンター・シクリカル・バッファーやＳ‐ＳＩＢｓバッファーが課される場合には、さらにそれ以上としなければならない、ということになる（図６‐１）(7)。

（３）レバレッジ比率規制

以上のような、リスクウェイト・アセットを分母とした自己資本比率の規制に加え、バーゼルⅢでは、総資産（「エクスポージャー」と呼ばれる。オンバランス項目とオフバランス項目を含む）に対する自己資本（ここではＴｉｅｒ１による）の比率を３・０％以上とすることを求める規制も導入した（レバレッジ比率規制）。先般の金融危機の根本的な原因が、銀行の過度なレバレッジの積み上げにあるとの反省に基づき、銀行のレバレッジの積み上がりを抑制するために補完的規制を課したものである（佐藤編　２０１７、２１７頁）。

（１）で説明したとおり、リスクウェイト・アセットは資産の額そのものではなく、資産の種類ごとに決められたリスクウェイトを乗じて算出するものであり、そしてリスクウェイトは、（株式のような例外もあるが）一般には１００％を超えない。そのため、リスクウェイト・アセットを分母とする自己資本比率は、リスクウェイトを乗じないで算定される総資産を分母とするレバレッジ比率よりも、高く算出される。たとえば、みずほフィナンシャルグループの

２０１８年３月期における自己資本比率（連結）は、普通株式等Ｔｉｅｒ１比率が12・49％、総自己資本（Ｔｉｅｒ１＋Ｔｉｅｒ２）比率が18・24％であるのに対し、レバレッジ比率は、４・28％にとどまる（いずれも連結ベース。みずほフィナンシャルグループ２０１９）。なお、単純に、同社の連結貸借対照表に計上された総資産に対する総自己資本（純資産）の比率を計算すると、４・79％である。[8]

（４）その他の規制

以上の自己資本比率規制に加えて、先般の金融危機の際に、多くの銀行が資金繰りに困難を来した経験を踏まえ、一定の流動性基準（流動性カバレッジ比率および安定調達比率）を満たすことを求めている（佐藤編２０１７、２１５－２１６頁）。また、巨大銀行について「大きすぎて潰せない（too-big-to-fail）問題」が生じたのを踏まえ、巨大銀行（日本では３メガ銀行）に対しては、十分な損失吸収力を求めるための追加的規制（総損失吸収力（ＴＬＡＣ）比率規制）を課している（佐藤編２０１７、２１７－２１８頁）。

三　自己資本規制強化論――アドマティとヘルビッヒの提言を中心に

世界金融危機後、有力な経済学者が、自己資本規制を含む銀行規制の強化を提唱した。[9] その中でも、スタンフォード大学のアドマティ（Anat Admati）とマックス・プランク研究所のヘルビッヒ（Martin Herwig）による自己資本規制強化論は、学術論文（Admati 2014, Admati *et al.* 2018, Admati and Hellwig 2019）だけでなく、一般向けの書籍（Admati and Hellwig 2013, アドマティ・ヘルビッヒ ２０１４）としても刊行されたことから、大きな反響を呼んだ（書評として、Cochrane 2013, Myerson 2014, 福田 ２０１４、河野 ２０１４、松井 ２０１４、池尾 ２０１６）。*The Bankers' New Clothes*

（邦題『銀行は裸の王様である』）という挑戦的なタイトルを付した書籍において、アドマティとヘルビッヒは、自己資本規制の強化に対する反対論は、いずれも、アンデルセンの童話に登場する王様の衣と同様「まやかし」にすぎないとし、銀行に対して自己資本の大幅な積み増しを義務づけるべきであると主張する。具体的には、総資産（リスクウェイト・アセットではなく）の20～30％という高い自己資本比率を要求することにより、特段の社会的コストをかけることなく、金融システムの格段の安定化を図ることができると説く。本節では、彼らの主張の概要を説明する。

1　過小な自己資本の弊害

（1）銀行危機を惹起しがちであること

アドマティとヘルビッヒは、バーゼルⅢで強化された自己資本規制も、金融危機の再発を防ぐには全く不十分であると主張する。特に、現行の規制は、自己資本比率の分母を総資産ではなくリスクウェイト・アセットにより算定することから、その規制によって自己資本比率が10％あるとしても、その総資産に対する自己資本の比率は5％以下、せいぜい2～3％程度であるという（アドマティ・ヘルビッヒ　2014、239頁）[10]。これでは、銀行の総資産の価値が2～3％減少しただけで、自己資本は払底し、債務超過になってしまう。実際、先般の金融危機では、多くの金融機関が債務超過になったか、または公的支援がなければ債務超過に陥っている（同上書、239－241頁）。債務超過の危機にある銀行は、外部資金の調達が困難になることから、資産の売却により資金不足を補おうとし、多くの銀行がそのような行動に走ると資産価格が下落し、銀行の資本を毀損して、危機をさらに拡大してしまう（同上書、81－88頁）。

（2）負債によるインセンティブの歪み

銀行の自己資本が過小であることは、金融危機を惹起するという問題に加えて、危機が起きる前（平時）においても、銀行のインセンティブに歪みをもたらし、その企業価値を低下させるという問題がある。ファイナンス理論や会社法学で古くから指摘されているとおり、株主有限責任のもとでは、会社が債務超過に陥っても株主が個人責任を負うことはなく、逆に会社が資産超過となった場合は、債務を超える資産は株主のものになる。そのため、株主にコントロールされた会社（銀行に限らない）は、債権者の利益の犠牲のもとに過度にリスキーな投資を行う動機を有する一方、安定的に収益を上げる投資をする動機は不足しがちになるといった、インセンティブの歪みが生じる（Myers 1977; Kraakman *et al.* 2017, pp. 110-119）。銀行の自己資本比率が低いほど、このようなインセンティブの歪みが深刻になってしまう（Admati 2014, p. S37）。

2　銀行が自主的に自己資本を増強しない理由

過小な自己資本が本節第1項で述べたような弊害をもたらすとすれば、銀行は、自主的に利益の内部留保や増資等を行って、自己資本を強化しそうなものである。しかし、アドマティとヘルビッヒは、現行制度のもとでは、以下に述べる要因によって、銀行は自己資本増強のインセンティブが不足しており、自己資本増強のための規制が必要であると主張する。

（1）負債の節税効果

まず、これは銀行に限ったことではないが、負債には自己資本にはない節税効果がある（アドマティ・ヘルビッヒ　2014、189頁。Admati 2014, p. S41）。負債にかかる金利は、税務会計上、借入企業の費用になるため、企業の利益を減らし、ひいては企業にかかる法人税を減少させるが、自己資本に対する配当は、企業の費用とはされないため、その法人税を減少させない。このため、銀行に限らず、企業は一般に、社会的に望ましい水準を超えて負債比率を高める（自己資本比率を低下させる）動機を持っているといえる。

（2）銀行負債に対する政府保証

負債の節税効果は、銀行に限らず企業一般にいえることであるが、銀行については、負債に明示または暗黙の政府保証がついているため、負債比率を高める追加的な動機が生じる。今日、日本を含むほとんどの国で、銀行破綻時に一定額（日本の場合は１０００万円）までの預金は払戻し（ペイオフ）が保証されている。しかも、現実に銀行が破綻の危機に瀕した場合は、システミックリスクを避けるために、銀行の事業を他の銀行に承継させたり、場合によっては政府が出資をすること等により、破綻を回避する施策がとられるため、結果として、ペイオフ限度額を超える預金債権さらには預金以外の債権も保護されることが少なくない。この点で、明示の保証のないそれらの債権も、いわば暗黙の政府保証があるといいうる。こうした明示または暗黙の政府保証の存在により、銀行は、負債による資金調達を自己資本よりも低コストで行うことが可能になる。このため銀行は、一般企業以上に負債比率が高まりがち（自己資本比率が低下しがち）になる（アドマティ・ヘルビッヒ ２０１４、第7章。Admati 2014, p. S42）。

（3）負債の「ラチェット効果」

節税効果や政府保証といった制度的な要因に加えて、アドマティとヘルビッヒは、元来銀行は、極めて多数の債権者（預金者等）を持つという資本構造により、負債比率を低下させない（自己資本比率を上昇させにくい）性質を持っていると主張する（Admati and Hellwig (2019), Admati *et al.* (2018) は、これを「負債のラチェット効果」と名付けている）。本節第1項（２）で説明したとおり、銀行の自己資本比率が低いと、過度なリスクテーキングをしがちになるといったインセンティブの歪みが生じる。そうした過剰なリスクテーキングは、株主の利益にはなっても企業価値を低下させるため、本来は、銀行が増資して負債を返済するといった方法で、自己資本比率を上昇させ、そうした行動の動機を取り除くことが望ましい。ところが、そのような自己資本比率向上の利益は、直接には、もっぱら債権者だけが享受する。株主にとっては、リスクテーキングによる収益機会が失われる分だけ、むしろ不利益になる。この場合に、もしも株主と債権者間の交渉がスムーズに行えるとすれば、債権者が株主の不利益を補償することにより、自己資本を上昇させることについて株主の同意を取り付けることができるはずである（コースの定理。Coase 1960）。しかし、銀行のように、預金者を初めとした極めて多数の債権者がいる場合には、こうした交渉がスムーズにできるとは期待しがたい。その結果、銀行は（株式会社制度のもとで株主が銀行経営をコントロールしている限り）、自己資本を増強することによって企業価値を増加させる機会があってもそれをせず、資金調達は負債を優先させることとなり、その負債比率は、構造的に上昇していく（自己資本比率は低下していく）傾向を持つことになる。

（4）銀行危機の外部性

銀行が自己資本を増強する動機が不足するもう一つの重要な理由として、外部性を挙げることができる（Thakor 2014, pp. 208-209）。第一節で述べたとおり、銀行の破綻は、他の銀行の破綻を招くという形で連鎖的な危機を生じうる。逆にいえば、銀行が自己資本を増強して破綻の確率を低下させることは、他の銀行の破綻確率をも低下させること、つまり正の外部性を持つことを意味する。個々の銀行が資本構成の選択をする場合は、自行以外の銀行に生じるそのような便益を考慮しないだろう。この結果、銀行の自己資本は、社会的にそうあるべき水準を下回ってしまうのである。

3　反対論の誤り

自己資本規制強化論に対しては、自己資本は負債に比べてコストの高い資金調達手段であるから、銀行に自己資本の増強を義務づけた場合、さもなければ行われていたであろう銀行融資が行われなくなるといった不利益が社会に生じるとする反対論がある。しかし、アドマティとヘルビッヒは、この反論を銀行の「まやかしの衣」（アドマティ・ヘルビッヒ　２０１４、１３７頁）であるとして一蹴する。一般に、自己資本のコストとは、投資家が株式投資をするために求める期待収益率（要求収益率）を意味する。それは、自己資本のリスクが負債よりも大きい分、負債のコスト（金利）よりは高い。しかし、そこから直ちに、銀行が自己資本比率を高めるほど、銀行の全体的な資金調達コストが上昇する（逆に、負債比率を高めるほど、銀行の全体的な資金調達コストが低下する）、ということはできない。なぜなら、銀行が負債比率を上昇させれば、貸倒リスクを反映して負債のコスト（金利）がより高くなるし、自己資本のリスクがより大きくなることを反映して、自己資本のコストもより高くなるためである[11]（負債比率を低下させれば、その逆のことが起こる。同上書、１３７‐１４９頁）。

ファイナンスの基礎的な理論であるモディリアーニ＝ミラー（ＭＭ）の定理は、完全競争市場や税制不存在といった一定の前提のもとでは、企業の資金調達の方法（資本構成）は、企業の全体的な資金調達コスト（加重平均資本コスト、ＷＡＣＣ）を変化させず、ひいては銀行の企業価値にも影響を与えないことを明らかにした（Modigliani and Miller 1958, アドマティ・ヘルビッヒ　２０１４、１３７‐１４９頁）。もっとも、実際には、本節第２項（１）（２）で説明したとおり、負債には節税効果があり、また銀行の負債には暗黙の政府保証もある。そのため、銀行にとっての（私的な）資金調達コストは、負債により資金調達するほうが自己資本によるよりも低くなる可能性が高い。しかし、節税や政府保証のコストは、（他の種類の税金が高くなったりするといった形で）結局、銀行以外の人（国民一般）が負担するものである。したがって、社会全体として見た場合には、銀行が負債で資金調達するほうが自己資本で資金調達するよりもコストが低いということには、ならないのである（同上書、152‐153頁）。

4　大幅な自己資本規制の強化の提唱

以上の議論を踏まえ、アドマティとヘルビッヒは、銀行に対し、総資産の20～30％の自己資本を持つことを義務づけることを提唱する。[12] 自己資本比率がこれほどの水準なら、ほとんどの銀行が難局を自力で乗り切れるようになり、政府の介入は、たまに流動性支援を行うくらいで済むはずであるという（アドマティ・ヘルビッヒ 2014、242頁）。

ここで提案している自己資本比率の分母は総資産であり、リスクウェイト・アセットではない。リスクウェイト・アセットを分母とする現行の自己資本規制（第二節第3項（1）（2））は、規制担当者は各資産について、そのリスクの大きさを適正に反映したリスクウェイトを設定することができることを前提にして設計されているといってよい。しかし、従来の規制下で、（世界金融危機の原因となった）サブプライムローン証券や、（最近、財政破綻した）ギリシャの国債などを、銀行がほとんど自己資本を積み増すことなく保有することができていたという経験を踏まえると、この前提は幻想にすぎないという（同上書、249‐253頁）。アドマティとヘルビッヒは、銀行の自己資本を上記の水準まで強化することにより、社会的にコストをかけることなく、金融システムの安全性と健全性を大幅に高めることができると主張する。

四　検討――自己資本規制の便益と費用

第二節第2項で説明したとおり、アドマティとヘルビッヒの主張は、標準的なファイナンス理論の知見を踏まえたものであり、それゆえ学界からは好意的な評価が多いと見られるが（Cochrane 2013, Myerson 2014, 福田 2014、河野 2014、松井 2014）、規制の費用を軽視しているという批判も存在する（DeAngelo and Stulz 2015, 池尾 2016）。学者や実務家からの批判に対し、アドマティとヘルビッヒも強く再反論し、議論を呼んでいる。また、自己資本規制の費用や便益についても、理論だけでなく実証的な研究も蓄積されつつある。特に、バーゼルⅢの合意に際しては、バーゼル銀行監督委員会が、自己資本規制の便益や費用についての計量的な推定結果を公表している（Basel Committee on Banking Supervision 2010）。本節では、これらの議論および実証研究の紹介、検討を通じて、自己資本規制のメリットやデメリットについて、より深く分析することを目指す。

1　自己資本規制の便益

まず、銀行の自己資本の増強が、銀行危機を予防し金融システムを安定させる効果を持つことについては、ほぼ異論はないようである（Thakor 2014, p. 216）。これには実証的な支持もある。まず、個別の銀行をサンプルにした実証研究では、自己資本比率の高い銀行ほど、危機に際しても破綻に陥らずに乗り切る確率が高まると報告されている（Berger and Bouwman 2013）。

さらに、各国をサンプルにした実証研究でも、銀行の自己資本比率が高い国ほど、銀行危機が生じにくいという結果が得られる。バーゼル銀行監督委員会の計量分析では、銀行の自己資本比率（TCE／RWA）[13]を6%、8%、10%にすると、銀行危機の（1年当たりの）発生確率は、それぞれ、7・2%、3・0%、1・4%と低下していくと推定している（Basel Committee on Banking Supervision 2010, p. 15, Table 3）[14]。もっとも、自己資本比率の上昇につれ、追加的な危機防止の効果は逓減していく。バーゼル銀行監督委員会は、自己資本比率をさらに12%から14%へと増加させた場合、銀行危機の発生確率は、0・7%から0・4%への変化にとどまると推定している（*ibid.* p. 15, Table 3）。より近年に実施されたＩＭＦのスタッフによる推定においても、先進国の場合は、リスクウェイト・アセットに対する自己資本の比率を15～23％に高めれば、過去の銀行危機のほとんどで銀行の損失を自己資本によって吸収することができ、それを超える自己資本比率引き上げの効果は、マージナルなものにとどまるとされている（Dagher *et al.* 2016, pp. 4 and 20）。

たとえ、自己資本比率上昇の便益が逓減するとしても、その費用が無視できるほど小さいとすれば、銀行危機の発生確率を限りなくゼロに近づけるような自己資本規制の強化が支持されることになろう。問題は、規制の費用が小さいといえるかどうかである。

2　自己資本規制の費用

（1）自己資本の増強は預金の減少を招くか

アドマティとヘルビッヒの提言に対し、早くから提起された批判は、「資金調達の方法が資金調達コストに違いをもたらさないというＭＭ定理（第三節第3項参照）は、銀行の預金については成り立たないのではないか」ということである。預金は、単に銀行の資金調達手段であるというだけでなく、銀行から預金者に対する流動性や決済手段といったサービスの提供という側面を持っている（DeAngelo and Stulz 2015, p. 220; Myerson 2014, p. 208; Thakor 2014, p. 196）。自己資本規制の強化によって、銀行が資金調達手段を預金から自己資本にシフトしなければならなくなるとすれば、銀行によるそれらのサービスの供給が減少し、社会的な費用を発生させる可能性がある（DeAngelo and Stulz 2015. 池尾 ２０１６）。

このような批判に対し、アドマティとヘルビッヒは、預金にＭＭ定理が成り立たないことは自分たちも認識しているとしたうえで、今日の大銀行のほとんどにおいて、預金は調達資金の半分も占めていないから、銀行は預金以外の資金調達手段を減らすことによって、自己資本増強の要求に応えることは十分に可能であると反論している（Admati *et al.* 2013, p. 11 and n.19; Admati and Hellwig 2015, p. 18）。

この点に関し、バーゼル銀行監督委員会の統計資料によれば、銀行は、総資産の43・5％を預金（deposit）で、5・3％を自己資本（total shareholders' equity）で調達している（OECD13カ国の銀行セクターの1993〜2007年の平均（Basel Committee on Banking Supervision 2010, p. 48, Table A3.1)）。これによると、確かに現代の銀行は、資金調達の過半を預金および自己資本以外の方法によっていることになる。しかし、銀行の預金以外の短期負債も、預金と同様、流動性や決済手段の提供機能を有していると指摘される（Kashyap, Stein, and Hanson 2010, p. 18）。具体的には、銀行のレポ取引による債務あるいは銀行発行のコマーシャルペーパーは、短期・安全な資産として証券会社のマネーマーケットファンド（MMF）によって保有されており、そしてMMFは、証券会社の顧客にとって、安全かつ流動的な資産として預金と同様の機能を果たしていると考えられる。自己資本規制の強化により、銀行がこれらの短期負債から自己資本へのシフトを強いられるとすれば、やはり、社会的費用を発生させるであろう。

他方、バーゼル銀行監督委員会の統計資料によれば、銀行は資金調達の14・2％を社債などの有利子負債（debt）によっている（Basel Committee on Banking Supervision 2010, p. 48）。これについては、MM定理の洞察が基本的に妥当し、全てを自己資本に置き換えることを銀行に強制したとしても、社会的費用は生じないといえるかもしれない。そうであるとすれば、現在銀行が保有する自己資本（前述のように総資産の5・3％）と合わせると、総資産の2割程度までの自己資本を銀行に保有させることは、流動性や決済機能の提供というサービスの低下を招くことなく可能である、ということになろうか。ただ、いずれにせよ、アドマティとヘルビッヒは、自分たちの提唱する自己資本の水準が、預金や短期負債を削減しなくても達成できるものであるかについて、必ずしも具体的に検討していないように思われ[15]、この点に、彼らの議論の課題があるということはいえるように思われる。

(2) 自己資本規制の強化は貸出の減少をもたらさないか

(1)で指摘したとおり、自己資本規制の強化によって、銀行が負債から自己資本へと資金調達手段のシフトを迫られるとしても、それが銀行の流動性や決済手段といったサービス供給の減少を招かない限り、それ自体は社会的費用を生じさせない。しかし、銀行にとってみると、負債には節税効果があり、また、特にシステム上重要な(大きすぎてつぶせない)銀行については暗黙の政府保証もあるため、自己資本から負債へのシフトは、銀行自身にとっては費用になる可能性が高い。もちろん、アドマティとヘルビッヒが指摘するように、この費用自体は社会的費用ではない(第三節第3項参照)が、銀行にとって資金調達コストの上昇であることには違いがない。そうすると、銀行が上昇した資金調達コストを貸出金利に転嫁し、社会全体として貸出が減少するという懸念がある(Dagher *et al.* 2016, p.9)。ただし、貸出の減少という問題については、次の三点に留意すべきである。第一に、貸出の減少は、社会にとって費用である(望ましくない)とは限らない。アドマティとヘルビッヒが指摘するように、現行の規制下では、銀行の自己資本が過小であるために、銀行には過剰なリスクテーキングを行う可能性がある(第三節第1項(2))[16]。その点を考えると、自己資本規制の強化によって貸出金利が上昇し、貸出が減少することは、むしろ望ましいことである可能性がある。

第二に、貸出金利の上昇(それによる貸出の減少)が社会的費用であるとしても、その規模がどの程度のものになるかは問題である。Kashyap, Stein, and Hanson (2010) は、長期負債の金利を7・0%、法人税の実効税率を35%と仮定した場合、自己資本比率を1%上昇させた場合に銀行が節税効果を失うことによる資金調達コストの上昇は、0・0245%(2・45ベーシスポイント)にとどまることを指摘し、貸出の減少による社会的費用は、長期的にはそれほど大きなものにならないとする[17]。もっとも、増資には取引費用や情報非対称による費用がかかるため、もしも自己資本規制の強化を急速に行った場合には、銀行は、資産構成を一定にして資金調達方法を負債から自己資本にシフトするのでなく、単純に（分母である）資産を圧縮することによって規制を遵守しようとする可能性がある（Kashyap, Stein, and Hanson 2010, p. 8）。その場合には、貸出が大幅に減少し、社会的費用が生じる恐れがあろう。ただ、この問題は、規制の移行期間を十分長くとり、銀行が、増資だけでなく内部留保の増加によって徐々に規制水準を満たすことができるようにすることにより、対応可能であろう（Kashyap, Stein, and Hanson 2010, p. 8; Dagher *et al.* 2016, p. 4）。

第三に、負債の節税効果が失われることについては、自己資本からのリターンについても一定範囲で課税所得からの控除を認めることにすれば、銀行の資金調達コストを上昇させず、ひいては貸出への悪影響（仮にそれがあるとして）を避けることができよう。セイカー（Anjan V. Thakor）は、自己資本規制の便益と費用についての理論的、実証的研究をレビューしたうえで、そうした租税措置と組み合わせる形で、自己資本の強化を図ることが望ましいと結論づけている（Thakor 2014, p. 217）。

(3) 自己資本の増強は銀行が資産を増やすことで対応可能か

なお、アドマティとヘルビッヒは、自己資本規制を強化しても預金の供給は減少しないという主張の根拠として、銀行は、増加を強制された自己資本の分だけ、市場で（株式、社債、国債といった）金融商品を購入し、資産を増やせばよいという点も挙げている（Admati *et al.* 2013, pp. 10–11; アドマティ・ヘルビッヒ 2014、233－234頁、注22）。

しかし、これについては、このような銀行資産の増加が、銀行の企業価値あるいは経済全体に悪影響を及ぼさないかの検討が必要であろう（DeAngelo and Stulz 2015）。確かに、ファイナンス理論の標準的な想定では、市場性のある金融商品を購入することの割引現在価値（NPV）は0であり、銀行が金融商品を購入した場合と購入しない場合とで、その企業価値は変化しない（Thakor 2014, p. 196）。しかし、この標準的な想定は、完全競争市場に近い金融市場が存在し、企業の証券発行と投資家による証券投資がともに最適に行われていることを前提にしていると考えられる。

法規制が銀行に対して総資産の20％以上の自己資本（株式の発行）を強制している時点で、既にこの前提は破られているのではないかという疑問がある。

実際問題として、もしも自己資本増強に伴って銀行の資産が現在より20％も増えたとすれば、増えた資産をどういう形で保有するにせよ、実体経済に何の影響も及ばさないということは考えづらい(18)。たとえば、銀行が増えた資産の分だけ国債を購入するとすれば、国の財政・金融政策への影響を考えざるを得ないし、事業会社の株式を購入するとすれば、当該事業会社の企業統治に影響を与えるであろう（DeAngelo and Stulz 2015, p. 232）。日本についていえば、銀行が事業会社との間で互いを引受人として新株を発行しあい、株式持合いの大々的な復活につながる可能性もあろう。こうした影響のすべてが悪いものであるとは限らないが、少なくとも、その影響は慎重に検討しなければならず、「増えた自己資本で金融商品を購入すれば、社会的費用は何も生じない」とはいえないと思われる。

（4）移行のコスト

これまでの検討からすると、銀行に自己資本増強を義務づけた場合でも、銀行が社債その他の長期負債（流動性や決済機能の提供というサービス供給の性格を持たない、純粋な資金調達手段としての負債）を自己資本に置き換えるという形で対応する限り、それによる社会的費用は（あるとしても）比較的小さいといえそうである。もっとも、このような対応をとる場合にも、資本構成を変更する過程で無視できない費用（移行のコスト。増資に伴う取引費用など）が発生する可能性がある（Kashyap, Stein, and Hanson 2010, pp. 7-8）。銀行に短期間で自己資本比率の増加を義務づけた場合には、このような費用発生を嫌って、分子の自己資本を増強するのではなく分母の資産を減少させることによって規制強化に対処しようとする可能性がある。その場合には、貸出が大きく減少し、社会に悪影響が出る可能性がある（アドマティ・ヘルビッヒ 2014、237頁。Kashyap, Stein, and Hanson 2010, pp. 12-15）。もっとも、こうした問題は、制度の移行期間を十分に長くとることによって軽減できるであろう（Kashyap, Stein, and Hanson 2010; Dagher *et al.* 2016, p. 4）。たとえば、銀行が短期間で増資をする代わりに、毎年の内部留保を増加させ、それをもって徐々に負債を返済していくという形で自己資本増強を実現できれば、増資に伴う取引費用をかけずにすむであろう。

五　最適な自己資本比率の推定——計量研究

1　これまでの検討のまとめと計量研究の課題

これまでの検討からすると、銀行の自己資本の強化は、銀行危機の予防という便益を持つ可能性が高いし（第三節第1項（1）、第四節第1項）、また、そうした便益にも関わらず、銀行自身に自己資本を強化する動機が不足するという指摘（第三節第2項）も説得的であると思われる。他方、第四節第2項の検討からは、自己資本規制の強化には費用が伴いうることは、否定できないと思われる。少なくとも、預金や短期負債を大きく削減しなければ対応できないほど大幅な強化は、銀行サービスの供給低下という費用を生じる可能性が高い（第四節第2項（1））。また、長期負債の削減によって自己資本規制強化に対応できる場合であっても、貸出の減少や資本構成の変更による費用が生じる可能性はある（第四節第2項（2）（4））。また、銀行は増加した資本の分だけ資産を増やせばよいから社会的費用が生じないと簡単にいうこともできない（第四節第2項（3））。

そうであるとすれば、銀行危機の発生確率をミニマムにするまでに自己資本規制を強化すべきであると直ちにいうことはできず、規制の費用面も考慮して、費用を上回る便益を上げると期待できる範囲で、自己資本規制の強化を図ることが必要と考えられる。

もっとも、便益と費用の推定には、いうまでもなく困難が伴う。以下では、そうした試みの一つとして、バーゼルⅢの合意に際してバーゼル銀行監督委員会（以下、「本委員会」という）が行った計量研究（Basel Committee on Banking Supervision 2010）を紹介したい。

2 バーゼル銀行監督委員会による自己資本規制の便益・費用の推定

Basel Committee on Banking Supervision（2010）の分析手法は、銀行に所定の水準までの自己資本比率の増加を義務づけた場合の便益と費用とを推定することにより、社会的に最適な自己資本比率規制の水準を推定するというものである。

ここでいう規制の便益とは、自己資本の強化により、銀行危機の発生による生産量（ＧＤＰ）の低下が回避されることである。これについては、過去の銀行危機のデータから、①銀行危機が起きると一国の生産量をどの程度減少させるか、および、②所与の自己資本比率のもとで銀行危機が起きる確率がどの程度になるかをそれぞれ推定することにより、便益を推定している（Basel Committee on Banking Supervision 2010, pp. 8-20. 第四節第1項で紹介）。

次に、自己資本規制の費用についてであるが、Basel Committee on Banking Supervision（2010）は、自己資本規制を強化すると、銀行は、資金調達方法を長期負債から自己資本にシフトすることによって対応すると想定したうえで、自己資本コストと負債のコスト（金利）の差の分だけ、銀行の資金調達コストが上昇するため、銀行は、その上昇分をすべて貸出金利に転嫁すると想定し、それによる貸出の減少によって生じる生産量の低下分を費用と見て、これを推定するという方法をとっている。第三節第3項で説明したとおり、このような想定は、自己資本比率が上昇すれば自己資本のリスクが低下し、それを反映して自己資本コストが低下するという、ＭＭ定理の洞察を無視することになる。Basel Committee on Banking Supervision（2010）もそのような問題は認識していて、上記のような想定に立った本研究の推定結果は、自己資本規制の費用の上限に近いかもしれないと述べている（*ibid*. p. 28）。

このような想定のもとで、どの程度の自己資本比率が望ましいかは、銀行危機の費用をどの程度と推定するかによって異なるが、その点について推定の中央値（ＧＤＰの63％。Basel Committee on Banking Supervision 2010, p. 29, Table 8, n.1）を用いる場合には、自己資本比率（ＴＣＥ／ＲＷＡ。第二節第３項（１）で説明した普通株式等Ｔｉｅｒ１比率に相当する）は13％が最適な水準となり（これよりも自己資本比率を上昇させると、追加的な費用の増加分が便益の増加分を上回る）、その水準では、生産量（ＧＤＰ）の１・90～１・96％に上る社会的便益が見込めるとする（*ibid*. p.29, Table 8）。

3　評価とその他の研究

本節第２項で指摘したとおり、Basel Committee on Banking Supervision（2010）の推定は、自己資本比率が上昇すると自己資本コストが低下する可能性（ＭＭ定理の知見。第三節第３項参照）を考慮していない。そのため、アドマティとヘルビッヒは、このような欠陥のあるモデルによる推定結果は「無意味（meaningless）」であると厳しく批判している（Admati and Hellwig 2015, p. 20）。ＭＭ定理の知見を考慮する場合には、自己資本規制の強化が銀行の加重平均資本コスト（ＷＡＣＣ）に与える影響は大幅に縮小し、ひいては貸出の減少による社会的費用の推定値も小さいものとなる。実際、Basel Committee on Banking Supervision（2010）は、自己資本比率を１％上昇させると、銀行のＷＡＣＣは13ベーシスポイント（０・13％）上昇すると推定するのに対し（Basel Committee on Banking Supervision 2010, p. 23, Table 6）、ＭＭ定理の知見を考慮したKashyap, Stein, and Hanson（2010）の推定では、自己資本比率が10％上昇したとしても、それによるＷＡＣＣ上昇は25～45ベーシスポイント（０・25～０・45％）にとどまる。他の学術研究においても、自己資本規制の強化による社会的費用は、長期的にはそれほど大きくならないとするものが多いようである（Dagher *et al.* 2016, p. 25, Table 4A）。もっとも、短期的には、資本構成の変更に伴う費用（移行のコスト）が発生する可能性があり、既存の実証研究では、自己資本規制強化の費用としては長期的な費用よりも、こうした移行コストの方が重要であるとするものが多いようである（*ibid*. pp. 25–28）。もっとも、この問題は、第四節第２項（４）で述べたとおり、制度移行の期間を十分長くとることにより、軽減することができよう。

その一方、Basel Committee on Banking Supervision（2010）では、自己資本規制を強化した場合、銀行は、もっぱら長期負債を自己資本に切り替えることで対応すると想定しており、銀行が預金や短期負債を削減する可能性は考慮していない。これは、同委員会が想定する範囲の自己資本比率（リスクウェイト・アセットに対する比率で15％まで）であれば、現実的な想定であるかもしれないが、仮に、アドマティとヘルビッヒが説くような、総資産（リスクウェイト・アセットでなく）の20〜30％の自己資本を義務づける場合には、預金や短期負債削減による費用（流動性や決済機能といったサービス供給の減少。第四節第２項（１））が生じる可能性をも考慮した推定が必要となるかもしれない。

自己資本規制の便益と費用の推定は困難が伴うとはいえ、今般の世界金融危機を受け、理論研究とともに計量研究も急速に進展しつつある。今後の研究結果の進展に期待したい。

六　おわりに

規制の便益や費用の推定に課題を残しているとはいえ、銀行の自己資本規制の強化を説く議論には、第四節第２項で検討した規制の費用面を考慮してもなお、筆者には相当な説得力が感じられる。バーゼル銀行監督委員会が、規制の費用を過大評価している可能性が高いにも関わらず、リスクウェイト・アセットに対し13％という高い水準の自己資本比率規制を支持する計量研究を公表したことも示唆的であると思われる。

その点からすれば、世界金融危機を受けて強化されたバーゼル規制（バーゼルⅢ）によっても、普通株式等Ｔｉｅ

r 1比率で4・5%、上乗せ規制である資本保全バッファーを合わせても7・0%までの自己資本しか要求していないこと（第二節第3項（1）（2））は、規制の水準としてなお不十分ではないかという疑問を提起することは可能である。[19] 大きな社会的費用の発生を伴うことなく、将来の銀行危機の発生を予防するため、銀行の自己資本をさらに強化する余地があるのではないか、検討を続ける価値があると思われる。

最後に、本書全体のテーマである「危機対応」と関連させながら、自己資本規制の課題と展望を述べておきたい。本章で扱った種類の危機（金融危機ないし銀行危機）は、主要国では数十年に一度程度は起きており、それが起きるメカニズムや、起きたときにどのような被害が起きるかについても、かなりの程度、分析・解明がされていると思われる。つまり、この危機は、「想定内の危機」――正確にいつ起きるかは予測できなくても、起きる可能性と起きたときの結果をかなりの程度、想定できる危機――に属すると思われる。このような危機に対しては、危機対応の便益と費用とを可能な限り合理的に推定し、費用を上回る便益を期待できる範囲で対応を行うという姿勢で望むことが適切であると考えられる。

従来の自己資本規制は、そのような便益と費用の分析に基づいて行われてきたとは言い難いようである。米国の自己資本規制の歴史を研究したPosner（2015）は、規制の導入時にも強化時にも、自己資本規制の便益と費用の分析はほぼ行われてこなかったと指摘する。ポズナーによれば、規制の検討に際し、学術研究を基礎にした本格的な費用便益分析が行われたのは、世界金融危機後のバーゼル銀行監督委員会の研究（Basel Committee on Banking Supervision 2010）が実に初めての例であった。米国の規制担当者は、当時の銀行業界で支配的な自己資本の水準を観察し、大多数の銀行が遵守できるような水準に自己資本規制を設定してきたというのである。そのような姿勢で規制を行ってきた結果、2000年代後半の世界金融危機が引き起こされたと考えるなら、費用と便益の合理的な分析に基づかない危機対応は、結局、高くついたと見ることができそうである。

規制の設計・運用において便益と費用の分析が十分に行われないという問題は、日本にも存すると思われる。自己資本比率の水準の設定において、便益と費用の推定が行われたという話は聞かないし、定評のある銀行法の解説書（小山 2018、佐藤編 2017）においても、本章の第三節から第五節で検討したような、自己資本規制の便益や費用に関する理論研究や計量研究の成果は参照されていない。もちろん、規制の便益や費用の推定に困難が伴うことは明らかであるが、そのことは、便益や費用を合理的に分析する試みを最初から放棄することを正当化しないと思われる。社会科学の知見を最大限に活用し、できるだけ合理的な方法による推定に基づいて規制を設計するとともに、その規制の効果を事後的に検証するというプロセスを通じ、より望ましい規制の設計、運用が可能になると考える。本章の検討が、望ましい危機対応のための議論の契機となれば幸いである。

〈付記〉本章の元となった研究報告を、東京大学社会科学研究所・全所的プロジェクト研究セミナーおよび法の経済分析ワークショップで行い、参加者から多数の有益なコメントをいただいた。記して感謝申し上げる。なお、本章は、科学研究費補助金（基盤（B））課題番号18H00804の研究成果の一部でもある。

注

（1）世界金融危機の背景・経緯の説明として、岩原（2017b）3-22頁参照。

（2）世界金融危機において米国で行われた bailout への批判に基づく立法提案として、Scott *et al.* (2009) 参照。岩原（2017b）11-12頁で紹介されている議論も参照。

（3）バブル経済崩壊後のわが国の銀行危機における、公的資金投入をめぐる政治過程については、久米（2009）参照。

（4）以下、本段落で説明する株主の権利の内容につき詳しくは、田中（２０１８）64-77頁参照。

（5）小山（２０１８）３１７頁によると、ＩＭＦは２０１２年に、金融庁に対し、国内基準はダブルスタンダードであるとしてその廃止および国際基準への一本化を強く求めたが、金融庁は受け入れず、今日に至っているという。

（6）資産の種類ごとのリスクウェイトについては、小山（２０１８）３０４頁。

（7）現状、日本では、カウンターシクリカル・バッファーは0％であり、G-SIBsバッファーは、選定された銀行ごとに１・５％、１・０％の水準が設定されている（佐藤編 ２０１７、２１３頁）。

（8）同社の２０１８年3月期決算短信（連結）によると、総資産額が２０５兆２８３億円、純資産額が9兆８２１２億円であり、これから算出される自己資本比率（純資産／総資産）は、４・79％である。本文で説明したレバレッジ比率（４・28％）がこの比率よりも低いのは、レバレッジ比率に用いられる総資産には、貸借対照表に計上されない項目（オフバランス項目）も含まれるからであると考えられる。

（9）著名経済学者20人の連名による自己資本規制強化の提唱として、Admati *et al.*（2010）参照。岩原（２０１７b）12-16頁とそこに引用の諸研究も参照。

（10）これは、ヨーロッパの銀行についての指摘であるが、第二節第3項（3）で例に挙げたみずほフィナンシャルグループは、普通株式等Ｔｉｅｒ 1比率と総自己資本比率がそれぞれ12％、18％以上あるのに対し、レバレッジ比率ないし連結貸借対照表上の総資産に対する純資産の比率は5％未満であることから、日本の銀行についても類似の状況にあると推測される。

（11）負債の金利は契約で一定に決まっており、企業の収益から金利を引いた利益が株主（自己資本）のリターンになる。負債比率が高いほど、自己資本のリターンの変動（リスク）は大きくなり、それを反映して、自己資本のコスト（株主の要求収益率）も高くなる（鈴木 ２０１８、85-89頁）。実際、Kashyap, Stein, and Hanson（2010）は、歴史的な株式投資収益率（自己資本コストの代替指標になる）は、負債比率（レバレッジ）と正の相関があることを実証している。

（12）この比率は、過去における銀行の自己資本比率は現在よりもずっと高く、１９００年頃には多くの国で20～30％が一般的であったことに基づいている（アドマティ・ヘルビッヒ ２０１４、２４１頁）。

（13）Basel Committee on Banking Supervision（2010）における自己資本比率は、リスクウェイト・アセットに対する"tangible common equity（TCE）"の比率（ＴＣＥ／ＲＷＡ）と定義されている。内容的に、第二節第3項（1）で説明した普通株式等Ｔｉｅｒ 1比率に相当すると見られる。

（14）先行研究で使用されている複数のモデルによる推定値の平均。推定の方法としては、①各国をサンプルとして、銀行の自己資本比率と銀行危機の発生確率の統計的関係を推定する方法と、②一国の銀行セクター全体を、個々の銀行を構成銘柄とするポートフォリオに見立てて、経済的ショックが起きたときにポートフォリオ全体が債務超過になる確率を推定する、という方法が用いられる（Basel Committee on Banking Supervision 2010, p. 14）。なお、Basel Committee on Banking Supervision（2010）は、自己資本比率規制のみを強化する場合と、同時に流動性規制も導入する場合の双方を推定しているが、ここでは単純化のため、前者の推定結果のみを紹介する。

（15）これは、（3）で後述するとおり、アドマティとヘルビッヒが、銀行はその保有資産を増やすことにより、特段の社会的費用を生じさせることなく自己資本の増加を実現できるとみていることが関係しているのではないかと思われる。

（16）世界金融危機の引き金となったサブプライムローン、あるいは日本のバブルをもたらした不動産貸付を考えれば、明らかにその可能性はあろう。

（17）本文の想定のもとでは、自己資本比率を1％上昇させる（レバレッジを1％低下させる）と、負債の節税効果の喪失による銀行の加重平均資本コスト（WACC）の上昇は、0・07×0・35＝2・45ベーシスポイントと計算できる（Kashyap, Stein, and Hanson 2010, p. 18）。

（18）Thakor（2014）, p. 197 and n.11も、銀行に最適なサイズがあるとすれば、「金融商品を購入しても企業価値に影響しない」という想定が成り立たなくなることを指摘している。

（19）この点は、第二節第3項（2）で紹介したカウンター・シクリカル・バッファー（最大2・5％）とG-SIBバッファー（最大3・5％）が最大限で課されれば、合計で13・0％になるため、委員会の推定結果と整合するという整理なのかもしれない。ただ、これらのバッファーは常に最大で課されるわけではないので（現に、日本では課されていない。注7参照）、十分な水準の規制なのかという疑問は依然として残る。

参考文献

Admati, Anat R. (2014). "The Compelling Case for Stronger and More Effective Leverage Regulation in Banking," *Journal of*

Legal Studies, Vol. 43 (Supplement 2), pp. S35–S61.

Admati, Anat R. and Martin F. Hellwig (2013), *The Bankers' New Clothes: What's Wrong with Banking and What to Do about it*, Princeton: Princeton University Press.

Admati, Anat R. and Martin F. Hellwig (2015), "The Parade of Bankers' New Clothes Continues: 31 Flawed Claims Debunked," Stanford Graduate School of Business Working Paper, No. 3032, December 2015. https://www.gsb.stanford.edu/faculty-research/working-papers/parade-bankers%E2%80%99-new-clothes-continues-23-flawed-claims-debunked

Admati, Anat R. and Martin F. Hellwig (2019), "Bank Leverage, Welfare, and Regulation," Stanford Graduate School of Business Working Paper, No. 3729, April 30, 2019.
https://www.gsb.stanford.edu/faculty-research/working-papers/bank-leverage-welfare-regulation

Admati, Anat R., Peter M. DeMarzo, Martin F. Hellwig, and Paul Pfleiderer (2013), "Fallacies, Irrelevant Facts, and Myths in the Discussion of Capital Regulation: Why Bank Equity is Not Socially Expensive," Rock Center for Corporate Governance at Stanford University Working Paper, No. 161. https://ssrn.com/abstract=2349739

Admati, Anat R., Peter M. DeMarzo, Martin F. Hellwig, and Paul Pfleiderer (2018), "The Leverage Ratchet Effect," *Journal of Finance*, Vol. 73(1), pp. 145–198.

Admati, Anat R., Franklin Allen, Richard Brealey, Michael Brennan, Markus K. Brunnermeier, Arnoud Boot, John H. Cochrane, Peter M. DeMarzo, Eugene F. Fama, Michael Fishman, Charles Goodhart, Martin F. Hellwig, Hayne Leland, Stewart C. Myers, Paul Pfleiderer, Jean Charles Rochet, Stephen A. Ross, William F. Sharpe, Chester S. Spatt, and Anjan Thakor (2010), "Healthy Banking System is the Goal, not Profitable Banks," *Financial Times*, November 9, 2010.

Basel Committee on Banking Supervision (2010), "An Assessment of the Long-Term Economic Impact of Stronger Capital and Liquidity Requirements," Bank for International Settlements, August 2010. https://perma.cc/Y3E9-YXY5

Berger, Allen N. and Christa H. S. Bouwmanbd (2013), "How does Capital Affect Bank Performance during Financial Crises?" *Journal of Financial Economics*, Vol. 109(1), pp. 146–176.

Coase, Ronald H. (1960), "The Problem of Social Cost," *Journal of Law and Economics*, Vol. 3, pp. 1–44.

Cochrane, John H. (2013), "Running on Empty," Review of 'The Banker's new Clothes' by Anat Admati and Martin Hellwig, *Wall Street Journal*, March 1, 2013.

Dagher, Jihad, Giovanni Dell'Ariccia, Luc Laeven, Lev Ratnovski, and Hui Tong (2016), "Benefits and Costs of Bank Capital," IMF Staff Discussion Note, March 2016. http://www.asbasupervision.com/es/bibl/x-lecturas-recomendadas/1202-lr182/file

DeAngelo, Harry and René M. Stulz (2015), "Liquid-Claim Production, Risk Management, and Bank Capital Structure: Why High Leverage is Optimal for Banks," *Journal of Financial Economics*, Vol. 116(2), pp. 219–236.

Diamond, Douglas W. and Philip H. Dybvig (1983), "Bank Runs, Deposit Insurance, and Liquidity," Vol. 91(3), pp. 401–419.

Kashyap, Anil K, Jeremy C. Stein, and Samuel Hanson (2010), "An Analysis of the Impact of 'Substantially Heightened' Capital Requirements on Large Financial Institutions," Working Paper, Harvard University, May 2010. http://www.people.hbs.edu/shanson/Clearinghouse-paper-final_20100521.pdf

Kraakman, Reinier, John Armour, Paul Davies, Luca Enriques, Henry Hansmann, Gerard Hertig, Klaus Hopt, Hideki Kanda, Mariana Pargendler, Wolf-Georg Ringe, and Edward Rock (2017), *The Anatomy of Corporate Law: A Comparative and Functional Approach*, 3rd ed., Oxford: Oxford University Press.

Modigliani, Franco and Merton H. Miller (1958), "The Cost of Capital, Corporation Finance and the Theory of Investment," *American Economic Review*, Vol. 48(3), pp. 261–297.

Myers, Stewart C. (1977), "Determinants of Corporate Borrowing," *Journal of Financial Economics*, Vol. 5(2), pp. 147–175.

Myerson, Roger B. (2014), "Rethinking the Principles of Bank Regulation: A Review of Admati and Hellwig's The Bankers' New Clothes," *Journal of Economic Literature*, Vol. 52(1), pp. 197–210.

Posner, Eric A. (2015), "How Do Bank Regulators Determine Capital-Adequacy Requirements?" *University of Chicago Law Review*, Vol. 82(4), pp. 1853–1895.

Scott, Kenneth E., George Pratt Shultz, John B. Taylor, and Nicholas F. Brady (2009), *Ending Government Bailouts as We Know*

Them, Stanford: Hoover Institution Press, Stanford University.

Thakor, Anjan V. (2014), "Bank Capital and Financial Stability: An Economic Trade-Off or a Faustian Bargain?" *Annual Review of Financial Economics*, Vol. 6, pp. 185–223.

アドマティ、アナト、マルティン・ヘルビッヒ、土方奈美訳（２０１４）『銀行は裸の王様である——金融界を震撼させた究極の危機管理』東洋経済新報社。

池尾和人（２０１６）「書評　アナト・アドマティ＝マルティン・ヘルビッヒ（土方奈美・訳）「銀行は裸の王様である——金融界を震撼させた究極の危機管理」」『経済研究』第67巻第2号、１８２‐１８４頁。

岩原紳作（２０１７ａ）「銀行の自己資本比率規制に関するバーゼル合意の日米における具体化——平等な競争条件を求めて」『商事法論集（２）　金融法論集（上）——金融・銀行』商事法務、３２１‐４１１頁（初出、ハル・Ｓ・スコット著、岩原紳作著訳「銀行の自己資本比率規制に関するバーゼル合意の日米における具体化——平等な競争条件を求めて（１）‐（６）」『旬刊商事法務』第１３５４‐１３６０号、１９９４年）。

岩原紳作（２０１７ｂ）「世界金融危機と金融法制」『商事法論集（２）　金融法論集（上）——金融・銀行』商事法務、３‐22頁（初出「世界金融危機と金融法制」『金融法務事情』第58巻第17号、27‐37頁、２０１０年）。

久米郁男（２００９）「公的資金投入をめぐる政治過程——住専処理から竹中プランまで」池尾和人編『不良債権と金融危機』慶應義塾大学出版会、２１５‐２４９頁。

河野龍太郎（２０１４）「ＢＯＯＫＳ＆ＴＲＥＮＤＳ「銀行は裸の王様である——金融界を震撼させた究極の危機管理」アナト・アドマティ、マルティン・ヘルビッヒ著、土方奈美訳」『週刊東洋経済』第６５４３号（２０１４年８月９日号）、１１２頁。

小山嘉昭（２０１８）『銀行法精義』金融財政事情研究会。

佐藤則夫編著、本間晶・笠原基和・冨永剛晴・波多野恵亮著、池田唯一・中島淳一監修（２０１７）『銀行法』金融財政事情研究会。

鈴木一功（２０１８）『企業価値評価　入門編』ダイヤモンド社。

田中亘（２０１８）『会社法〔第２版〕』東京大学出版会。

福田慎一（２０１４）「この一冊　「銀行は裸の王様である」Ａ・アドマティ、Ｍ・ヘルビッヒ著／金融危機の原因と解決法　平易

に」『日本経済新聞』２０１４年7月13日朝刊。

松井彰彦（２０１４）「書評　「銀行は裸の王様である」アナト・アドマティ、マルティン・ヘルビッヒ著」『読売新聞』２０１４年7月13日朝刊。

みずほフィナンシャルグループ（２０１９）「自己資本比率関連資料（２０１９年３月期）／第３四半期／みずほフィナンシャルグループ・主要な指標」。

https://www.mizuho-fg.co.jp/investors/financial/basel/capital/data1903/index.html#anchor_3q
https://www.mizuho-fg.co.jp/investors/financial/basel/capital/data1903/pdf/fg_3q01.pdf

第7章　政策変数としての稀少確率評価

——消極的予報による中庸化政策

佐々木　彈

【確率・意識】

〈本章への視座〉

①極端な異常気象や一定規模以上の自然災害など、危機のなかには実証や予知が技術的に困難なほど稀少な確率で発生する事象がある。佐々木論文では、それらの稀少確率への認知が自明でなくなる理由を説明し、政策的誘導の可能性と是非を考える。

②危機発生の確率分布が不明な場合、合理的期待による対応は不可能になる。それ故に政策的に最適に予報する「余地」も生じる。その最適な政策の一つが、あえて情報を提供しないことで、期待形成を極端から中庸へと誘導する「消極的」な予報政策である。

③消極的予報政策が社会的に望ましい状況は、企業の参入・退出や外部経済の状況などの要件によって左右される。このような稀少事象に関する論点は、少数者や主観確率のみで判断せざるを得ない人々の危機対応の在り方の考察にも応用可能である。

一　はじめに

２０１１年の東日本大震災以来、「想定外」という用語は頓《とみ》に流布した感があるも、実のところそれが何を意味するのか、私たちは正確に理解しているだろうか。「高津《こうづ》の富《とみ》」という古典落語には、宝くじを買って思いがけず大当りした人が驚きのあまり腰を抜かし、下駄を履いたまま布団に潜って寝てしまったというオチがあるが、これなどは日常言語にいわゆる「想定」なるものの曖昧さを端的に突いている。宝くじを買うからには、当籤《とうせん》確率がゼロではない、という「想定」をしていたはずだ。だから当籤すること自体が「想定外」だったかと言えば、無論そんなことはあるまい。ではなぜ当籤に驚き腰を抜かしたか、と言えば、宝くじ屋が儲かる程度に当籤確率は低いはずなので、「まさかそんなに直ぐに当るとは思わなかった」ということだろう。

このように「確率は低いがゼロではない」ことが知られている事柄というのは、世の中に数多く存在する。極論すれば、この世に「絶対」ということはまず無いから、「まず起こりそうにない」つまり「想定外」の事柄であっても、微小な確率で起こるかもしれない、とも言えるだろう。言い換えれば、想定内か想定外かは、その微小確率がどのくらい微小であるか、に関する想定者の主観的観測の問題、ということになる。

宝くじの場合であれば、当籤確率は事前に客観的に計算できてしまうから、想定云々は単純に想定者の主観や心理の問題にとどまる。他方、世の稀発事象の多くは、確率計算が自明ではない。本章で扱うのは、典型的個人が稀少確率をどう過大・過小認識するか、といった心理学や認知科学ではなく、実証や先験的予知の技術的に困難な稀少確率を政策的にどう評価し、それに関する社会的合意を形成するか、である。

稀少確率への認知の問題が、謂わば経済学と心理学との間の学際的な架け橋として発展し、認知科学や行動経済学の草創・確立に大きく貢献したことは言うまでもない。保険に加入する同じ個人が宝くじを買うというような一見矛盾した行動は、危険回避度などによって特徴づけられる効用関数の形状だけでは説明できず、むしろ稀少確率への主観的過大評価と整合的である(1)。保険加入という恰《あたか》も「危険回避的」行動を選択するのは事故確率を過大評価したから、宝くじという「危険愛好的」なものを買ったのは当籤確率を過大評価したから、というわけである。ここで注目したいのは、そのような稀少確率への認知バイアスそのものの性質よりも、むしろ一歩遡って、なぜそのような認知バイアスが問題となるのか、つまり稀少確率への認知はなぜ自明でないのか、である。

本章では以下、稀少確率への認知自体が心理学的ないし「人間工学的」な問題を含むとしても、その認知がなぜ自明でないかという理由のほうには主観や心理によらない、れっきとした客観的説明が可能であることを示す。さらに、認知困難ということは裏を返せば、政策的誘導の余地があり得る、ということでもある。すなわち、政策的な「言い値」による確率評価が発表された場合、それを反証すべき根拠を欠けば欠くほど、その言い値が社会的合意として通ってしまう余地があるからである。言うまでもなくこれは、使いようによっては危険な思想であり、本章はかりそめにもその濫用を奨励する趣旨ではない。そのような誤用・悪用への被統治者側の自衛策も含め、以下に詳説を試みたい。

二　稀少確率の統計的検証とその技術的困難

簡単化のため、ある事象が「起こる」か「起こらない」か、という2通りの結果を繰り返し観察する状況を考えよう。各回の試行において、その事象の「起こる」確率を p、「起こらない」確率を（1－p）とする。更に単純化のため、各回の試行は独立、つまり前回の試行で当該事象が起こったから以後の試行でそれが起こり易くなったり起こりにくくなったりという「系列相関」は無いものと仮定する。
このような試行を n 回繰り返し、事象の起こった回数をXとする（統計学の慣例に従い、確率変数は大文字で、その実現値とパラメタとは小文字で表記する）。このXは「二項変数」と呼ばれ、その確率分布は「二項分布」として知られている。この名称は、$X=x$となる確率が、

$${}_nC_x p^x(1-p)^{n-x}$$

という二項係数で求まることに由来する。この二項分布は平均np、分散$np(1-p)$を持つ。

簡便な例として、ここで真の確率がpなのか、その半分の値であるか、を統計的に峻別することを考えてみよう。2標準偏差を超えたら検出成功、と仮定すると、$p=\frac{1}{2}$という頻発事象の場合、

$$2\sqrt{np(1-p)}<\frac{np}{2}$$

すなわち$n>16$で検出可能となる。これが$p=\frac{1}{10}$だと$n>144$、さらに$p=\frac{1}{50}$では$n>784$という長大な記録を要する。喩《たと》えて言えば、ある町で雨の降る頻度が2日に1日なのか、それとも4日に1日なのか、を見分けるにはその町に半月程度住むだけで充分ということになる。他方、その町に震度6強の地震が襲うのは50年に一度、つまり多くの町民の存命中に起こりそうなのか、はたまた100年に一度程度で大半の町民は逃げ切れそうなのか、を検出するには過去800年近い膨大な記録が必要になる。当然ながらそれだけの記録を集めることはまず不可能であるから、大地震など稀発事象の頻度を「倍か半分か」という極めて大雑把な範囲で実証することすら実用上、至難を極める。

つまり、いわゆる東海地震や東京直下地震などが「50年に1回」なのか「世紀に1回」なのか、というような論争

を解決する決め手は無い、ということになる。

統計学とその経済学的応用である意思決定理論では、risk（危険）と uncertainty（不確実性）とを区別して論ずることがある。危険とは、確率分布は既知ないし計算可能だが、結果すなわち確率変数の実現値がばらつくことを言う。宝くじの場合は当籤確率が先験的に所与であるから、これに該当する。他方、不確実性とは、確率がそもそも不明であることを言う。(2) 災害の例などはこちらに属する。

確率が不明な場合、通常の意思決定理論にいわゆる「合理的期待」モデルは適用できないか、無理に適用したとしても不適切である可能性がある。まず第一に、真の確率が未知・不明なため、各意思決定主体の主観的事前確率評価と、事後の実現値の分布とが一致するとは限らない。加えて第二に、主体間で主観が異なるため、事前確率評価も異なるのみならず、互いの事前確率評価等の主観的期待に関する合理的期待を形成することができず、意思決定理論の本流に言う common knowledge、すなわち互いの知っていることを知っている、ということを互いに知っている、ということを互いに知っている、……という無限に続く高次の情報共有が（少なくとも事前には）できず、理論的な意思決定問題の始点が確定せず、従って問題が定義できない。(3)

逆手に見れば、意思決定問題の構造の一部であるところの確率変数の分布が不明であるということは、合理的期待という定型的なパラダイムを諦めざるを得ないという制約と同時に、それに縛られなくてよい、それに従わない恰好の口実というポジティブな解釈も可能かもしれない。災害の例で言えば、大地震の発生確率を科学的に正確に予知しようとする不毛な（と言い切ってしまっては関係者の皆さんの不断の努力に対して余りにも非礼かつ無粋ではあるが）企てばかりに一点張りせず、むしろ政策的に最適に予報する「自由」が、科学的に予知不能なればこそ与えられている、とも言えるわけである。

三　予報政策とそれに対する合理的反応

「知は力なり」と言い習わされる通り、正確な情報が個々の主体の最適行動や社会厚生の最適化に資することは少なくない。この意味では、正確な予知情報なり事前確率評価なりの得にくい自然災害などに関しても、技術的に可能な限り最大限正確に近い情報を発信することが最適政策に違いない、という議論には一理あろう。この場合、政策の役割は極めて受動的・限定的なものに過ぎず、あくまで主役は科学的な予知・事前確率評価とその可及的正確さにあることになる。

半面、「知らぬが仏」「嘘も方便」といった格言もあるように、情報の不在・不正確が結果的に却って善を為す状況というのも、あり得なくはない。典型的にはそのような状況は、個々の主体の自己利益最大化行動と、社会的総余剰最大化行動とが一致しない場合であり、ある特定の誤り・偏りをもった情報により個々の主体が前者よりも後者に近い行動を取ることで、却って社会全体を利し、斯くして政策目標が達せられる、という状況である。

より具体的に、稀発事象の事前確率情報が人々の行動に影響するのは、どのような状況であろうか。簡単に思いつくのは、例えば災害発生時の混乱や責任問題を事前回避すべく、災害発生確率をわざと高めに発表しておく、というような例であろう。言い換えると、災害が「起こる」と予報しておいて起こらなかった場合よりも、「起こらない」と予報していたのに起こった場合のほうが、損害が大きい、という状況である。このように損害が予報誤差の非対称関数になっている場合、事前予報にバイアスをかけることが最適となり得る。

しかし前述来のように、本章は人々の合理性を否定してかかる趣旨ではない。事前予報にバイアスのかかることが状況上当然に予見できれば、人々はそのようなバイアスを補正して合理的期待を形成するであろう。

逆にもし政策当局が、当該地域の観光発展や投資の促進などを主眼に据えている場合であれば、災害確率を低めに発表し、資産価値を高め、投資や観光需要を誘致する効果を目指すであろう。この場合は必ずしも損害が予報誤差の非対称関数かどうかではなく、災害確率を高く予報すること自体に犠牲が伴うことで結果的に非対称なバイアスが発生する、という状況である。このような場合であっても、やはり人々が合理的であれば、そのバイアスを補正して合理的期待を復元できるはずであろう。

このように政策的意図により予報にバイアスをかける状況では、その政策的意図が予報の受信者である各経済主体に察知されてしまうことにより、実効性は失われてしまう。しかも現実的には、政策当局の意図は自明である場合が少なくなく、予報が「公安寄り」なのか「産業寄り」なのか、といったバイアスの方向性は受信者公衆に容易に読まれてしまう。公安当局と産業政策当局とが並立し、相異なる予報を発表する場合などは尚更であろう。

なお、いまさら蛇足ではあるが、本章では各経済主体の「心理的」な確率認知バイアスは扱わない。従って、例えば前述の微小確率への人々の過大認識傾向を補正すべく政策当局側が意図的に過小な確率予報を発表する、というような可能性には立ち入らない。言うまでもなく、もしそのような政策的操作が行われれば、そうした政策意図の存在が周知となることによりその効果は減殺・消失してしまう。

四　予報政策に効果はあるのか

本章では、各経済主体は一応、合理的であると仮定される。だから前節に述べたように、政策的に偏った発表が受信者公衆を「だます」ことはできない。そのような偏りは、受信者である各経済主体の合理的期待により補正されてしまうからである。

もちろん情報構造としては、各経済主体は自前の事前情報を持ち合わせていない、つまり確率論や意志決定理論に言う「事前確率分布」を知らないことから、政策的発表を「言い値」で信じるしかない。が、その場合の「言い値」とは必ずしも数字通りの「名目値」ではなく、公式発表の数字から政策意図を補正した「実質値」のほう、ということになる。

言い換えれば、政策意図により特定一方向に偏った予報を発表するという形の謂わば「積極的予報政策」の余地は無い、ということになる。しかし、だからと言って政策的予報の余地が全く存在しないというわけでもない。即ち「消極的」な予報政策、あえて精確な予報を控えるという政策的操作、の余地は、受信者公衆が合理的期待形成に長けていようとも依然残る。

そのような消極的予報政策の効果は、一口に言えば期待の「平均化」「中庸化」である。ある事象の生起確率が特に低いとか特に高いとかいった情報を「流さない」ことにより、両極端の期待が形成されるべき材料を排除し、期待を平均的な方向へと引き寄せる「求心的」効果を有する。

これは、偏《ひとえ》に情報を流さないことにより発生する効果である点で、受信者側の合理性を以てしても補正され得ない性質のものである。数学的に言えば、情報集合の分割（information partition）を粗（coarse）にしておくことで、期待を更新（update）させない、という方法である。これがもし、情報自体は流しておいて、その情報の重要性を過小発表することにより期待形成の中庸化を図る、というような政策では、受信者側の合理的期待による補正を許してしまうことは言うまでもない。

直観的なわかりやすさのために、天気予報を例にとってみよう。降水確率予報では、０%から１００%まで10%刻みで計11段階の予報を発表することが多い。これは、情報集合を11個に分割する、ということである。年配の読者ならご記憶の通り、気象庁が確率予報を採用したのは昭和50年代に入ってからで、それ以前はいわゆる天気マークにより「晴」「曇」「雨」「雪」など非数値的で大雑把な予報しか発表していなかった。確率予報と天気マークとの対応を見ると、降水確率50%以上で雨マークが付くと見られるから、マークのみによる予報は降水確率を「0～40%」と「50～100%」の2値で報じていたわけであり、それだけ情報集合の分割が粗い。

ここで、降水確率が20%以上だと折畳み傘を持ち歩くという個人を仮想してみよう。この人物は、確率予報で「0%」や「10%」と出れば、傘は持たない。しかし「晴」や「曇」マークだけだと、確率予報に換算すれば最大40%までの可能性があるため、傘を持つ。もしこのような人物が、傘を持っていない日に雨に遭ったらその日一日だけのために最寄のコンビニへ駆け込んでビニール傘を買う、という行動に出るとすれば、そのビニール傘は二度と使われずゴミになる運命だから、地球資源という見地から言えばそのような人物には毎日常に折畳み傘を持ち歩かせる「政策」、つまり降水確率「0%」「10%」などと発表しない政策、が最適ということになろう。

これがもし、又しても年配の諸賢はご記憶の確率予報開始当初、昭和50年代に行われていたように「0%」という断定的表現を避け「5%未満」なる留保的な修辞を採用したとしても、それによって合理的受信者の反応が変わることはない。情報集合の分割が同じであれば、それによって形成される合理的期待も同じだからである。

ただし一般的な気象予報とのアナロジーは、ここで終る。記録的な異常気象を別とすれば、晴も雨も日常的に頻繁に経験される事象であるから、その頻度や生起確率の実証は統計的に不可能ではないからである。晴マーク予報にも拘らず雨の降った頻度や、「50%」予報で実際に降水のあった頻度となかった頻度とどちらが高いか、などは過去数年程度の記録を紐解けばそこそこの精度で統計的に実証できる。だから受信者は、当局発表に加えてある程度、独自に情報を獲得しそれに基づいて期待を更新する余地を有する。

これに対し本章で扱う稀発事象とは、そのような実証を許さない程度に稀にしか観測できないものを指す。典型的には、極端な異常気象や一定規模以上の自然災害のように、個々人の一生に一度あるかないか、といった事象がそれに該当する。そのような場合、受信者側には独自の情報ソースが存在せず、それだけ政策側の「言い値」の影響力と重要性が増す。

五　予報政策の出番（1）——供給側の要因

積極的予報政策は受信者側の合理的期待の前には無力だが、消極的予報政策は受信者の合理性によってもその効能を殺がれないことは、前節までに述べた通りである。ここまでは記述的（descriptive）な議論であった。以下では、その消極的予報政策の効果が社会的に望ましいのはどのような状況か、という規範的（normative）な議論に移りたい。

直観的なわかりやすさを重視して再び災害の例を考えよう。防災・減災のための技術的条件として、災害時のための装備品や、災害に備えた保安性の高い設計を有する施設・設備などの供給が必要不可欠であることは言うまでもない。それらに対する需要は、と言えば、その災害の事前確率予想に直接影響されるであろう。そしてその需要予測に応じ、そのような災害時仕様の財やサービスの供給数量と価格、ひいてはそもそもそれが供給されるか否かという供給企業の「参入」意思が決定される。

先述の「知らぬが仏」との関連で言えば、企業の参入インセンティヴが、参入の社会的適否と必ずしも軌を一にしているかどうか、がここでの関心事となる。経済学の標準的な理論通り、企業が自社利潤最大化を目標とするならば、参入にかかる初期費用・固定費用を参入後の期待利潤が上回れば参入、そうでなければ不参入となるはずであろう。ここで注目すべきは、参入の基準は「自社利潤」の期待値であり、「総余剰」の期待値ではない、というところにある。両者の間の差は、後者には当該企業の自社利潤に加え、競争他社の利潤、および消費者余剰にある。

では参入の私企業的インセンティヴは、社会的に見て過小なのだろうか、それとも過大なのだろうか。先述来のように、もしこのバイアスが「常に過小」だったり「常に過大」だったりと一定方向にしか働かないのであれば、それを補正すべき予報は積極政策的なものとならざるを得ず、受信者の合理的期待によってその効果は阻まれてしまうだろう。

ところが私企業の参入インセンティヴは、以下に見るように、環境に依存して時には社会的に過小に、時には過大になるという興味深い性質を有する。

（1）自然独占

一般に（つまり災害対策の例に限らず）参入に必要な初期費用の高さと比べてさほど高い需要が期待できず、複数の供給企業が寡占的に共存することができないような市場は、経済学ではしばしば「自然独占」と称される。唯一の参入企業にとって「競争他社」は存在しないから、総余剰＝自社利潤＋消費者余剰、となる。

参入が商業的に引き合うのは、自社利潤≧参入費用、の場合だけである。他方、社会的に見れば、総余剰≧参入費用、すなわち、自社利潤＋消費者余剰≧参入費用、である限り参入は所望される。つまり企業の参入インセンティヴは、まるまる消費者余剰の分だけ、社会的な参入要請と比べ過小となっていることがわかる。

（2）過剰参入定理

逆に、参入費用に比し期待需要が高く、複数企業が参入し寡占的に共存できる環境では、そのような市場における利潤機会は寡占企業間の共用資源、すなわち経済学に言う common pool と見ることができる。そのような共用資源の各利用者すなわち各企業は、自社利潤最大化行動に際し、資源枯渇による他社利潤への負の影響を考慮しないため、社会（寡占市場など）全体として見れば共用資源は過用され、その利用者である各社は相互の利潤機会を喰い合う傾向にある。この効果は産業組織理論では business stealing として知られる。

この共用資源の過用という問題は、市場への参入に限らず経済学では Tragedy of the commons として知られるものである。The commons とは、英国の伝統的な農村にあった、村人が自由に家畜を連れて来ることのできる共用牧草地のこと。各戸が自家の家畜の食べたい放題、自由に草を食べさせてしまうと、村中の家畜の食べられるはずの草が枯渇してしまう。各農家の自由意思、つまり各社の自社利潤最大化行動に任せておくと、集合的に最適な水準と比較して資源が過用されてしまう傾向があるわけである。

市場への参入に話を戻せば、寡占各社の参入インセンティヴは、相互の利潤機会を奪い合う形で社会総体的には過剰となる。この効果が、寡占企業間の競争による消費者余剰増加という副次的な正の効果を上回り、参入インセンティヴは総余剰最大化水準よりも過大になる、というのが過剰参入定理（excess entry theorem）（Mankiw and Whinston 1986, Suzumura and Kiyono 1987）として知られる産業経済学の命題である。

見方を換えれば、過剰参入による総余剰の減衰は、必要以上に多数の企業がそれぞれ独自に参入費用を負担するという社会的に非効率な重複投資によるものとも言える。これは産業経済学では effort duplication として知られる（負の）効果である。

以上（1）（2）を併せると、もし各社当りの参入費用が概ね一定であれば、期待需要の低い市場では（1）のように自然独占的となり、参入インセンティヴは社会的最適よりも過少にとどまる一方、期待需要の高い市場では（2）の過剰参入インセンティヴが働く。

そこで災害対策の例に戻ろう。災害発生の期待確率が低いと、対策への需要は低く、災害用の装備品等の市場は自然独占的となり企業の参入インセンティヴは過少となる。他方、期待確率が高ければ、需要が高く寡占市場となり、過剰参入が発生する。

以上を要すれば、低い災害発生確率期待は高めに、高い期待は低めに、つまり中庸方向へと「求心的」に誘導するのが社会的に最適となる。斯くして消極的予報政策の活躍すべき状況が現出する。

無論、現実的には一口に災害用品と言っても、個別の財やサービスの性格により、自然独占と過剰参入寡占との閾《いき》確率は一律ではあり得ないから、全部の市場に最適な消極的予報政策というものが定義できるわけではないことは、言うまでもない。それでも、災害が「まず絶対起こらない」というような超楽観や、逆に「極めて高確率で起こる」という超悲観などという両極端な期待をなるべく中庸へ寄せることには、一定の政策余地を認めるべきではないだろうか。

六　予報政策の出番（2）——需要側の要因

前節に述べた、災害対策用の財・サービスの供給と表裏一体を成すべき技術的要件として、せっかく供給された災害装備が有効に需要されなければならない。

一般に財やサービスの消費には「外部性」（externalities）を伴うことが往々にして観察される。外部性とは、売手や買手などといった取引や契約の主体「以外」の者たちに、その取引に起因する効用（外部経済、external economy）や不効用（外部不経済、external diseconomy）が及ぶことを指す経済学用語である。外部性の受益者や被害者たちは、取引の主体ではないために、れっきとしたステークホルダーでありながら、自らのステークに見合った対価を支払ったり補償を受け取ったりする契約を自発的には結ぶことができない。そのため取引主体間でのみ成立する契約には、外部のステークホルダーを含めた当該取引の社会的価格が正しく反映されない。この意味で、市場で決定される取引価格は、社会的に最適な価格にならない可能性がある。これが、経済学にいわゆる「市場の失敗」(market failure)である。

災害対策用の装備品などの場合だと、典型的には正の外部性をもたらすことのほうが多いと考えられよう。耐震・耐火性に優れた建築物は、倒壊や延焼による近隣への二次災害を防ぐ外部経済を有するだろうし、信頼性の高い安否確認システムは、救援活動の効率化に資するという意味で正の外部性を与える。

しかし斯《か》かる正の外部性というだけでは、恰も前述の積極的予報政策の対象かに映るかもしれない。すなわち災害の生起確率をわざと高めに発表し、災害対策への需要を喚起する政策である。しかしそのような一方的なバイアスのかかった政策予報が、受信者たちの合理的期待によって補正され、無効化することは、既に再三述べた通りである。従って外部経済の単純な存在だけでは、予報政策の出番とは言い難い。

では予報政策、殊に消極的予報政策の出番は、どのようなときに現出するのだろうか。それは端的に言うと、外部経済が「逓増」するか、それとも「逓減」するか、によって決まるのである。

例えば家屋の延焼の例で考えてみよう。延焼とは、燃え易い脆弱な建物どうしが隣接している場合に起こる現象である。耐火建築の普及率がまだ低く、四隣に非耐火家屋が集まっている環境で、近隣に先駆けて耐火化した家は、東西南北全ての隣家との間で延焼を予防できるから、その外部経済は極めて大きいと考えられる。耐火家屋の普及が進み、近隣に既に耐火化した建物の割合が増えるにつれ、追加的な家屋1軒あたりの耐火化による外部経済は、徐々に逓減していく。最終的には、四隣すべてが耐火家屋ばかりという環境においては、最後に残った1軒が耐火化してもしなくても、もはや延焼という危険は存在していないという意味で、耐火化の外部経済は事実上消失してしまう。

このように外部経済が「逓減」する場合、災害発生の期待確率が「低すぎる」場合が専ら問題となる。即ち、災害発生率が低いと信じられていて、防災仕様の普及率がまだ低い環境下でこそ、その普及促進による外部経済が大きいからである。逆に災害発生の期待確率がもともと高く、従って防災仕様が既に充分普及しきった環境では、その普及が更に促進されてもされなくても、大した外部経済は発生しない。

そこでもし、災害発生確率に関する期待が、消極的予報政策により「中庸化」され、確率の低い場合には高めに、確率の高い場合には低めに誘導されたとしよう。すると、前者による外部経済の増分は大きく、後者による外部経済の減分は相対的に軽微であり、総体として外部経済が増す傾向が生ずる。

逆にもし、外部経済が「逓増」するような状況だと、期待の中庸化は逆効果となろうことは、想像に難くなかろう。とは言え現実的には、外部経済の逓減する場合のほうが圧倒的に多いと考えられる。いま仮に、延焼のような直接的な外部性が全く無い状況を想像してみよう。近隣には関係なく、単に自宅に防災用品を備蓄せずに災害に遭うと救援を要し、備蓄していれば災害に遭っても救援を要しないと仮定しよう。このような場合でも、救援に要する社会的費用というのは一般に逓増的であるため、要救援戸数が多いほど、つまり防災用品の普及率が低ければ低いほど、救援要請1戸あたりの社会的費用は高くつき、従って防災用品の備蓄を追加的に1戸増やすことの社会的便益は高いことになる。この意味で防災用品の社会的外部経済は、やはり逓減するわけである。

七　稀発事象論の応用と展望

稀発事象とは、なにも災害や事故などに限った概念では決してない。

様々な意味での「少数者」、例えば利き手、性的指向、発達障害、引きこもり、鬱《うつ》、等々に関しても、本章と類似した稀発事象論が応用可能である。

こう言うと、これらの少数者たちはそこまで「稀」ではない、という至極ご尤《もっと》もなご指摘を受けそうである。事実、これらの「少数者」は決して少数ではなく、日常的に頻繁に遭遇する。にも拘らず本章で扱う稀発事象と相通ずるのは、確率や頻度が定かでない、という点である。

定義の曖昧さにも起因するのだろうが、これら少数者が実のところどの程度少数なのか、についてのコンセンサスは、筆者の見聞する限り全くと言ってよいほど存在しない。

その一方で、少数者向けの財やサービスへの需要は、彼らがどのくらい少数なのか、という推測に直に依存せざるを得ない。言うまでもなく少数者向けの財・サービスの供給確保は社会的に重要な要請であるから、需要予測に直結する少数者の人口比率なり出現頻度なりの推測は、政策的発表の対象となり得る。

更に、そのような財・サービスを実際に需要し「消費」することは、少数者どうしの間での「ネットワーク外部経済」をもたらす。ごく大雑把に直観的に言えば、少数者のうちの先駆的な者たちが「カミングアウト」することにより、残余の少数者たちが後に続き易くなり、少数者全体としての社会的地位が確立するという正の効果がある。この場合も前節に挙げた耐火家屋の例と同様、外部経済は逓減的となろう。すなわち初期の先駆者たちのもたらす外部経済が最も大きく、後発の者たちのもたらす外部経済ほど相対的に小さい。そのため前述例同様、初期の先駆者たちの行動を促進するような消極的政策の出る幕があると考えられる。

こうして見ると、本章のような考察は、実は当該事象の文字通りの「稀少性」には必ずしも依存しない。稀かどうか、どの程度稀か、よりも、客観的・科学的にその事前確率を実証しにくいこと、のほうが重要な特徴と言える。

病気や事故に対する個人的な備えなども、概ねこの範疇に属する。一般的な事故率や罹病率などは、統計的に実証可能であり、現にそれを基に保険料率などの算定も行われているわけである。しかし「各個人の」事故確率や罹病確率を「統計的に実証」することは情報不足ゆえ現実的には困難であろう。よほどの病弱者や事故多発者でもない限り、重病や重傷事故を「統計が取れるほど」多数回経験する個人はいないだろうからである。当人と統計的・外形的条件の似た、近接地域在住の同年齢・同職種の者たちの統計は取れても、事故率や罹病率は「本人でなければ知り得ない」生活習慣や性癖に強く依存するため、そのような私的情報を有する当人にとっての主観確率と、私的情報を十全には知り得ない保険会社等の外部者の計算する「客観確率」[4]とが一致する保証は全く無い。

各人が病気や事故に備える行動は、専ら主観確率に基づくと考えられるから、これもやはり事前確率の不確実な状況であり、政策的な情報発信が影響力を持ち得る環境と言えるだろう。

ちなみにこの場合も、重病や重傷事故の確率が特別に稀少か、と言えば、必ずしもそうとは限らない。むしろ究極的には、神ならぬ身の人間は誰しも確率1で死ぬわけだから、病気や事故が万人にとって「身近」なものであり、決して「他人事」でも「珍事」でもないことは、合理的な意思決定主体であれば当然に周知のはずである。

実際、罹病確率に関する人々の期待に影響を与えるような政策的発表が既に世界各地で行われている「状況証拠」が存在する。例えば薬品や食品添加物などに関する規制や、それらの健康被害に関する当局公式見解などが、国や地域により著しく異なる事例は少なくない[5]。このような差異には、国や地域による人口構成・生活習慣・気候風土・産業構造など「人間工学的」な諸要因で説明のつく範囲を明らかに超えているものが多い。硝酸ナトリウムやトランス脂肪酸などの添加物が、欧米人には「事実上使用禁止すべきほど有毒」だが日本人には「規制が不要なほど無害」などということは、純粋疫学的にはほぼあり得ないだろうからである。

つまり規制の違いは、厳しい規制ほど情報集合の分割を細かくした政策的発表、緩い規制は情報集合の分割を粗くする政策、全く規制しないのが最も本章に言う「消極的」な政策、ということになろう。斯かる政策の当否を論ずるにも、本章のような視点の応用できる可能性があろう。

八　おわりに

狭義の不確実性すなわち事前確率が未知であるような環境をはじめとして、意思決定理論のいわば保守本流では扱えないような諸問題を一切合財、なぜか十把一からげに「限定合理性」の範疇に抛《ほう》り込んでしまう風潮なしとしない。而《しか》るに本章に扱うような未知確率の問題は、意思決定の合理性やその欠缺《けんけつ》いかんとは何ら関係の無いものである。

そこで本章は、経済学の基本教義であるところの合理性の仮定を最大限尊重し、人々の合理的行動に信を置くいわば「性善説」を堅持しつつ、事前確率が未知であるような事象をめぐり、政策的に何ができ、何をすべきか、を考察した。平たく言えば、頭の悪い公衆を上手くだますのが政策の役割なわけではなく、頭の良い合理的な公衆を前に情報発信の最適化を図るのが政策の役割である、という命題を扱った。

言うまでもなく、この路線をもう一歩進めれば、究極の合理性を具えた公衆を前に、政策当局による情報発信は必要なのか、効果的なのか、そもそも政策担当者が公衆よりも情報上の優位性を保持できるのか、といった問題に突き当ろう。それはそれで本章とは別のテーマとして重要かつ興味深い。が、少なくとも実社会を見渡す限り、先述の規制の例などにも見られるように政策的情報発信というジャンルが世界各国・各地に遍在する現状は、その役割や効果の無視できないことが人類的コンセンサスとして広く認められている傍証と言っても良いだろう。

最後に蛇足までに、本章で扱わなかった認知科学的な側面についても、その重要性を軽視する趣旨では決してない。一見すると経済合理性と正面衝突しそうな認知行動が、実は経済効率性に資していて、進化経済学的に説明できたりする可能性を探究することは、学術的にも政策的にも極めて興味深い。無論これは、とても本章の一篇や二篇では尽すことのできない遠大な題材である。

注

（1） 地震保険加入を実証分析した藤原（２０１８）もこの稀少確率の過大認知を裏付けている。

なお、稀少確率の過大認知は、あくまで真の確率が（強く）正である限りにおいて見られる現象であり、真の確率が０なら認知上の確率も無論０である。ということは、真の確率を０に近づけて行くと、それが０に一致するところで認知上の確率も急落して０に一致する。逆に言えば、補事象の確率を１に近づけて行けば、それが１に一致するところで認知上の評価が急変する。これを「確実性効果」（certainty effect）等と称することがある（渡辺　１９３４）。

（2） 確率不明の意における「不確実性」のことを特に Knightian uncertainty と称することがある（Knight 1921）。

（3） 複数の主体による意思決定問題をゲームと呼ぶ。状態変数の確率分布をはじめとするゲームの構造に関し、それら主体間に一定最低限の common knowledge が存在しなければ、ゲームを数学的に定義できない（Mas-Colell, Whinston, and Green 1995, Ch. 7, p. 226）。

（4） 後者が前者よりも「正しい」わけでは全くない点に留意。

（5） 例えば世界保健機構（World Health Organization）によれば、デンマークや米国など先進諸国の多くが人工的なトランス脂肪酸の食品添加に規制を設けている（Lindmeier and Garwood 2018）が、日本は未規制（厚生労働省「トランス脂肪酸に関するＱ＆Ａ」https://www.mhlw.go.jp/stf/seisakunitsuite/bunya/0000091319.html）。

参考文献

Knight, Frank H.（1921）, *Risk, Uncertainty and Profit*, Boston: Houghton Mifflin.

Lindmeier, Christian and Paul Garwood（2018）, “WHO Plan to Eliminate Industrially-produced Trans-fatty Acids from Global Food Supply,”14 May 2018 news release, World Health Organization. https://www.who.int/news-room/detail/14-05-2018-who-plan-to-eliminate-industrially-produced-trans-fatty-acids-from-global-food-supply

Mankiw, N. Gregory and Michael D. Whinston（1986）, “Free Entry and Social Inefficiency,” *Rand Journal of Economics*, Vol. 17（1）, pp. 48–58.

Mas-Colell, Andreu, Michael D. Whinston, and Jerry R. Green（1995）, *Microeconomic Theory*, Oxford: Oxford University Press.

Suzumura, Kotaro and Kazuharu Kiyono (1987), "Entry Barriers and Economic Welfare," *Review of Economic Studies*, Vol. 54 (1), pp. 157-167.

藤原翔（２０１８）「「危機意識」の背景と影響――保険加入とリスク評価」東大社研・玄田有史・有田伸編『危機対応学――明日の災害に備えるために』勁草書房、50－81頁。

渡辺孫一郎（１９３４）『輓近高等数学講座（34）　確率論』共立社書店。

第III部

危機と組織

第8章　危機を転機に変える

――東日本大震災と企業の危機対応

中村尚史

【事前・事後】

〈本章への視座〉

①企業は常に内外の危機に直面し、危機を想定した事業継続計画を作成しているが、それでも想定を超えた危機は起こる。中村論文では、東日本大震災で被災した企業と経営者に着目し、想定外の困難を克服するためのあるべき危機対応について考察する。

②迅速かつ柔軟な事業転換によるV字回復を果たした創造的対応事例からは、震災後のフェーズの変化に応じた、公的支援を待たない自力再建の着手、危機を転機と捉える発想の大胆な転換、地域内外のネットワークの活用を進めることが、教訓として導かれる。

③背景として、震災前からの事業構成の多様化、労使間の信頼関係の構築、地域内外の異業種との緩やかな繋がりづくり等の事前対応が事後的に迅速な意思決定や変化に応じた即応的行動を可能にした他、良好な行政との関係確保も奏功した面も見逃せない。

一　はじめに

企業は、その規模の大小を問わず、常に社内外の危機に直面している。そのため、危機に直面した際の対応マニュアルである事業継続計画（Business Continuity Plan: BCP）などを作成し、その実効性を高めるための訓練を行い、非常事態に備えている企業も多い（野田　２０１３）。もちろんＢＣＰを作成すること自体は有意義であり、防災意識を高める効果も期待できる。しかし、東日本大震災のような大規模自然災害の被害を事前に想定することは困難であり、準備していたＢＣＰが有効に機能しないこともある。仮にＢＣＰを策定していたとしても、想定を超えた危機に直面した時、どのような決断を行い、実行できるかは、経営者の力量に依存する。つまり震災のように未然に防ぐことが難しい危機は、マニュアルによって管理することが困難であり、事前の準備には限界があるといえよう。

では、企業は想定を超える危機にどのように対応をすればよいのであろうか。また危機に直面した際に真価が問われる経営者は、日頃から何を心がけていればよいのだろうか。本章では、このような問題意識にもとづき、東日本大震災の津波で事業所をすべて破壊された地域企業とその経営者が、「危機は転機」という発想の転換によってこの危機を乗り切り、事業を再構築していく過程を詳細に検討する。そのことを通して、企業や経営者に必要な事前と事後の危機対応について考えてみたい。

本章の事例は、小野食品（代表取締役・小野昭男、資本金５０００万円、従業員数１０８人）という、岩手県釜石市で水産加工業を営む中堅地域企業である。釜石市はかつて釜石製鐵所の企業城下町として、また遠洋漁業などの漁業基地として栄えた産業都市であった。しかし、１９７０年代以降、製鐵所の合理化や２００カイリ問題などによる漁業の衰退によって縮小を続け、最盛期に９万人を超えていた人口が、２０１１年２月時点では約４万人になっていた。その中において、小野食品は数少ない、発展を続ける元気な地域企業の一つである（中村 2009）。同社は震災直前の段階で、業務用の水産加工食品の製造販売を中心に年間売上高が14億円を超え、2011年2月には3億円をかけて大槌町に新事業所を開設するなど、事業は拡大傾向にあった[1]。

2011年3月11日の東日本大震災による津波によって、小野食品は本社工場と竣工したばかりの新工場が流され、事業継続の危機に直面する。しかし、同社代表取締役である小野昭男氏は、この絶体絶命のピンチを切り抜けて事業を再建し、直販事業を軸とした新たなビジネス・モデルを構築して飛躍につなげることに成功した[2]。本章では、こうした小野食品と小野昭男氏の危機対応を、震災以前と被災直後、復興過程といった三つの時期に区分しつつ、歴史的な視点から検討してみたい。なお本研究は、危機対応学・釜石調査の成果の一部である[3]。

二 釜石地域の水産加工業と小野食品

戦前以来、釜石は「鉄と魚の町」であった。釜石製鐵所の全盛期である1950年代末から1960年代は、釜石の漁業・水産加工業にとっても最盛期であったといえる。当時の釜石は、遠洋漁業の基地であり、三陸沿岸での沖合漁業や定置網漁も盛んであった。水揚げされたサケ、サンマ、イカ、タコ、カレイといった水産物の一部は、水産加工業によって塩漬けや日干し、フィレーなどに加工された。釜石には水産加工業者のほかに、水産物を扱う輸送業者や冷蔵庫業者が存在し、一つの産業集積を形成していた。しかし、1970年代に200カイリ問題で遠洋漁業が衰退し、燃料価格と賃金の高騰によって沖合漁業の縮小が進んだ結果、釜石の漁業基地としての地位は相対的に低下する。1980年代に入ると輸入品の増加によって水産物の価格低下が顕著になり、賃金の上昇とも相まって、「魚の町」の緩やかな縮小がはじまることになった（加瀬 2008、86-90頁）。

表 8-1　小野食品略年表

年	月	事項
1955		水産品加工の小野商店創業（店主・小野昭吾）
1982		小野昭男が小野商店を承継
1986		学校給食や産業給食，外食産業用鮭塩焼き事業を開始（築地問屋経由）
1988	7	小野食品（株）の設立（資本金 2000 万円）
1989	1	本社工場（第一工場，釜石市両石）稼働，焼魚ラインのみ
1991		深絞り包装機，トンネルフリーザーの導入
1992		調理加工工場増設，微生物検査体制の整備
1995		コンビニ・チェーンとのおせち料理用商品の取引開始
1996		第二製造ライン増設
1999		中国，ベトナム，タイの水産加工業の視察
2000		自社商品開発の本格化，煮魚の商品開発
2002		本社第二工場（釜石市両石）稼働，対米 HACCP 方式管理工場認定
2004		生協の共同購入向け商品事業を開始
2005		年 4 回の直売会で成功し，直販事業を開始
2006		自社ブランド「三陸おのや」の立ち上げ
2007		高齢者向け商品の開発，直販事業の全国展開始動
2009	10	「海のごちそう頒布会」事業開始
2010	3	新聞カラー広告の成功，直販事業の本格化，FCP で最高評価 AAA に認定
2011	2	大槌事業所（大槌町安渡）完成
	3	東日本大震災による被災
	6	本社第二工場の改修工事完了，事業再開
2012	1	「海のごちそう頒布会」事業の本格展開
	7	本社新第一工場完成
2013	3	単月ベースで震災前の売上げを上回る．
2016	3	新大槌工場稼働
	4	東京事業所開設
2017		海外事業の開始

出所）小野食品（2018），中村（2009），中村（2010），岩永（2018）より作成．

小野食品の前身である小野商店は、「景気のよかった釜石」で1955年、小野昭吾氏によってはじめられた。当時の主力商品はカレイの塩干しや茹でダコであり、チリ地震津波（1960年）による被害を乗り越えて、橋上市場などで営業を続けていた。釜石の水産加工業の縮小がはじまりつつあった1982年、昭吾氏が逝去し、小野商店は存続の危機に直面する。鹿児島大学水産学部を卒業して大手スーパーに就職していた息子の昭男氏（当時26歳）は、悩んだものの、結局、小野商店を継ぐことを決意し、釜石にUターンした（小野食品 2018、4－5頁。以下、表8－1を参照）。

当時の小野商店の主力商品はイカのぽっぽ焼き、干物、塩からなどであり、地元の市場や築地の問屋などに納品していた。帰郷した小野昭男氏は、新たな販路として地元スーパーとの取引をはじめるなど、少しずつ販路を拡大していった。そして1986年、築地の問屋からの照会で、①学校給食向けの焼きサケ、②民宿用焼魚、③牛丼チェーン向け焼きサケの納入をはじめた。このうちとくに③は、毎日5000食という小野商店の生産能力の限界に近い受注であり、本格的な工場の建設が不可避になった。そこで小野氏は、1988年7月、資本金2000万円の小野食品株式会社を設立し、89年1月には焼魚ラインを擁する新工場が稼働する。以後、真空包装のための深絞り包装機、急速冷凍のためのトンネル・フリーザーの設置（いずれも1991年）、調理加工工場の増設と微生物検査体制の整備（いずれも92年）、第二製造ラインの増設（96年）と、矢継ぎ早に設備投資を行い、生産体制を拡充した。この間、1995年には大手コンビニ・チェーンとおせち料理用商品の取引をはじめた。大手との取引を通じて、商品開発の手法や食品衛生管理、品質管理の技術を学び、2002年には対米輸出に必要な衛生基準を満たした工場であるHACCP方式管理工場の認定を取得するなど、衛生管理に力を入れた。その結果、小野食品の事業は急拡張を遂げていく（中村 2010、78－81頁）。

小野食品にとって次のステップとなったのは、従来の下請的な業態から脱し、自社開発商品を直接、消費者に届ける企画製造販売型の事業（直販事業）の構築であった。１９９９年、中国、ベトナム、タイの視察を行った小野氏は、中国の水産加工業が急速に進歩しており、早晩、冷凍食品、焼魚などの二次加工も海外からの輸入食材に席巻されると考えた。そこで氏は、新たな市場開拓をめざして、これまで扱ってこなかった煮魚の商品開発に取りかかった。そして２００２年、本社第二工場の建設にあわせて煮魚製造ラインを新設し、自社開発した商品を大手スーパーや生協の共同購入のルートに持ち込んだ（小野食品 ２０１８、10頁）。

商品の評判は上々であったが、他社ブランド販売（ＯＥＭ）では思い通りの価格設定が出来ない。そこで２００５年、工場で年4回の直販会をはじめたところ、大きな成功をおさめた。その実績をふまえて、２００６年には自社ブランドである「三陸おのや」を立ち上げ、消費者ダイレクトを模索しはじめた。想定顧客を高齢者層に定め、骨まで食べられる柔らかな煮魚のような商品も開発した（小野食品 ２０１８、10‐12頁）。商品開発力がついてくると、業務用でも学校給食などの分野でブランドが確立し、高付加価値の商品が売れはじめた。

一方、一般消費者向け事業の立ち上げには、広告が不可欠である。２００９年からは大手広告代理店に相談しながら、ダイレクト・マーケティングの方策を練った。その結果、①冷凍魚総菜で月替わりに旬の魚メニューを提供するアソートセット・パック方式、②初回注文から定期購入、③期限なし、ただし購入者の申し出があればいつでも停止、④想定顧客は高齢者層、⑤広告媒体は全国・地方の新聞広告という事業フレームが出来上がった（岩永 ２０１８）。「海のごちそう頒布会」と名付けられた通信販売事業は、２００９年度に試行錯誤を行った末、２０１０年3月の新聞カラー広告の成功によって軌道に乗った。

頒布会の成功によって、表8‐2が示すように、２００９年度に３１００万円（総売上比2・5％）に過ぎなかった直販事業の売上げは、２０１０年度には1億４３００万円（同9・9％）に急増し、会員数も４０００人を超えるほどになった。小野食品の総売上高は14億円を超え、経常利益も２００９年度の２１００万円から２０１０年度には３

表 8－2　小野食品の売上げの推移

年度	業務用 金額（百万円）	業務用 比率（%）	おせち事業 金額（百万円）	おせち事業 比率（%）	直販 金額（百万円）	直販 比率（%）	総売上高 金額（百万円）	頒布会顧客数 人数（人）	備考
2009	1,157	92.6	61	4.9	31	2.5	1,249		
2010	1,211	84.0	87	6.0	143	9.9	1,441	4,300	2011年2月 大槌事業所開設，3月 東日本大震災で被災
2011	341	49.4	117	17.0	232	33.6	690	4,700	2011年6月 第二工場再建 事業再開
2012	524	40.0	130	9.9	655	50.1	1,309	12,000	2012年7月 新第一工場稼働
2013	752	43.5	150	8.7	827	47.8	1,729	18,000	
2014	821	40.5	190	9.4	1,016	50.1	2,027		
2015	628	31.7	134	6.8	1,219	61.5	1,981	27,000	2016年3月 大槌工場稼働
2016	593	26.1	125	5.5	1,551	68.3	2,269		
2017	642	24.3	148	5.6	1,848	70.0	2,638	37,000	

出所）小野食品（株）提供資料．

表 8－3　小野食品の事業規模

（100 万円）

	総資産	自己資本	負債	経常損益	備考
2009 年度	568	171	396	21	
2010 年度見込み	840	190	650	35	震災以前
2010 年度実績	415	－25.5	670	－420	

注）2010 年度には大槌事業所の設備投資（2.7 億円）を実施．2010 年度決算には震災による特別損失 4.6 億円を含む．
出所）小野食品（株）提供資料．

500万円になることが見込まれていた（表8－3）。小野食品は、この成功をうけて、大槌町に直販事業に必要なコールセンターやピッキング・スペース、煮魚生産製造ラインを有する新たな事業所を総工費3億円で建設することにし、2011年2月、開所にこぎつけた。その結果、2010年度の同社の総資産額は8億4000万円となる予定であった。創業時に10人程度であった従業員数は、2010年2月末には103人を数え、事業規模はほぼ10倍になった。2011年3月時点の同社資本金は5000万円、自己資本が1億9000万円であったから、十分な内部留保も蓄えていた。

このように事業が順調に拡大しつつあった2011年3月11日、東日本大震災による大津波が、小野食品の釜石本社工場（釜石市両石）と大槌事業所（大槌町安渡）を襲ったのである。

三　震災直後——被災と存続の危機(4)

2011年3月11日の東日本大震災で小野食品は、本社工場が半壊、開業したばかりの大槌事業所が全壊するという甚大な被害をうけた（写真8－1）。被害は設備の損壊だけで3億8000万円、これに原料・製品在庫の流失8000万円をあわせると、総額4億6000万円であった。これは当時の総資産額（8億4000万円）の過半に達する規模であり、表8－3が示すように2010年度の決算は4億2000万円の当期損失とならざるをえなかった。会社にいた従業員に被害はなかったが、在宅中の従業員2名が津波の犠牲になった。

震災直後、小野氏はあまりの被害の大きさに言葉を失った。しかし幸い本社工場への津波は、他地域ほど壊滅的なものではなく、本社社屋、第二工場は改修すれば復元できる可能性があった。さらに本社二階の事務所が浸水しなかったため、経営書類や製品開発機能が残った。そのため小野氏は、気を取り直し、6月14日を工場再稼働予定日とし

写真８‐１　被災直後の小野食品（株）大槌事業所

出所）三陸おのやブログ「新・大槌工場の完成」(2016年3月20日).
http://blog.shop-onoya.com/?eid=1104503

てカレンダーに大きな赤丸をつけた（東大社研・中村・玄田編 2014、102‐103頁）。

この時点で、小野食品が直面していた主な課題は、①瓦礫・汚泥の撤去、②設備再建の手配と資金調達、③従業員の一時解雇と再雇用、④原料と販路の確保の四つであった。このうち①について小野氏は行政の支援を待たず、自らの責任で業者を雇い、いち早く瓦礫撤去を行った。その結果、他の事業者に先駆けて②に取りかかることが出来た。同業他社が呆然自失の状態で身動きが出来なかった時期に設備再建に着手したため、資材や設備業者の調達が容易になった。また設備再建の資金は、政策金融公庫を中心とする銀行団からの融資と、中小企業庁などの被災企業への支援金（中小企業等グループ施設等復旧整備補助事業など）からの補助金によって調達できた。

ただし小野食品は、震災直前に大槌事業所建設のため2億7000万円の借入を行っており、これに原材料や製品の被災（8000万円）、運転資金（5000万円）が加わったことから、震災後、計約4億円の負債をかかえることになった。そのため、事業再建用資金である3億円の借入金とあわせ、典型的な二重債務問題に直面した。既存債務の処理は、津波の被害が大きかった水産加工業者にとって共通の課題である。その処理方法としては、①劣後ローンの活用、②債権買取機構（岩手県産業復興機構）の活用という二つの手法が提起された。このうち①の場合、小野食品単独であれば、金融機関からリスケジュールが認められる可能性が高かった。しかし、一次加工業者、物流業者、冷蔵庫業者といった水産加工業のサプライチェーンに連なる企業群が全体としてこの方法を活用できるかどうかは疑わしい。一方、②はサプライチェーンを再生するためには好都合であるものの、国のスキーム作りが遅れ、2011年11月11日に、ようやく岩手県産業復興機構が設立され[5]、11月17日に債権買取の第一号案件が決定した[6]。しかし地元金融機関を中心とする再生可能性審査が難航し、債権買取が本格化するのには時間がかかった。そのため小野食品は、2011年4月から2012年3月までの1年間、返済の猶予を受け、2012年4月以降、金融機関と定めた新たな返済計画に沿って二重債務の処理を進めていった。

2011年6月に本社第二工場の改修工事が完了し、ほぼ当初の予定通りに事業再開が可能になった。ところが失業保険の給付期間延長などの影響をうけて、③の人員確保に苦労した。小野食品には被災前、日本人従業員91名と中国人研修生12名が在籍していた。しかし被災によって4月末に、一旦、従業員の大半を解雇せざるを得なかった。その後、工場の再建が進んだ段階で順次、再雇用していき、2011年9月末までに50人の従業員が戻ってきた。ところがそれ以降、採用難の状態が続き、新第一工場稼働の制約要因となった。

さらに3カ月とはいえ、完全に事業がストップしたため、産業給食など業務用食材の得意先が離れ、④の販路確保が難しくなった。とくに外食産業やホテル向けの商品は壊滅的であった。震災直前に年商12億円を超え、総売上の84%に達していた産業給食事業は、2011年度に3億4100万円に落ち込み、その後も低迷が続いた。事業の柱の喪失は、小野食品の事業再生プランに大きな見直しを迫ることになった。事業再建の早期段階で、早くも事後の危機対応が必要になったのである。

四　震災復興――創造的対応とその成果

２０１１年9月、小野食品は産業給食を軸とした事業セグメントを前提にした、従来の事業再生プランを見直し、通信販売によって消費者とダイレクトにつながる直販事業（三陸おのや）を事業の柱に据えることにした。

産業給食事業が震災以前の30％以下に落ち込む一方、震災直前に５０００人近くになっていた「海のごちそう頒布会」の会員は、震災後も離れることなく、次のように、むしろ事業再建を後押ししてくれた。

「（震災2日後［引用者注］）頒布会のお客様５０００人に、3月分の商品がお届けできないことをどう伝えるか悩みました。そこで、ブログでお詫びを入れることにして、自分のメールアドレスを記入しておいたんです。すると、直後から沢山のお客様からメールが届きました。さらに、釜石の本社には温かい励ましのお葉書やお手紙、お菓子などを頂戴しました。商品で繋がっているだけなのに、こんなに温かい関係が築ける。こういう方々と繋がりがあれば、何とか会社を再建できるんじゃないかと確信しました」（小野食品 ２０１８、20‐21頁）。

消費者の声をダイレクトに聞くことが出来る直販事業は、小野食品にとって震災復興の原動力になっていた。ところが、震災前における直販事業の実績は総売上げの10％に満たず、その事業に集中するという戦略には大きなリスクがあった。結果的に、主力である産業給食事業の低迷によって、リスクをとって前に進むという決断が可能になり、思い切った戦略転換が実行されたのである。それは逆境の中での創造的対応であった。

「海のごちそう頒布会」を軸とする直販事業は、震災以前、すでに基本的な事業モデルが確立し、成長軌道にのりはじめていた。しかし震災直後には、外部環境の変化による様々な修正を余儀なくされた。まず地元の一次加工業者、二次加工業者、(7)物流業者、冷蔵庫業者といった水産加工業のサプライチェーンが、津波被害によって壊滅的な打撃をうけた。そのため、三陸沿岸の広い範囲から原材料を調達し、物流(保管、ピッキング、配送)に関しては内陸部の北上地域や、消費地に近い東京に拠点を確保することになった。ただし、この外部委託を通して、物流の効率化がすすむという予想外の効果があった。また通販事業の要であるコールセンターのスタッフについても、事業拡張にともなう新たな人材養成が必要であった。さらに会員数の増加を見越した顧客管理システムの開発も行った。2012年1月、これらの体制が整ったため、同社は全国紙にカラーの一面広告を出すなど思い切った新聞広告を掲載し、「海のごちそう頒布会」の本格的な事業拡大をめざしはじめた(小野食品 2018、19頁)。

震災直後における小野氏のマスコミへの出演などを通じた小野食品の知名度向上も手伝って、この戦略は見事に的中した。2012年1月時点で4700人であった頒布会の会員数は、2012年5月には1万2000人を突破したのである。その成果をふまえて、2012年7月には新第一工場を稼働し、生産ラインの効率化や、シビアな消費者の要求に対応するための製品やサービスの質的向上をめざした。また原価管理を徹底することで、収益面でも安定的な業績があげられるようになった。

その結果、震災以前に売上の約10%であった直販事業は、2012年度には50%を超え、小野食品の大黒柱になった(表8-2)。総売上高も2012年度(13億円)には震災以前の水準に近づき、2014年度以降は20億円前後へと大きく飛躍することになった。売上高が倍増したにもかかわらず、従業員数は100名前後と震災前と変わっておらず、生産量もそれほど増えていない。高付加価値商品の開発と直販による販売単価上昇によって、高収益が実現したのである。

写真８－２　再建された大槌事業所

出所）三陸おのやブログ「新・大槌工場の完成」(2016 年 3 月 20 日).
http://blog.shop-onoya.com/?eid=1104503

さらに２０１６年３月には、新大槌工場（大槌町安渡、写真８－２）を完成させ、商品開発の強化と生産拠点の充実をはかった。注目すべき点は、その総工費12億６０００万円のうち約10億円について、大槌町の水産業共同利用施設復興整備事業補助金を活用している点である。前述したように小野食品は、初動の段階では公的支援を待たず、リスクをとって事業再建に乗り出した。しかしその後、震災復興事業の枠組みが固まってきた段階では、それをうまく活用して事業を軌道に乗せていった。震災復興を成功させるには、震災後のフェーズの変化にあわせた、柔軟な危機対応が必要なのである。

新大槌工場の再建によって、小野食品は設備的にほぼ被災直前の状態に復した。そして２０１６年度、２０１７年度と連続して過去最高の売上げを記録している。２０１７年度の総売上高は22億６９００万円であり、震災直前（２０１０年度、14億４１００万円）の１・６倍である。震災以降、注力してきた直販事業の売上げは18億円を超え、総売上に占める比重は70％に達している。頒布会の会員数も、２０１４年３月の１万８０００人から、２０１６年３月の

2万7000人、2018年3月の3万7000人へと、順調に増加してきた。さらに2016年4月には、マーケティングの拠点として東京事務所を開設し、高齢者施設のような新たな産業給食市場の開拓と海外輸出をめざした活動が始まった。それは事業構成を多様化させ、次の危機に備えるためにも、必要な経営戦略だと言える。

五　危機を転機に変える——三つの教訓

震災を契機とした小野食品の飛躍の要因を探ると、①いち早い自力再建、②危機を転機と捉える発想と設備更新、③地域内外のネットワークという三つの教訓が導き出せる。

①は、漠然と公的支援を待っている時間を節約し、人より一歩先に事業を再建することを可能にした。仮に瓦礫撤去等が、行政の措置を待って、もう少し遅れていたら、仮設住宅建設等との競合によって、電気機器やエアコンなど資材の調達が困難になっていたと思われる。また小野氏が早い段階で事業再開の時期を明示し、その目標（＝希望）に向かって邁進してきたことは、従業員の士気を維持することにも寄与した。第二工場再開後の工場フル稼働は、こうした経営者と従業員との間での「希望の共有」があってはじめて可能になったといえる。

また②としては、震災によって被ったダメージ（販路喪失や物流崩壊）を逆手にとって、消費者ダイレクトを軸に据えた新たなビジネス・モデルを構築した点がまず重要である。小野氏は震災後の事業環境の変化とそれへの対応を振り返り、次のように述べている。

「震災のわずか3カ月足らずの空白の間に、5年、10年かかるはずであろう変化が瞬間に訪れてしまったんじゃないかなと感じています。だからこっちもスクラップ&ビルドというか、ドラスティックにやるしかない。自分たちの価値は何だったかと。何を切り捨て、何に集中しないといけないかということを必死に考え、もがき苦しみながらも答えを見つけることができたんだと思います。おかしな話ですが、その時、私は初めて社長になれたような気がしました。社長というのは、こういう決断をし、みんなを導いて引っ張っていく仕事なんだと思ったのです」（小野食品 2018、21頁）。

外部環境の急変による事業継続の危機を、逆に転機と捉える発想こそ、小野氏の企業家としての本領である。そしてそれは、自然と身についたものではなく、「もがき苦しみながら」考え、リスクを取って選択したものだった（小野食品 2018、21頁）。

次に被災による強制的な設備更新を利用して、工場の生産体制を再構築した点も注目できる。小野食品では、震災以前から、中小企業基盤整備機構の専門家派遣事業をはじめとする、国や県の中小企業支援事業を活用して生産管理や財務会計といった分野の専門家をアドバイザーとして招聘《しょうへい》し、専門家とのネットワークを構築してきた。小野氏は、被災後の工場再スタートや新たなビジネス戦略を計画するにあたり、そうした外部アドバイザーからの助言を積極的に活用している。なかでも工場へのトヨタ式生産管理システムの導入については、工場再建の段階から、トヨタ自動車の生産管理技術者の助言を受けつつ、生産ラインのレイアウトを見直し、効率的な工場につくりかえた。それに加えて、半年間、関東自動車工業（現トヨタ自動車東日本）から毎月アドバイザーを招き、トヨタ式生産管理をソフト面でも導入し、トヨタ式生産管理の包括的な移植をめざした。震災を契機とした最新設備の導入と生産管理の刷新は、小野食品の労働生産性を著しく高め、高付加価値の製品を生み出す原動力になった。

③は、震災後における事業再生の過程で設備再建、販路開拓や商品開発などで大きな威力を発揮するとともに、現在も継続的に小野食品の発展を支えている。小野氏は震災以前から積極的に異業種の人々と交流し、彼らとの「ゆる

やかなつながり」をとても大切にしている。ゆるやかなつながり（weak ties）とは、頻繁に会うわけではないが、必要なときには互いに手をさしのべる関係を指す（玄田 2009、146-148頁）。そして、ゆるやかなつながりによって構成されるネットワークが、震災後から1年が経ち、全国の人々の「震災の記憶」が薄れはじめる頃から俄然その威力を発揮し、危機を転機に変える原動力になった。こうした地域内外の人的ネットワークは、小野食品が単なる工場再建を超えて、この機会に生産管理システムを一新し、新たなビジネス・モデルを構築する上で、重要な役割を果たした。

六　おわりに

以上、本章は小野食品の東日本大震災被害への創造的な危機対応を、歴史的な視点から検討してきた。本章で検討した小野食品の事前と事後の危機対応は、相互にどのような関係を有しており、将来の危機に対していかなる意味を持っているのだろうか。最後に、この問題を考えることで、小野食品の事例から企業と経営者の危機対応への示唆を探るという、冒頭でかかげた本章の課題に対する、現時点での解答を試みたい。

まず小野食品という企業にとって、事前の危機対応として重要だったのは、結果的に事業構成の多様化と労使間の信頼関係の構築であった。仮に同社が、同業他社の多くがそうであるように、産業給食をはじめとする業務用事業だけに特化していたら、震災後の事業環境の変化について行けず、事業継続の危機に陥っていたに違いない。消費者ダイレクトをめざした「海のごちそう頒布会」のような多様な事業への展開を試みていたことが、不測の事態への対応能力を引き上げたのである。玄田有史が強調する「多様性を広く実現した社会資本の蓄積が、災害発生後の想定外な事態に対する人々の即応的な行動（ブリコラージュ）につながる」（東大社研・玄田・有田編 2018、45頁）という仮説は、企業における危機対応においても適合的だと言える。

従業員との信頼関係の構築もまた、重要な要素であった。全事業所が被災した小野食品は震災直後に一旦、ほとんどの従業員を解雇せざるを得なかったが、事業再開にともない6割を超える元従業員が戻ってきてくれた。失業保険や被災者支援金の交付によって労働に対する意欲が減退する中、震災から3カ月後という早い時期に事業が再開できた理由は、こうした労使間の信頼関係を前提とした「希望の共有」に求められる(8)。事実、同社は、以後の事業拡大にともなう人員増に際し、外部労働市場での採用人事を試みたが、人員確保に苦労することになった。つまり平時からの労使間の信頼関係の醸成は、重要な事前の危機対応といえる。

また小野昭男という経営者にとって、事前の危機対応として決定的に重要だったのは、地域内外の異業種の人々とのゆるやかなつながりであった。平時において、この種のネットワークは目に見えない。しかし一旦、事が起こると、思いもよらない形で威力を発揮する。小野氏の危機への創造的対応は、こうしたゆるやかなつながりの助けを上手に取り入れつつ実行されていった。経営者にとって、異業種、異分野の人々とのゆるやかなつながりの構築は、結果として危機に対する最善の備えになると言えよう。

次に事後の危機対応としては、①迅速な意思決定、②状況変化に合わせた即応的な行動、③柔軟な行政対応の三つが重要である。このうち①は、経営者の資質が問われる問題でもある。例えば、小野氏の場合、震災直後、事業再建を早々と決意し、そのために必要な事項を書き出して優先順位をつけ、リスクを取りながらも着実に実行していった(東大社研・中村・玄田編 2014、81-82頁)。小野氏が仮に大きなリスクを背負う工場再建をためらい、事業環境の好転を待つかたちで意思決定を引き延ばしにしていたとしたら、いち早い同社の事業再建は難しく、業績のV字回復もなかったかも知れない。

また小野食品の場合、②は、当初想定していた事業再建シナリオが産業給食事業の低迷によって崩れた際に、思い切って直販事業を軸とする構想へと舵を切った点にあらわれている。想定外の事態となった時、事業環境と現有の経営資源、将来的な市場見通しを勘案し、自社の比較優位を活かして、的確に次の手を打てるかどうかは、やはり経営者の判断力と決断力に強く規定されている。従って経営者は、ＢＣＰの作成のようなマニュアル的な危機管理体制の構築とともに、想定外の事態に備えた危機対応力を身につける必要がある。小野氏の事例からわかるように、経営者の判断材料の引き出しを増やす、異業種、異分野の人々とのゆるやかなつながりの構築は、その能力を培うための第一歩だといえよう。

さらに③について。刻一刻と変化する震災後の情勢の中では、様々な政策手段と情報を有している行政との良好な関係構築もまた重要な要素である。小野食品の場合、当初こそ行政の助けを待たず、自力で瓦礫処理を行ったものの、その後は行政と良好な関係を保ち、補助金や融資にも必要に応じて応募し、獲得している。大震災のような災害の直後や復興時において、行政が果たす役割は大きい。企業や経営者にとって、日頃から地元の行政と良好な関係を構築することは、危機対応の一つの課題だと思われる。

２０１７年度から２０１９年度にかけて実施した危機対応学・釜石調査では、岩手県釜石市を主たる事例として、地域における危機の構造とそれへの対応のあり方を、社会科学諸分野における学際的研究によって考察した(9)。その結果、地域では、津波のような突発的な危機、中核産業の衰退のような段階的な危機、そして人口減少に代表される慢性的な危機といった危機の多層構造が生じており、それが地域における危機対応を複雑にし、的確な対処を困難にしていることが明らかになりつつある（東大社研・玄田・中村編　２０２０）。その枠組みに即して考えると、小野食品における危機対応の事例は、津波被害という突発的な危機への対応であると同時に、釜石地域における水産業の衰退という段階的な危機への対応であり、人口減少社会における雇用機会の維持という慢性的な危機への対応でもあるという多層的な意義を有している。つまり地域企業の危機対応は、単にその組織のみの問題ではなく、地域全体の問題にもつながっているといえよう。

注

（1）２０００年代後半における小野食品の事業展開については、希望学・釜石調査の成果である中村圭介の一連の研究が、小野昭男氏の経営姿勢を含め、その特徴を的確に分析している（中村 ２００９、２０１０）。

（2）小野食品の事業再建の経緯については、東京大学社会科学研究所希望学プロジェクトが実施した「震災の記憶オーラル・ヒストリー」に基づく東大社研・中村・玄田編（２０１４、第1章）を参照。また同社における通販事業のシステム構築とその革新性については岩永（２０１８）が詳細な分析を加えている。

（3）東京大学社会科学研究所では、震災以前の２００６年から２００８年にかけて、全所的プロジェクト研究「希望の社会科学」の一環として総合地域調査である希望学・釜石調査を実施した（東大社研・玄田・中村 ２００９、はしがき）。また震災直後の２０１１－13年には、釜石地域において震災の記録を作成するための「震災の記憶オーラル・ヒストリー」プロジェクトを行った（東大社研・中村・玄田編 ２０１４、あとがき）。そして現在、全所的プロジェクト研究「危機対応の社会科学」の一環として危機対応学・釜石調査を実施している（２０１７－19年度）。その意味で、本研究は、希望学・釜石調査以来の10年を超える東大社研における釜石研究の成果でもある。

（4）本節は東大社研・中村・玄田編（２０１４）第1章に依拠している。

（5）運営主体は東北みらいキャピタルで、出資約束金額５００億円の８割が国庫負担、２割が県と県内金融機関の出資。

（6）中小企業庁ウェブサイト「「岩手産業復興機構」による初の債権買取案件の決定について」平成23年11月18日。https://www.chusho.meti.go.jp/kinyu/2011/111118IwatefukkouKaitori.htm

（7）小野食品はここに位置する。ちなみに一次加工業者は例えばサケをフィレーなどに加工する業者。

（8）企業経営における希望の共有の意義と役割については、希望学・福井調査の成果の一つであるセーレン編（２０１５）を参照。ここでは企業が共同体としての生命力を維持し続け、従業員の満足度を高めるためには、希望の共有という困難な課題に立ち向かい続けることが重要であると論じている（セーレン編 ２０１５、４３０－４３１頁）。なお希望学・福井調査は前述した希望学プロジェクトの一環として、2009‐12年度に実施された福井県をフィールドとする総合地域調査である（東大社研・玄田編 2013）。

（9） 危機対応学・釜石調査は、2016年11月に、東京大学社会科学研究所と釜石市との協働研究拠点として設立された危機対応研究センターの事業の一つである。その概要については、以下のウェブサイトを参照。https://web.iss.u-tokyo.ac.jp/crisis/center/

参考文献

岩永洋平（2018）「地方からのサプライチェーン革新――ダイレクトマーケティングによる地域商品の市場導入」『地域活性研究』第9号、114‐123頁。

小野食品（2018）『30th Anniversary 夢をかたちに。』小野食品株式会社。

加瀬和俊（2008）「釜石市における漁業――経済振興策と家族・地域・漁協」『社会科学研究』（東京大学社会科学研究所）第59巻第2号、85‐104頁。

玄田有史（2009）「データが語る日本の希望――可能性、関係性、物語性」東大社研・玄田有史・宇野重規編『希望学（1）希望を語る――社会科学の新たな地平へ』東京大学出版会、127‐172頁。

セーレン株式会社編（2015）『希望の共有をめざして――セーレン経営史』セーレン株式会社。

東京大学社会学研究所希望学プロジェクト編（2014）「震災の記憶オーラル・ヒストリー（第一次稿）」東京大学社会科学研究所。

東大社研・玄田有史編（2013）『希望学　あしたの向こうに――希望の福井、福井の希望』東京大学出版会。

東大社研・玄田有史・有田伸編（2018）『危機対応学――明日の災害に備えるために』勁草書房。

東大社研・玄田有史・中村尚史編（2009）『希望学（3）　希望をつなぐ――釜石からみた地域社会の未来』東京大学出版会。

東大社研・玄田有史・中村尚史編（2020）『地域の危機・釜石の対応――多層化する構造』東京大学出版会（近刊）。

東大社研・中村尚史・玄田有史編（2014）『〈持ち場〉の希望学――釜石と震災、もう一つの記憶』東京大学出版会。

中村圭介（2009）「企業誘致と地域企業の自立」東大社研・玄田有史・中村尚史編『希望学（2）　希望の再生――釜石の歴史

と産業が語るもの』東京大学出版会、１４５‐２００頁。

中村圭介（２０１０）『地域経済の再生――釜石からのメッセージ』東京大学社会科学研究所。

野田健太郎（２０１３）『事業継続計画による企業分析』中央経済社。

第9章　危機対応と共有信念
――明治期における鉱山技師・石渡信太郎を事例として

森本真世

【確率・意識】

〈本章への視座〉

①直面する危機に適切に対処するには、構成員の間で相互の行動に関する確率的予想が整合的であることが重要となる。森本論文は、この点について20世紀前半の炭鉱の鉱山技師であった石渡信太郎の事故対応および石渡と鉱夫との関係を事例に考察する。

②炭鉱では当初、納屋頭と鉱夫との親分子分の安定的関係の下、信念（確率的予想の体系）を共有する文化を育んできた。その後、新たな採炭法の導入を試みた石渡は、固有な文化の共有者としての行動を重ねることで、鉱夫との共有信念の形成に成功した。

③本事例は、事前の予防に限界を有する困難な状況での危機対応について、示唆に富んでいる。そこでは、現場の構成員同士が互いの取り得る行動の確率について意識を共有することと、それを実現する指導者の行動が、鍵を握っていることが明らかとなる。

一　はじめに

昨今、危機は、特に自然災害については、以前より我々の身近に迫っていると感じる。しかし、現代の多くの人々は、危機にふさわしい行動や決定が何なのかを想定することさえ困難になっているという。また、将来の地震発生確率などの、危機が生じる客観的な「確率」と、それに関する我々当事者の「意識」とが乖離しているとき、とるべき危機対応は不十分となることがある（玄田・有田　２０１８、３‐７頁）。まさか、という微小な発生確率であるという意識が、行動を阻害してしまうのである。その一方で、人々は微小な確率について過大に評価する傾向があるため、宝くじを購入している人ほど生命保険や地震保険に加入する傾向があることが明らかにされている（藤原　２０１８、69‐72頁）。

本章においては、こうした危機そのものについての確率から導き出される意識や行動ではなく、ある社会の構成員それぞれが、このような場合には相手はこれくらいの確率で、このような行動をとるであろうという確率的予想が、構成員同士で整合的であることが危機対応において重要となることを議論する。その事例として、20世紀前半に鉱山技師として活躍した石渡信太郎《いしわたのぶたろう》の仕事を用いる。

石渡は、１８７５年３月神奈川県三浦郡に生まれ、１８９７年９月東京帝国大学工科大学（現在の東京大学工学部）の採鉱冶金《やきん》学科に入学、１９００年７月同大学を卒業し、同時に明治炭坑株式会社（後の明治鉱業株式会社）に入社した（石渡信太郎先生記念事業委員会編　１９８６、７９５‐７９６頁）。

炭鉱は、石炭を掘り出す鉱山であり、現在国内で操業されているものは数えるほどであるが、石炭は、戦後復興期まで「炭主油従政策」として日本のエネルギー供給の中心であった（経済産業省エネルギー庁　２０１０）。炭鉱業は１

890年代より機械が導入され急成長し、1930年代まで日本の近代化の原動力となり、また近代化を主導する産業であった。主要な産炭地としては、北海道、常磐、筑豊地方が挙げられるが、中でも筑豊の生産量は飛び抜けていた（荻野 1993、16、140頁）。明治炭坑株式会社は、その筑豊において有力炭鉱業者である安川敬一郎が1896年に設立した会社であった(1)。

炭鉱においては、生産物そのものに発火性があることや労働現場の特徴により、火災や爆発、湧水による水害、天井崩落（落盤《らくばん》）など、労働者の命に関わる大きな事故が起こりやすい場所である。1905年における全国の炭鉱で発生した事故は2428件、そのうち、即死は230名、重傷は173名、軽傷者は2216名にのぼる(2)。

石渡は、炭鉱における四度の大きな火災事故で、その復旧作業の指揮をとった。自ら坑内へ入って復旧作業にあたることもあった。1907年に発生した豊国《ほうこく》炭鉱（福岡県田川郡糸田町）における爆発事故では、災害復旧主任となり、この事故原因が炭塵爆発であることをつきとめ、炭塵の処理について注意喚起を行った。翌年には豊国炭鉱長に就任した(3)。

石渡は、修得した近代鉱山学に基づき、近代的な採炭法へ変更しようとしていたが、現場の労働者は最初は容易にはそれを受け入れなかった。常に死と隣り合わせの労働現場における石渡の試行錯誤が、現代に生きる我々にも危機への対応について、その手がかりを与えてくれる。彼は炭鉱における危機に対応するために、何が必要だったであろうか。まず、次節においては、炭鉱で発生した危機、つまり事故について具体的に見ていこう。

二　炭鉱における危機

炭鉱において発生した事故について、実際に炭鉱夫であり、絵師でもあった山本作兵衛の遺した炭鉱記録画とともも

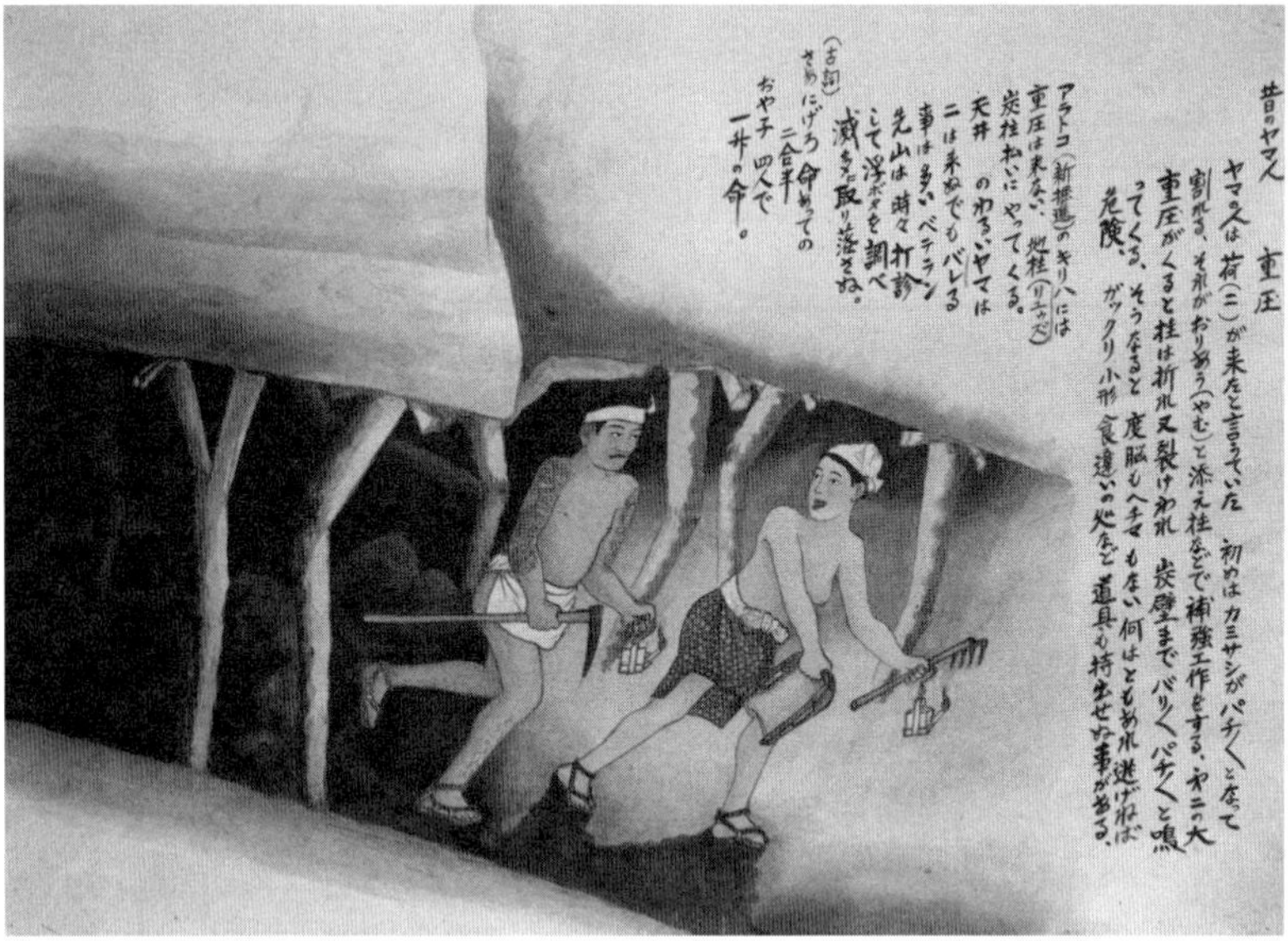

図 9-1　山本作兵衛「重圧」

出所）田川市石炭・歴史博物館所蔵．©Yamamoto Family.

に見ていこう。[4] まずは、頻繁に起こったであろう落盤事故を描いたものである（図9-1）。

史料1[5]「重圧」

ヤマの人は荷（ニ）が来たと言うていた。初めはカミサシ〔天井と支柱の間に入れる楔《くさび》のこと〕がパチパチとなって割れる。それがおりあう（やむ）と添え柱などで補強工作をする。第二の大重圧がくると柱は折れ又裂けわれ炭壁までバリバリパチパチと鳴ってくる。そうなると度脳《ママ》〔胸〕もヘチマもない何はともあれ逃げねば危険。ガックリ小形食違いの処など道具も持出せぬ事がある。アラトコ（新掘進）のキリハには重圧は来ない。地柱（リユウズ）炭柱払いにやってくる。天井の悪いヤマはニ〔荷〕は来ぬでもバレる〔崩落する〕事は多い。ベテラン先山は時々打診して浮ボタを調べ滅多に取り落さぬ。

（古詞）さあにげろ　命あっての　二合半　おや子四人で　一升の命。

採炭を進めていくと天井が地圧で下がってくるため、炭層の一部を柱として残したり、木の柱を入れることによって天井を支える。しかし、だんだんとその支柱にも負荷がかかり、クサビや支柱が音をたて始める。この崩落の兆候を察知し、落盤する前に逃げて命を守らなければならない。

このように坑道を安全に保つために、木枠や柱を入れ、またその修繕を行う職種の者を仕操《しくり》と呼んだ。山本作兵衛の炭鉱記録画には、仕操作業の様子や、木枠および柱の重要性を描いたものが数多くある。それほど落盤事故は頻繁に発生したのであろう。実際に、1905年に発生した2428件の事故のうち、落盤（「磐石崩落」）は1413件と約6割を占め、そのうち即死者は110名であった（農商務省鉱山局 1906、附録42－43頁）。

炭鉱においてはいくつかの迷信や縁起担ぎの類いのものがあったが、そのうちの一つとして、坑内では、頰被りをすることは忌避された。それは上記のように、音によって危険を察知することが重要となるため、耳をふさがないようにしていたからであるという[6]。頰被りの他には、「猿」が、去る＝死ぬ、と連想させるため、猿自体も「サル」と言うことも忌み嫌われたそうである。このような縁起担ぎが多かったのは、山の中という自然相手の現場において、発生するかもしれない事故に対して、わずかな手がかりをもとに対応していかなければならないからであろう[7]。次に、坑内での「水害」について見ていこう（図9－2）。

史料2[8]「ヤマの水害」

古洞〔採掘跡〕にほげた〔穴が開いた〕。坑内に水があばれた、とヤマの方言。此の水禍は大小の差はあれヤマには多い。自ら掘った後に溜っておる古洞に掘りあてるからである。溜水が少量なれば鶴嘴《つるはし》を打込み出水すると、それをそのまゝ、抜かずに逃げると避難できる事もあるが、薄い壁は水圧に押し破られ、にげるマがない。

大量で面積の広い処は二メートル位でもマイト発破で貫通出水する。一度にはみ出す水力は猛烈で盤を洗い枠を

図 9－2　山本作兵衛「ヤマの水害」

出所）田川市石炭・歴史博物館所蔵. ©Yamamoto Family.

倒し人を殺す。（後略）

この絵には、突如吹き出した湧き水によって、屈強な男性鉱夫らが、坑木とともになすすべもなく流されている様子が描かれている。彼らでさえも、自然の前ではどうしようもない。近代技術が導入されたとしても、発生する事故の性質が変わるわけではない。事前に想定できることは限られているのである。

では、現場においてどのように危機に対応しようとしていたのであろうか。炭鉱における特徴的な労働組織がその答えを少なからず持っている。

三　炭鉱における労働組織と共有信念

本節および次節においては、石渡信太郎による「筑豊石炭鉱業の過去及び将来に就いて」（石渡　１９２８）という論説を主に用いる。これにおける主題は、石渡が明治炭坑において、在来の残柱《ざんちゅう》式採炭法（炭層の一部を天井を支える支柱として残しながら採炭する方法）から、近代鉱山学をもとにした長壁《ちょうへき》式採炭法（炭層に沿って広く切羽《きりは》[9]面をとり、炭柱ではなく木枠や支柱によって天井を支えて採炭する方法）へ、採炭法の変更を試みていた、というものである。坑内においては、予測することが難しい事故が発生する可能性が高く、それは死亡事故にもなり得ることを前節で見た。そのような現場では、採炭法の変更は決して容易に労働者に受け入れられるものではなかったであろうが、石渡はそれを成功させた。本節では、彼がいかにそれを成し遂げたかを見ていくが、まずは、筑豊地方の炭鉱で見られた労働組織や労働現場における特徴を概観していこう。

炭鉱においては、納屋制度と呼ばれた間接管理組織が用いられていた。炭鉱企業は、炭鉱の近くに鉱夫の住居として納屋を建て、それぞれに納屋頭をおいて所属鉱夫の管理および監督を委託した。１８９０年代以前は、納屋頭は企業から一切の採炭業務を請け負っていることが多かったが、１９００年代においては、業務上および日常生活の管理が彼らの主な役割となっていた。１９１０年代頃までは、採炭作業は、多くの炭鉱において残柱式採炭法がとられ、その作業は、手作業の実地経験を蓄積することによってのみ獲得される熟練に担われていた。作業は標準化が困難であり、労働者個々人に個別に蓄積される熟練に依存していたこと、そして、労働現場が暗く狭い坑内という物理的な特徴もあり、経営側が完全に労働者個々人の労働を把握するよりも、納屋頭に委託する方が低費用であったため、納屋制度が用いられていた[10]。１８９０年代より徐々に機械が導入され、企業側も部分的に管理に介入するような過渡的な労働組織を経て、1930年代には納屋制度は解体され、企業による直接管理制度に取って代わった。
納屋頭は、炭鉱において経験を蓄積した者によって担われていた。彼らは坑内作業を熟知し、所属鉱夫らに採炭業務の訓練を行うこともあったであろう。また、現場で事故が起こらないか作業を監督し、起こった場合には適切に対応したであろう。石渡は、納屋制度や鉱夫らの特徴、技能レベルを以下のように述べている。

史料3(11)「第二、過去について、二、採炭及機械設置」

当時の鉱夫は前記の如く、酒に親しみ、気は荒かつたが、義侠心に富み、親分子分の情義は厚かつた。坑内の仕事の上に於ては採炭にしろ、掘進にしろ、支柱にせよ中々よき技術を持つて居つた。火薬又は他の爆発は、岩石掘進か、巨大な松岩《まついわ》〔鉱物化した樹木化石〕に向つてのみ用ひられ、従つて火薬は誠に貴重なる薬品と心得、其の使用の方法は理論の上から云ふよりも、実地経験の上から余程巧妙に使用せられたものである。普通の切場は特別の場合の外火薬を使用せず、下透《したすか》しを充分にしたものである。

ここで「当時」とは1900年頃を指す。石渡は、当時の鉱夫らは高い技能を持っていた、という評価をしている。当時使われていた残柱式採炭法に関しては、実地経験に基づく熟練を持っていたのであろう。
「親分子分の情義が厚」かったと述べられている、「親分」「子分」とは、納屋制度において、納屋頭と所属鉱夫らが親子を擬製する関係を構築していたことを指す。「親分」と「子分」との信頼関係は、常に共に危険と向き合う作業現場において、頑健なものになっており、それは、危機対応の責任者と採炭業務の遂行者として重要であった(12)。
危険な現場において、労働者を管理・監督する納屋頭は、彼らの仕事内容、危険度を理解することはもちろん、発生する可能性のある危機に対応する責任を持つ「親分」として、鉱夫らをなるべく見捨てず助けに行くなど、最適な危機対応業務を遂行できる気質を持った者が望まれる。そのような親分気質の者に危機対応業務を任せることができたとき、鉱夫らは採炭業務に専念することができた。

納屋頭と鉱夫との間に形成された親分子分関係を、比較制度分析の考え方に沿って解釈してみよう。彼らが、「義俠心に富み、親分子分の情義が厚」いとは、彼らの間に、互いの期待に応える「安定的な関係」が構築されていたことを含意する。「安定的な関係」とは、互いが合理的に相手の行動を読み、かつ互いが合理的に行動を読んでいることを知っている、という「共有知識」が存在し、自分が、相手の行動や考えに対して、互いに整合的な想定を行えている、ということである。

どれほど身近に暮らす人間同士でも、完全に相手の行動を予想することは難しい。そのため、我々は無意識に、互いの出方を予想するための手がかりを使い、また作っている。それがたとえば「文化」である。現代企業においては、使用者は従業員らに、このように行動して欲しい、こうあるべきだ、という想定があるであろう。そうした場合において、企業側はしばしば、企業理念や社是を作成する。企業文化を共有することによって、従業員同士、あるいは管理者とその部下とが互いの行動を想定しあうことができ、その企業が安定的に機能するのである。しかし、文化の共有が困難な場合、文化を通して相手の行動を想定することが難しくなり、安定的な関係が持ちにくくなってしまうのである。「文化」は、いかにして形成されるであろうか。我々は無意識に、相手に対して、ある場合には、これくらいの確率で、このような行動に出るだろう、というように、相手の行動に対して、起こりうる状態ごとに、確率を割り当てている。この「確率的予想」の束を「信念の体系」と呼ぶ。ここでの「信念」という言葉の意味は、日常的な「信念」の意味とは異なり、確率的予想の体系を意味する。確率的予想が互いに整合的であるとき、信念の体系が共有されている、すなわち、「共有信念」が形成されている、と言う。この場合に、その関係は安定的なものになる。

確率的予想が整合的であるとは、次のような状態を言う。ある出来事が起こったとき、構成員iは、同じ社会の構成員jが確率pでAという行動に出ると予想しており、そう予想されていることを構成員jも認識している、一方で、構成員jは自分自身について確率p'でA'という行動に出ると予想しており、その予想を構成員iも認識している、という互いの確率的予想が共通に認識されている状態のことである。

互いに何度も「信念の体系」を再構築しながら共有し、「共有信念」の形成を積み重ねることによって、文化が形成され、共有されるのである（Aoki 2010, pp. 128–132; Aoki 2011, pp. 22–27）。つまり、安定的な関係を持つためには、個々人の信念の体系が、それぞれの社会を構成する構成員の間で共有、すなわち、共有信念が形成される必要があり、その結果として文化が形成されるに至る。

炭鉱で言うならば、この程度の落盤事故ならば納屋頭が救援に出動する確率はこれくらい、鉱夫が事態を打開するために協力してくれる確率はこれくらい、といった互いの事故に対する行動についての確率的予想が共通に認識され、整合的であるとき、安定的な関係が構築される。

突発的な事故が起こる可能性の高い労働現場において、その危機対応の責任者が、危険性の大小によってどのような行動をとるのか、鉱夫にとってはその見立て、すなわち確率的予想をたてることができなければ、さらには、それが共通認識にならなければ、その者の支持に従うことはできないし、安定的な関係を持つことはできない。では、炭鉱においては、どのような「共有信念」および「文化」が形成されたのであろうか。

史料4(13)「第十四章　炭山の風紀　第一節　坑内風紀」

新入者に対する態度等も昔の如く親分、子分といふ事を余り言はない様になつて、係員が直轄するところでは本人が箇人的に不都合さへ行はなければ特に新入者に制裁を加へるといふが如き事はないとの事である。

当史料は1926年に刊行されたものであり、筑豊地方のいくつかの代表的な炭鉱に入坑して調査した概要をまとめたものである。当該引用部分においては、納屋制度の解体が始まり、直接管理制度が支配的になりつつあった当時から、納屋制度が支配的であった時代を振り返ってその特徴を述べている。これによれば、納屋制度が解体され、直接管理制度が用いられていたところでは、納屋頭などの「親分」から新入り者への「制裁」がなくなった、とされている。納屋制度下においては、暴力による管理がある部分では重要な役割を果たしており、現場を管理・監督する上での現実的な選択肢のひとつとして、暴力が存在していることを新入り者にも認識させるために行われていたのであろう。暴力的制裁が加えられる可能性があること、それが彼らの文化であった。

暴力的管理が一部には必要であったことが、推測されるものが以下に石渡によって述べられている。

史料5(14)「第二、過去について、二、採炭及機械設置」

当時の筑豊採炭法は、多くは残柱式であつた。各炭坑共何《いず》れも坑内の炭層状態は立派で、今日の北海道の炭坑の様な、厚き地山の炭層を沢山持つて居つて、何の層から先に掘るかと迷ふて、先ず炭層の一番上等な天井の丈夫な層から先に掘れと云ふ有様《ありさま》、何れも炭柱を残して地山を掘るので、支柱も要らず誠に監督は気楽であつた。只残柱を濫掘せぬ様にすればよかつたので、残柱の角々、或は其表面には一面に白を塗る、白とは石灰水のことで此白を塗つて濫掘を防ぎ、若《も》し坑外に出る石炭に此の白が少しでも附いていたなら、其の者の賃金は全部没収して、鉱夫は擯られて放逐せられたものである。

上でも述べたとおり、この史料の示す当時(1900年頃)は、残柱式採炭法がとられており、坑道の天井を支えるために残された炭柱が重要であった。しかし、自らの採炭高を少しでも増やそうとして(15)、その炭柱を採掘する者がいた。そのような炭柱の「盗掘」（山本 2011、108-109頁）を防ぐために、「白」と呼ばれた石灰水を塗ってそのルールを明示した。違反して残柱を掘ったならば、納屋頭の指導の下、賃金を没収され、「撲られて放逐せられた」。

自らの利得を増やすことのみを考えた「盗掘」は、落盤を引き起こし、何十人もの労働者を死に至らしめる事故につながる可能性がある。したがって、監督者である納屋頭は、それを発見した場合には、さらに違反者を出さないように、殴り、追放までして、事故を防いだのだろう。わずかな利得の増加分よりも大きな費用を支払うことになるとわからせるためである。ただし、実際には、すべての盗掘行為を発見できないであろうから、その発見確率は低い。したがって、その低い盗掘発見確率と、発見された場合に鉱夫が支払う費用の積が、盗掘によって鉱夫が得られる利益の期待値を上回っているはずであり、それゆえ、発見した場合の制裁は酷いものであったと考えられる[16]。裏切り行為をした者には、このような結果が待っている。暴力的制裁が存在するという「文化」があり、炭鉱社会の構成員は安定的な関係を築いていた。

それゆえ史料4で見たように、新入り者に対しては、死者が出るかもしれないような誤った行動を許さない、とわからせる目的で、暴力による管理の存在を認識させたのである。炭鉱業や納屋制度の観察においては、しばしばこうした暴力的管理に注目が向けられる[17]。しかし、致死事故の発生する可能性の高い労働現場においては、互いの確率的予想を整合的なものにするために必要な「文化」だったのである。

納屋頭と現場鉱夫らにはこうした文化によって安定的な関係が築かれており、残柱式採炭法によって蓄積された経験と熟練に基づき、繰り返し作業が行われ、彼らの間には共有信念が形成されていた。技師である石渡は、このような社会に入り、採炭法を変えようとしていたのである。

四　石渡信太郎の経験——新たな共有信念の形成

では、実際に石渡の経験を見ていこう。まず、以下において石渡によって述べられた、在来の残柱式採炭法から、長壁式採炭法へ変更する経緯を見ておこう。

史料6(18)「第二、過去について、二、採炭及機械設置」

然《しか》し其の頃でも古き山になると、そろそろ残柱を払ふ様になつて来て、残柱を払ふと急に天井に荷が来る。負傷者は段々出来ると云ふ事にもなり、支柱法に骨が折れてきたので、一層の事、初から炭柱を残さず炭層を広く掘つて進んだ方が良くはないか、即ち外国でも当時やつて居つた長壁法に依つて掘つた方がよいと云ふ意見がポツポツ起り、松田先輩の居られた鯰田《なまずた》炭坑では既に試験的実行に着手せられたのであつた。

長く操業されている炭鉱では、残柱を採炭し、わざと落盤させ、採炭を行っていたが、やはり事故が相次いだようである。そのために坑木を入れる作業がなされたが、第二節の山本作兵衛の炭鉱記録画で見たように難しいものだったのであろう。したがって、炭柱を残さず、木枠や支柱で天井を支え、切羽面を広くとる、長壁式採炭法を導入するに至ったのである。

長壁式採炭法とは、残柱式の坑道体系を基本的に継承しつつ、炭柱を残さずに炭層の走向方向に長い採炭面、つまり長壁をとり、坑道の天井は木枠および鉄柱のみで支えて採炭を行う方式である。この方式を採用するためには地圧コントロールにより長壁採炭面を保護する必要があり、当初は1メートル程度の薄層のみで採用されたという（荻野 1993、19、262頁)。長壁式は切羽面を拡大するため、機械の導入にも適していた[19]。長壁式への移行によって、切羽を集約し、採炭面を広くとることができたため、生産性が向上したと言われている(荻野 1993、262-264頁)。

では、現場の鉱夫は、石渡をどのように見ていたであろうか。

史料7[20]「第二、過去に就いて、二、採炭法及機械設備」

吾々学校で長壁法の講義を聞いた技術者は、大いに之を試み様としたが、実地家上りの係長連中は中々之を許さない。鉱夫は無論夫《そ》れは危険だとて承知しない、何にせよ其の当時大学を出た吾々は、技師と云ふ辞令は貰つても、鉱夫からは技師とは云はれず、先生先生と言はれて尊敬されただけで、命令は少しも聞いて呉れない。先生などに石炭が掘れるものかと云ふ様な言を耳にし、残念で堪《たま》らなかつたが、要するに何事も実地経験からだと、朝は七時から夕は五時過迄素足に草履、魚燈の「カンテラ」で鼻の穴を真黒にして坑内に入つたもので、無論夜間の勤務もやつたが、中々先生の言ふ事を鉱夫も、下級小頭又は頭領(役員の現場係の当時の通称)も聞いて呉れない。

長壁式へ変更しようとした石渡は、鉱夫ら、実際に坑内に入る者たちには命令は聞いてもらえず、相手にされなかった。史料1でも述べたとおり、天井を支えるための支柱等に関する作業は容易ではなく、頻繁に落盤事故が起きていた。残柱式採炭法をもとに、切羽面を広く取らず、炭柱もしくは木の支柱によって天井を支えていた頃でも、史料1のように命の危険を感じる場合があった。それを、そもそも支柱だけで広い面積を支えようとするなどということは到底受け入れられるものではない。その方法をたとえ熟知している技術者がいたとしても、事故が起こった際に、救助してくれるかどうかも分からない。彼が鉱山学は分かっていても、実際の危険度については認識していない、と鉱夫は考えたのである。つまり、石渡と鉱夫との間には、まず確率的予想をたてることすらできず、共有信念の形成には至ってなかった。もちろん、安定的な関係を築くにはほど遠い状態であった。

炭鉱のように、未然に防ぐことを含めた事故対応が重要な労働現場においては、採炭についての知識を持っていても、それに伴う危険に関する知識と、危機に対応できる能力を持っていることを鉱夫に認められないと相手にはされない。そこで、まず石渡は、実際に坑内に入って作業し、現場の危険度を共有し、鉱夫らに馴染もうと努力した。つまり、坑内に入ることによって、同じ「文化」圏にいることを示そうとしたのである。しかし、鉱夫にとって、それだけでは採炭法を変えてもよいと思わせるまで十分なものではなかった。

史料8(21)「第二、過去に就いて、二、採炭法及機械設備」

所が其の内に急に余の言ふ事を聞く様になつた。夫れは余が坑内の仕事に経験を得て、少しは事が解つて来たと云ふ結果でなく、余が酒が相当に飲めると云ふ事と、柔道、当時九州では柔道の事を体術と云つて居つたが、其の体術が少し出来ると云ふ事からである。今度来た先生は丈は低いが、毎晩、坑内から出て上り酒「カクウチ」〔升《ます》〕を五合やるげな、話せるといふのである。当時は坑内の役員と云つても、中々恐ろしい人物が沢山居つて、今日では鉱夫でも入墨は百人に一人位、極めて少ないが、当時は坑内役員連中にも、入墨は中々多かつたので、集会と云へば必ず酒で、松林先輩が、「炭坑の出炭の多少は其の山の役員、鉱夫の飲む酒の量に正比例す、己の所の新入を見よ」と威張られたのも無理はなかつたのである。又余が少し飲むので、飲む会にはよく呼ばれた。或る会合の時、酒の上から役員同志の喧嘩が始まり、御定まりの刃物三昧となつた。其の時余は相当酔つたと見え半分腰が動かなかつたので、其の喧嘩を酒を飲みながら黙つて見て居つた相であるが、其事が鉱夫間に、大酒飲みで度胸が良いと、甘い具合に伝へられたのである。当時は筑豊何れの炭坑でも、納屋制度であり、鉱夫の気風は頗《すこぶ》る殺伐で、喧嘩の絶え間がなく、時には隣りの炭坑と「ダイナマイト」で大喧嘩をやる、其んな場合では駐在巡査では治まらぬ、各炭坑には大頭領といふものが一人づつ（坑長より月給の多い大頭領が沢山居つた）居つた。即ち所謂《いわゆる》昔の俠客《きょうかく》である。其の大頭領が納屋頭を統御して居つた。炭坑と炭坑との大喧嘩の場合には、必ず此大頭領が両方から出て、話を附けると云ふ中々物騒な時代であつたから、賃金の誤りとか、切場に不公平の事でもあれば、よく一刀を提げて役員の家に押掛けて来たもので、従つて役員各自は自衛上、剣道や柔道を練習したもので、余の任地明治炭坑でも、柔道の先生が居た。余は高等学校仕込みの初段の下の方であつたが、其の先生と取組むと恰度《ちょうど》よい勝負であつた。夫れを鉱夫が見たり聞いたりして、此度の先生は酒も飲み、体術もやるといふので、夫れからと云ふものは急に、余の命令を鉱夫が聞く様になり、当時の残柱式を長壁式採炭法に改良する事が出来たのであつた。

前掲の史料7によって、石渡の採炭方法に関する知識のみでは、鉱夫らの信用は得られなかったことが分かった。しかし、「急に余の言ふ事を聞く様にな」り、「残柱式を長壁式採炭法に改良する事が出来た」のである。石渡と鉱夫が、「安定的な関係」を構築することができた、と言えるであろう。その理由は、鉱夫に、石渡が次の要素を持っている、と理解されたからである。それは、（1）大酒飲みである、（2）刃傷沙汰などでも動じないような度胸がある、（3）柔道ができる、という点である。この三点によって、鉱夫らは石渡が自分たちと同じ「文化」を持つ者である、と認識したのであろう[22]。

（1）と（2）については、鉱夫と意思疎通を図ることができる、つまり確率的予想の体系を作成し、それを互いに整合的なものにできる、つまり共有信念を形成できる、という認識に至ったと考えられる。加えて、（3）によって、身体的な危機に対する耐性があるかどうか、を判断した。その結果、坑内という危険な現場においても危機対応の責任者として適した気質であると判断したのであろう。もちろん、前掲史料7の「朝は七時から夕は五時過迄素足に草履、魚燈の「カンテラ」で鼻の穴を真黒にして坑内に入つたもので、無論夜間の勤務もやつた」のも、共有信念を形成し、身体的危険耐性を有する者として判断するために必要であったであろう。

当史料においては、石渡が現場鉱夫らに認められたのは偶然であったかのように書かれているが、決してそうではない。彼は、大学在学時にすでに滅多にない経験をしていた。

史料9[23]「明治三十二年」

（前略）豊州鉄道の終点にある田川郡の大炭田として知られた、田川採炭鉱を田川採炭組（安川、今西、谷の三氏組合）にて買収した。私は其の当時帝大三年生であって、三池で坑内実修を了《お》え、設計論文の材料を得べく右炭鉱に行き、安川側の代表者で親戚に当る稲垣徹之進の宿舎に滞在したが、炭鉱引継ぎ当初の事とて殺伐の気風坑内外に漲《みなぎ》って居り、昨日は納屋頭某が殺されて井戸に投ぜられた、今日は役人の誰がやられたと云う騒ぎであって、毎夜日本刀一腰を横に玄関番として寝かされた。隣室には明治第三坑の大頭領白石喜助君が大段平《おおだんびら》〔太刀〕を横にして寝て居た様に記憶する。（後略）

田川採炭組は、田川採炭会社が、１８９３年に豊州鉄道株式会社に１００％子会社化され、その後１８９９年に安川ら明治炭坑関係者に売却され成立した会社である。田川採炭の支配人が会社の資金を自らの選挙資金に使うなどの企業統治に問題があり、また、作業現場内においても、坑内を統括する小頭から、納屋頭間の紛争もあり、当時の新聞でも取り上げられるほど不祥事が発生していた。当時、豊州鉄道から明治炭坑に経営権の移った田川採炭は、企業秩序の変化により、もともとの企業統治や作業現場における労務問題に加えてさらに混乱を極めていた。そこに、石渡は「玄関番」として派遣された[24]。

もはや無法地帯と化した田川採炭において、弱冠大学三年生であった石渡は日本刀を携え、迫り来る身体的恐怖に備えていた。納屋頭を統轄し、石渡が「一騎当千の強者」と呼ぶ大頭領でさえ太刀を携えていたくらいである。その恐怖は計り知れない。明治炭坑入社後における石渡の挙動には、このような炭鉱独特の身体的危険に対峙した経験が反映されていたのではないだろうか。それゆえ、現場鉱夫らは、死と隣り合わせの現場においても、彼との確率的予想を整合的なものにすることができ、協力して作業が行えると感じることができたのであろう。

このように、炭鉱で働く鉱夫らは、企業に任命された技師を容易に信用することはなかった。彼らは自分たちの「実地経験」に基づく残柱式のための技術と熟練に自信を持っていた。鉱夫にとって、残柱式から長壁式に、そして、企業側の人間が日々の業務に深く入ることは、簡単に受容できることではなかった。それは、史料3にあるように、「親分」「子分」関係によって成立していた危機対応を遂行する関係を揺るがし、自らの身が危険に晒される可能性があるからであり、置き換えられる企業側による危機対応が適確に行われるか定かでなかったからでもある。突然やってきた企業の技師や職員に対する反発があったとしても、不思議ではない。したがって、彼らは、石渡の行動を繰り返し観察することによって、同じ文化を共有すること、共有信念を形成すること、そして、安定的な関係を構築することができたのであろう。

石渡は小学校、中学校、高校、そして大学において教育を受け、近代鉱山学を学んだ者である。鉱夫らは、小学校就学もままならない者たちであるが、実地経験によって培った「鉱山学」に熟達し、日々労働している。そのような彼らの間で共有信念を形成するのは難しいだろう。しかし、彼らの間には、酒と柔道という共有可能な「文化」があった。鉱夫らは、酒が飲めること、刃傷沙汰にも動じないこと、柔道ができるという要素から、相手が出る行動に対して確率を割り当てることができた。そして、繰り返し互いに行動を観察し、新入りの技師と鉱夫らは共有信念を形成し、安定的な関係を構築するに至ったのである。

五　おわりに

上野英信による、『地の底の笑い話』の中に、坑内事故による死者や負傷者を大切に扱う習慣があったことが紹介されている。死者や負傷者に対して軽んじた行動をするような者は、次の日から運搬夫に自分の炭箱を運んでもらえないという。[25] いくら石炭を掘っても、炭箱をあげてもらえなければ賃金は一切支払われない。また、ある鉱夫が坑内で死霊と出会い、坑内作業を手伝ってもらったことによって、彼の採炭量が増えたという話がよくあるという。その死霊は、自分と会っていることは誰にも言わないで欲しい、と頼む。しかし、つい口が滑って仲間の鉱夫に言ってしまったところ、翌日、彼は落盤の下敷きになって死んでしまったという。これらの話の中で作者が強調したかったことは、死霊への恐怖ではなく、「たとえ相手が死者であろうとも一つの坑内でいっしょに働く者だけは絶対に裏切ってはならぬ」ということであった。炭鉱独自に存在した「文化」において、共有信念が形成されていたことが顕著に観察できるものであろう（上野　1967、31‐44頁）。

炭鉱において発生した危機は、事前に対応することは難しい。しかし、危機とはそういうものであろう。石渡が、一般的な炭鉱よりもさらに無秩序な瞬間を経験し、毎日坑内に入って「『カンテラ』で鼻の穴を真黒にし」たこと、加えて、酒に強く、体力と度胸があるととらえられたことによって、石渡と鉱夫は、互いの出方についての予想を整合的なものにできた。それゆえ、彼は新たな危機対応の指導者として認められたと考えられる。[26] 危機に対応できるか否かは、社会の構成員同士が、互いのとりうる行動に割り当てる「確率」についての「意識」が共有されるか否か、すなわち、互いの確率的予想を整合的にし、共有信念を形成しているか否かに依存するのではないだろうか。

〈付記〉本章の内容は森本（2013）による結果を改訂、要約したものが含まれている。

注

（1）筑豊においては、三井、三菱に代表される中央の財閥に加え、貝島、安川、麻生といった筑豊御三家と呼ばれた地方財閥も活躍した。1900年代には、安川、貝島、三菱、三井が筑豊地方における採炭高のシェア上位4社を占めており、それぞれおよそ10～15%を占めていた（中村 2010、193-213頁）。

（2）坑内に入って作業を行う「坑夫」における負傷者数（農商務省鉱山局 1906、附録42-43頁）。

（3）豊国炭鉱は、爆発事故の発生時は平岡浩太郎所有の炭鉱であったが、明治炭坑株式会社が買い受けた（石渡信太郎先生記念事業委員会編 1986、3-4、796頁。中村 2010、230頁）。

（4）山本作兵衛は麻生上三緒炭鉱をはじめとして数多くの炭鉱を転々とした。彼の描いた絵画および日記や原稿などの文書が、産業革命期における、一人の労働者の視点に基づいた重要な記録であるとして、2011年5月、ユネスコ（国際連合教育科学文化機関）の世界記憶遺産に登録された。

（5）山本（2011）74頁。「山本作兵衛氏　炭坑の記録画」（http://www.y-sakubei.com/index.html）によれば、1965年3月に描かれたもの。キッコウ括弧内は筆者注、以後同じ。

（6）山本（2011）139頁。坑内で死者が出たときに坑外へ運び出す際、その者の魂がきちんと山の外へ出られるように大きな声でその者の名前を叫ぶといい、その名前が聞こえるように頬被りで耳をふさがない、という意味合いもあったという（「山本作兵衛氏　炭坑の記録画／ヤマの俗信・縁起」http://www.y-sakubei.com/paintings/04.html）。

（7）「サル」には負ける、という意味もあるため、よく賭博をする鉱夫らから嫌われた、とも言われる（山本 2011、174、252頁）。

（8）山本（2011）76頁。「山本作兵衛氏　炭鉱の記録画」（http://www.y-sakubei.com/index.html）によれば、1967年4月に描かれたもの。

（9）石炭を切り出す場所のこと。切場《きりば》とも呼ぶ。

(10) 納屋頭が、採炭業務をすべて請け負っていた頃には、賃金は納屋頭にまとめて支払われ、各鉱夫の採炭高によって分配されていた(森本 2017、14-16頁)。

(11) 石渡(1928)8頁。

(12) 納屋頭だけではなく、ひとつの納屋の中に形成されたいくつかの組のリーダーが危機対応の責任者としての役割を担ったと考えられ、リーダーらも「親分」として認識されていた、と考えられる。

(13) 大阪地方職業紹介事務局編(1926)77頁。

(14) 石渡(1928)7頁。

(15) 採炭夫の賃金は出来高賃金制で支払われた。

(16) 没収される賃金に加えて、身体的に被る損害、追放されて次の職を見つけるまでの収入のない期間も費用と考えられる。

(17) たとえば、上野(1967)。

(18) 石渡(1928)7頁。史料中の「松田先輩」とは、石渡と同学科(当時、東京大学理学部採鉱冶金学科)を1883年に卒業し、同年三菱に入社、1889年に三菱鯰田炭鉱(福岡県嘉麻郡鯰田村)の坑長となる人物である。

(19) 採炭機械は1930年代頃に導入が完了した。

(20) 石渡(1928)7頁。

(21) 石渡(1928)7-8頁。当史料中の「松林先輩」とは、1900年頃には三菱新入炭鉱におり、1890年頃は三菱端島炭鉱の副坑長も経験した松林公二郎のことであり、石渡は「炭坑の実地経験で有名であつた」と述べている。

(22) 市原(1997)は、技術者の進出の漸進性を表すものとしてこれらの石渡の言及を引用し、実地経験のない大学出の若手技術者に対し、採炭に従事する鉱夫は「文化的反発」を持っており、それが技師を受け入れるにあたって困難の源であったと論じている(市原 1997、55-56頁)。

(23) 石渡(1935)37-38頁。

(24) 中村(2015)131-132、144-145頁。安川らが取得した8カ月後には三井鉱山に売却され、三井鉱山田川礦業所となる。中村(2015)も当史料を引用し、田川採炭が安川らの手に負えなかったことを述べている。

(25) 1箱およそ0・5トン(荻野 1993、62頁。)。鉱夫は炭箱に採炭した石炭を入れ、坑内から坑外へと運ぶ昇降式運搬機械まで持って行く。

(26)　宇野論文（上巻第1章）は、政治思想史の文脈において危機対応を議論したが、そこではシュミットによる独裁論が紹介されている。シュミットによれば、非常事態や緊急事態など、憲法や法秩序がもはや機能しないような例外状態において判断を下す存在が、合法的に主権者である市民によって授権された「独裁官」であるという。鉱夫らに認められ、近代採炭法を導入することができた石渡や、おそらく、同様に近代化を推し進めた他の炭鉱における技師も、この意味で、「独裁官」たる指導者として、危機に対応していたであろう。

参考文献

Aoki, Masahiko (2010), *Corporations in Evolving Diversity: Cognition, Governance, and Institutions*, Oxford: Oxford University Press.

Aoki, Masahiko (2011), "Institutions as Cognitive Media between Strategic Interactions and Individual Beliefs," *Journal of Economic Behavior & Organization*, Vol. 79 (1-2), pp. 20-34.

石渡信太郎（１９２８）「筑豊石炭鉱業の過去及び将来に就いて」筑豊石炭鉱業組合編『筑豊石炭鉱業組合月報』第24巻第２９２号、1 - 25頁。

石渡信太郎（１９３５）「筑豊石炭鉱業会創立五十周年を迎えて」筑豊石炭鉱業会編『筑豊石炭鉱業会月報』第31巻第３７８号、35 - 45頁。

石渡信太郎先生記念事業委員会編（１９８６）『石渡信太郎先生を偲ぶ』石渡信太郎先生記念事業委員会。

市原博（１９９７）『炭鉱の労働社会史——日本の伝統的労働・社会秩序と管理』多賀出版。

上野英信（１９６７）『地の底の笑い話』岩波新書。

宇野重規（２０１９）「政治思想史における危機対応——古代ギリシャから現代へ」東大社研・玄田有史・飯田高編『危機対応の社会科学（上）——想定外を超えて』東京大学出版会、第1章。

大阪地方職業紹介事務局編（１９２６）『筑豊炭山労働事情』大阪地方職業紹介事務局。

荻野喜弘（1993）『筑豊炭鉱労資関係史』九州大学出版会。

経済産業省エネルギー庁（2010）『平成21年度エネルギーに関する年次報告（エネルギー白書2010）』経済産業省エネルギー庁。https://www.enecho.meti.go.jp/about/whitepaper/2010html/2.html
玄田有史・有田伸（2018）「危機対応学とその調査について」東大社研・玄田有史・有田伸編『危機対応学――明日の災害に備えるために』勁草書房、1-14頁。

中村尚史（2010）『地方からの産業革命――日本における企業勃興の原動力』名古屋大学出版会。

中村尚史（2015）「企業の売買と境界――田川採炭・豊州鉄道・三井田川」田中亘・中林真幸編『企業統治の法と経済――比較制度分析の視点で見るガバナンス』有斐閣、131-153頁。

農商務省鉱山局（1906）『本邦鉱業一斑　明治38年』農商務省鉱山局。

藤原翔（2018）「「危機意識」の背景と影響――保険加入とリスク評価」東大社研・玄田有史・有田伸編『危機対応学――明日の災害に備えるために』勁草書房、50-81頁。

森本真世（2013）「内部労働市場の形成――筑豊炭鉱業における熟練形成」中林真幸編『日本経済の長い近代化――統治と市場、そして組織1600-1970』名古屋大学出版会、259-302頁。

森本真世（2017）「近代鉱山業における労働市場と労働組織――鉱業」深尾京司・中村尚史・中林真幸編『岩波講座日本経済の歴史（3）　近代1　19世紀後半から第一次世界大戦前（1913）』岩波書店、78-94頁。

山本作兵衛（2011）『筑豊炭坑絵巻〔新装改訂版〕』海鳥社。

第10章　職場の危機としてのパワハラ

――なぜ「いじめ」は起きるのか

玄田有史

〈本章への視座〉

【事実・言説】

①今や最大の職場の危機は、いじめ・嫌がらせの急増である。ハラスメント経験を慎重にたずねた調査から明らかになったのは、20代から40代の管理職以外の正社員のうち、3人に1人がパワハラを経験しているという驚異の実態だった。

②パワハラを訴える声は、個人の性格との関係に加え、転職経験者や配属後2、3年目に集中する他、仕事の中身や範囲が曖昧な場合に生じやすい。パワハラは、人員構成のバランスが崩れていたり、人の出入りが激しいといった要員管理とも関連する。

③急増するパワハラの背景として、言説の普及と並び、雇用における長期的な視野や関係性が、多くの職場で消失しつつある事実が影響している可能性は大きい。職場の危機の歯止めには、長期に渡る希望や信念の共有を取り戻す責任者の努力が求められている。

一　はじめに

総合労働相談コーナーには、ありとあらゆる職場の危機を訴える声が集まってくる。コーナーは職場のトラブルに関する相談や解決のための情報提供をワンストップで行うのを目的に、都道府県労働局や労働基準監督署など全国の380カ所に設置されている[1]。

個別労働関係紛争の解決促進制度の一つとして、そこでは「広く労働関係相談を受け付け、単なる知識・情報不足については情報を提供し、法令違反問題については、所轄の行政機関の処理に委ね、その他の個別紛争については、労働局長の助言・指導、紛争調整委員会のあっせん対象とするなど、当該紛争解決のために対応すること」（荒木 2016、545頁）が設置目的となっている。

厚生労働省によれば、2018年度には111万7983件の総合労働相談が寄せられ、100万件を超える相談は実に11年連続である[2]。相談のうち、約70万件が法制度の問い合わせだが、労働基準法等の違反の疑いがあるものも20万件近くに達し、それらは労働基準監督署に取り次がれ、関係法令に基づく行政指導等が行われている。

あわせてコーナーでは民事上の個別労働紛争相談が26万件を超える[3]。民事上の相談は、過去10年も23～25万件台にのぼり続けた。その主な相談内容件数の推移を示したのが、図10－1である。リーマン・ショック後の2009年度から東日本大震災発生後の2011年度の間は、解雇の相談が最も多かった。2009年度までは労働条件の引き下げの相談がそれに続いていた。

一方、近年急増したのが、いじめ・嫌がらせに関する相談である。2013年度以降、解雇に代わっていじめ・嫌がらせが最多となり、2018年度には8万2797件と延べ合計件数の25・6％に達する。次いで多い自己都合退

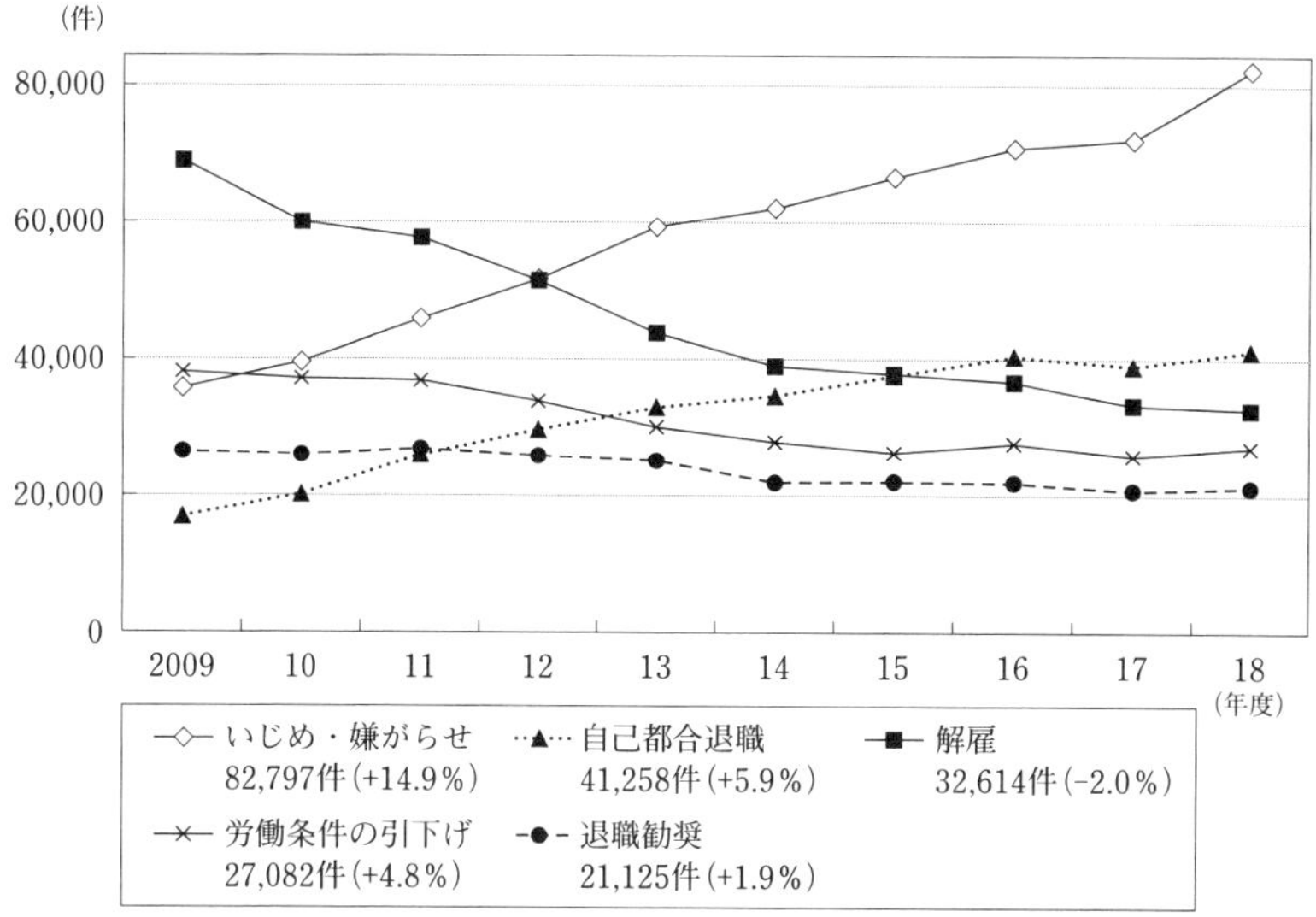

図 10－1　民事上の個別労働紛争相談件数の推移（主な相談内容別）

注）件数は 2018 年度のものであり，カッコ内の数値は対前年度比を示す．その他の相談としては，雇止め，出向・配置転換等が多くを占めている．
出所）厚生労働省（2019）．

職の相談の12・8%と比べても、いじめ・嫌がらせの相談がいかに突出しているかがわかる[4]。

これらのいじめ・嫌がらせの相談とは、日常的な用語となった「ハラスメント」の相談と言い換えても差し支えない。従来、労働者にとって職場の危機といえば、雇用や賃金に関する不利益変更にまつわるものが主だった。今や、最大の職場の危機とは、ハラスメントにかかわる問題なのだ。

では、急増する職場のハラスメントの背景には何があるのか。本章では、危機対応学が行ったアンケート調査からこの問題を考える。

二　ハラスメント調査

1　これまでの調査

職場のハラスメントに関して、過去にもいくつかの調査が行われてきた。東京大学社会科学研究所附属社会調査・データアーカイブ研究センターは、社会調査を実施した機関や研究者から調査データの寄託を受け、二次分析の研究利用を可能とする事業を続けている。現在提供されている６４６３件（２０１８年度）のデータセットのうち、調査概要に「ハラスメント」という言葉を含むものを検索したところ、13件が該当した[5]。

うち連合総合生活開発研究所（連合総研）が２０１６年10月に実施した「勤労者の仕事と暮らしについてのアンケート」では、過去一年に職場でパワーハラスメント・セクシャルハラスメントを受けたかをウェブ調査によりたずねた。すると、首都圏および関西圏居住の20代から60代前半の民間企業の被雇用者から、24・１％がパワーハラスメントを、９・０％はセクシャルハラスメントを経験したとの回答を得た。連合総研の調査は職場でのハラスメント経験をたずねた貴重なものだが、背景等の詳細な状況にまでは立ち入っていない。

他に職場のハラスメントを調査したものとして、リクルートワークス研究所が２０１６年から実施している「全国就業実態パネル調査」もある[6]。そこでは昨年一年の職場環境に関する設問の一つで「パワハラ・セクハラを受けたという話を見聞きしたことがあった」かが問われている。全国15歳以上の被雇用者が回答した２０１６年調査では（有効回収率33・９％）、５・０％が「あてはまる」、10・８％が「どちらかというとあてはまる」という結果となった。

リクルート調査のハラスメント項目を分析した玄田・小前（２０１８）では、女性課長ほどハラスメントを見聞したと回答する割合が高く、ハラスメントの見聞後は一旦解消に向かうものの、その後再び顕在化することが多い状況も垣間見られた。調査はハラスメントに新たな視座を提供したが、直接の経験をたずねたものではないという限界もあった。

2　調査の特徴

今回の考察では、経験者が実際にいかなる状況に直面しているかを明らかにする必要があると考え、ハラスメント経験の有無を直接たずねることとした。さらにハラスメント経験の有無だけでなく、誰から受けたのか、そしてそれは解消したのかといった詳細な設問も行った[7]。

ただ、ハラスメントを受けた人々にその状況をつぶさにたずねることは、辛い経験を想起させる。当然、調査協力者に深刻な苦痛を与えることは厳に慎まなければならない。ハラスメント経験の情報が得られるのは、経験を回答可能な人々に限られるという意味で、回答者の属性に一定の偏りが生じるのは不可避である。

このような留意点を認識した上で、調査はスクリーニング調査と本調査の二段階でインターネットを通じて行った[8]。スクリーニングでは、調査委託会社が有するモニター登録者のうち、8525名に回答を依頼、20歳以上49歳以下で在学中ではない会社・団体に雇われている人々を選んだ。さらに直近のハラスメント経験者を重点的に抽出すべく、部長・課長クラスを除き、役職が「課長補佐・課長代理クラス」「係長・主任クラス」「役職にはついていない」に該当する1882名を抽出した。その上で以下の説明と質問をした。

「現在、東京大学社会科学研究所「危機対応学プロジェクト」では、職場のハラスメントに関するアンケート調査を予定しています。調査は、ハラスメントの実態や職場での対応、会社としての取り組みなどを含め、実態や課題を把握することで、今後のハラスメント対策や、より良い雇用環境を作り出すための研究と提案に活用させていただきます。このようなアンケート調査に回答いただくことは可能ですか。協力したくない方にはアンケートをお送りすることはありません。（回答の途中でやめていただくこともできます。お答えいただいた内容は統計的に処理され、個人を特定化することはありません。）」

これに「協力してもよい」「協力したくない」「アンケートの内容によって判断する」という三択を設け、「協力してもよい」を選んだ１３５０名に本調査「職場内の人間関係と問題解決に関するアンケート」の回答を依頼した。

本調査は、予算の関係上、１０００件の回答を得ることを目標とし、近隣数に達するまで実施することとした。併せて総務省統計局「就業構造基本調査」（２０１７年）の推計者数を念頭に、20～49歳、既卒、管理的職業以外の雇用者を性別・年齢区分別比率を目標に割り付けた。調査は２０１９年2月22日に開始し、2月26日に終了した。

スクリーニング調査での回答是非の打診に加え、本調査でもハラスメント経験の有無に関する設問では「回答したくない」の選択肢も準備した。実際、回答拒否が50件あり、それらは選択時点で調査を中止している。最終的に１１２０名が本調査の回答を完了した。

回答者のうち、女性割合は45・6％、平均年齢は36・5歳である。雇用形態は94・3％が正規の職員・従業員だった。その結果、本調査は主に非管理職の正社員を対象としたものとなった。

三　ハラスメント経験と個人属性

1　ハラスメントの状況

調査では、回答者に現在働いている「職場」の状況を詳しくたずねている。ただ、勤めている会社を職場と考える人もいれば、事業所やその中の部署を職場と考える人もいる。そこで職場とは「部署、支社、支店、工場など」と明記した。さらに職場の部長クラスの管理職（部長、支社長、支店長、工場長など職場では通常一人）の性別をたずね、職場の範囲をより具体的にイメージしてもらえるようにした。

職場のハラスメントの設問に先立ち、表10‐1の説明をすべての回答者に示した。パワーハラスメントの定義は、２０１２年に厚生労働省がまとめた「職場のパワーハラスメントの予防・解決に向けた提言」に基づく。そこではパワーハラスメントとは「同じ職場で働く者に対して、職務上の地位や人間関係などの職場内の優位性を背景に、業務の適正な範囲を超えて、精神的・身体的苦痛を与える又は職場環境を悪化させる行為」と説明している。セクシュアルハラスメントは、雇用機会均等法の定義を踏まえ説明した。マタニティハラスメントは、厚生労働省が定める妊娠・出産・育児休業・介護休業等に関する規定に沿い説明した。

ハラスメントの説明に続き、職場でハラスメントが発生した際、問題解決のキーパーソン（カギを握る人物）になると考える職場メンバーをたずねた（複数回答可）。キーパーソンは「部長クラスの管理職」（32・6％）、「課長クラスの男性管理職」（27・8％）、「会社・団体の経営者」（25・0％）、「ハラスメントの種類や内容によって異なる」（19・2％）の順で多くなっていた。職場トップである部長クラスに対しハラスメント解決に向けた期待は最も大きい[9]。

次に回答者自身による現在の職場でのハラスメント経験（過去に受けていた場合も含む）をたずねた。選択肢には「パワーハラスメント」「セクシュアルハラスメント」「マタニティハラスメント」「その他のハラスメント」を挙げ、それぞれに「慢性的にある（あった）」「一時的にある（あった）」「ない（なかった）」「回答したくない」から一つを選

表 10－1　調査における職場のハラスメントに関する説明

職場のハラスメントとは，以下のような行為を意味します．
パワーハラスメント：職場内での優位な立場を背景に，業務の適正な範囲を超えて精神的・身体的な苦痛を与える行為．上司から部下に限らず，先輩・後輩間や同僚同士，または部下から上司に対して行われることもある．具体的な例として，①身体的な攻撃，②精神的な攻撃，③人間関係からの切り離し，④過大な要求，⑤過小な要求，⑥個の侵害など．
セクシュアルハラスメント：職場での性的な言動によって，労働条件について不利益を受けること，就業環境が害されること．例えば，①職場で労働者の意に反する性的な言動が行われ，それを拒否したことで当該労働者が解雇，降格，言及等の不利益を受けるケース，②性的な言動が行われることで職場の環境が不快なものとなったため，労働者の能力の発揮に大きな悪影響が生じるケースなど．またLGBTなどの性的少数者に対する職場での嫌がらせも含みます．
マタニティハラスメント：妊娠・出産，育児休業等を理由とする不利益な取り扱いや精神的・身体的な苦痛を与える行為．不利益な取り扱いとしては，解雇，降格，減給，雇止めなどが含まれます．
その他のハラスメント：上記3種類以外の，特定の労働者に対する嫌がらせ行為もハラスメントとします．例えば①同僚の間での無視や陰口等による継続的な精神的嫌がらせ（モラルハラスメント），②技術に詳しい人がそうでない人に行う嫌がらせ（テクノロジーハラスメント），③人種差別的な嫌がらせ（レイシャルハラスメント），④消費者や取引先などによる対応者への理不尽な要求による嫌がらせ（カスタマーハラスメント）なども含みます．

出所）東京大学社会科学研究所・危機対応学プロジェクト「職場内の人間関係と問題解決に関するアンケート」（2019年2月実施）．

表 10 - 2　現在の職場におけるハラスメントの経験

（%）

ハラスメントの種類	慢性的にある（あった）	一時的にある（あった）	ない（なかった）
パワーハラスメント	9.8	26.6	63.6
セクシュアルハラスメント	2.7	14.2	83.1
マタニティハラスメント	1.3	6.3	92.5
その他のハラスメント	5.8	14.1	80.1

注）回答数は 1120 件．ハラスメント経験の設問に対し「回答したくない」を選択し場合には，その段階で調査を中止とした．

出所）東京大学社会科学研究所・危機対応学プロジェクト「職場の人間関係と問題解決に関するアンケート」（2019 年 2 月実施）．

ぶよう求めた。慢性的と一時的の両方のときは「慢性的にある（あった）」を選ぶように指示し、「回答をしたくない」が一つでも選ばれた際は、前述の通り、その時点でアンケートを中止している。

回答結果が表10 - 2である。慢性的にせよ、一時的にせよ、パワーハラスメント（パワハラ）が突出して多い。およそ10人に1人が慢性的なパワハラを経験している他（9・8％）、約4人に1人で一時的なパワハラ経験がある（26・6％）。その結果、実に3人に1人以上が（36・4％）、現在の職場でパワハラを経験していた。

この結果と比較可能な調査に、厚生労働省が2017年にまとめた「職場のパワーハラスメントに関する実態調査報告書」がある。そこでは企業調査に加え、インターネットによる従業員調査も行い、20～64歳の全国の企業・団体に勤務する者（公務員、自営業、経営者、役員を除く）1万名から回答を得た。すると2016年7月時点でパワハラ経験は、何度も繰り返しが7・8％、時々経験が17・8％、一度だけ経験が6・9％と、全体で32・5％に達した[10]。今回の調査は20～49歳で管理職を含まないため、対象はより限定的だが、3割超の回答者がパワハラを訴えている点で共通している。

表10 - 2では、一時的にせよ、セクシュアルハラスメントを受けた場合が14・2％、マタニティハラスメントが6・3％となっている。モラルハラスメントが84・3％を占める「その他のハラスメント」も14・1％が一時的に

経験している。

ハラスメントは、内容により背景や影響が大きく異なる可能性もある。以下では、経験の多くが集中しているパワハラに限定し、その背景を考察する。(11)

2　個人属性

3人に1人以上にも及ぶパワハラだが、いかなる個人が経験しているのだろうか。

まず調査情報にある回答者の個人属性とパワハラ経験との関係を調べた。慢性的にせよ一時的にせよ、現在の職場でパワハラを受けた経験がある場合を1、それ以外を0とする被説明変数を作成し、性別、年齢区分、学歴、転職経験等の客観的属性に関するダミー変数を説明変数としてプロビット推定を行った。その結果が表10－3左側である。

一般に立場の弱い女性や非進学者ほどパワハラを受けやすいのではないかと当初考えたが、性別や学歴に統計的に有意な結果は得られなかった。年齢は、就業経験が一般に長い高年齢ほど経験も多いと考えられる。実際、40歳台後半では10％水準で統計的有意に経験している確率が高かった。だが他の年齢層では有意な結果が得られず、個人の客観的属性によりパワハラ経験を説明可能な範囲は限られていた。

そこでパワハラ経験のうち、より深刻の度合いが大きい慢性的なパワハラ経験がある場合を1、それ以外を0とする被説明変数にプロビット推定を行った結果が表10－3右側である。

性別、年齢、学歴ではやはり有意な結果が見出されなかった反面、別に特徴的な結果が得られた。それは転職経験がない人の方が、慢性的なパワハラを受けたことがあるとの回答確率が5％水準で有意に低かったことである。言い換えれば、転職を経験している人ほど、「現在」の職場で慢性的なパワハラを受けたと回答する確率が高いことになる。

表 10－3　パワーハラスメント経験と客観的個人属性

		現在の職場における パワーハラスメント経験の有無			
		経験あり（慢性的・一時的）		経験あり（慢性的）	
説明変数	構成比（%）	限界効果	標準誤差	限界効果	標準誤差
女性	45.6	0.0350	0.0297	−0.0066	0.0177
25～29 歳	15.0	0.0035	0.0636	−0.0255	0.0338
30～34 歳	16.1	0.0927	0.0643	0.0096	0.0389
35～39 歳	17.6	0.0887	0.0639	0.0155	0.0393
40～44 歳	21.5	0.0736	0.0612	−0.0341	0.0312
45～49 歳	20.5	0.1131	0.0623*	0.0302	0.0401
高専・短大・専門学校卒	19.9	0.0422	0.0454	0.0182	0.0284
大学・大学院卒	56.9	0.0108	0.0369	0.0045	0.0223
転職経験なし	40.2	−0.0453	0.0309	−0.0428	0.0181**
サンプル・サイズ		1,120		1,120	
擬似決定係数		0.0106		0.0226	

注）プロビット推定．説明変数のリファレンスグループは，男性（性別），20～24 歳（年齢区分），中学卒・高校卒（最終学歴）．***, **, *は 1，5，10%水準で有意を示す．

この結果は何を意味するのか。置かれた状況を把握する上では、準拠集団の存在が意味を為す。現在の状況は過去との比較により判断しやすくなる。転職経験を持つ人々は、以前の職場と比べ、現在の職場を評価できる。転職前の職場が、現在の職場の慢性的なパワハラ経験を判断する準拠集団になるのだ。

一方、現在の会社や職場しか就業経験がない場合はどうか。比較対象がなく、業務上の苦痛を感じても、それが適正か否かの判断基準がないため、受け入れてしまうことも多い。それだけパワハラを受けても、それを被害として認識する状況は生じにくい。

「生え抜き」と呼ばれる、会社に継続就業している人ばかりでなく、転職経験者が多くなれば、職場の状況を判断する準拠集団を有する人々が増える。結果、全体としてパワハラに敏感となり、いじめ・嫌がらせを指摘したり、訴えるケースが増えているのかもしれない。

厚生労働省「雇用動向調査」によると、常用労働者数に占める、入職前1年間に別の就業経験を持つ入職者割合である転職入職率は、２００８年から２０１２年まで８％台後半から９％台の水準にあった。その後多くの年次で10％台に達し、職場に転職経験割合は微増している。ただそれが極端な増加傾向ではないことを考えると、転職経験者が増えたことだけでパワハラの認識が高まったと考えるのは難しい。

3　性格要因

転職経験と年齢の一部を除き、個人の属性とパワハラとの間に明確な関係性は見出せない。可能性が残されるのは、個人の性格との関連である。

過去の分析でも、長時間労働等が生じる背景として、個人の性格にも起因すると想定し、その影響を考慮して分析する例は多い（山本・黒田（２０１４）等）。パワハラを受けやすい、又は他者から受けた負荷をパワハラと受け取りやすい性格特性があるのだろうか。

今回の調査でも、個人の性格的特性を把握するのによく用いられるビッグファイブ因子（「開放性」「真面目さ」「外向性」「協調性」「精神安定性」）を測る質問を含めた。表10－３左側に示された、慢性的もしくは一時的に受けたパワハラ経験の有無を被説明変数に、性別、年齢、学歴、初職の是非に関するダミー変数に加え、性格の自己評価を訊ねた設問への回答状況を一つずつ説明変数に加えた。そのプロビット推定の結果が、表10－４である。

表10－４の冒頭には「活発で、外交的だ」という問いに対し、その回答状況とパワハラ経験との関係を示した。すると「どちらともいえない」を基準に自身が活発で外交的と「強くそう思う」場合、５％水準で統計的に有意にパワハラを受けたとする確率が高くなっている。

表 10－4　パワーハラスメント経験と性格に関する自己評価

（上段：限界効果，下段：構成比）

性格（自己評価）	強くそう思う	まあそう思う	少しそう思う	どちらともいえない	少し違うと思う	おおよそ違うと思う	まったく違うと思う
活発で，外向的だ	**0.212**	－0.045	0.019	0.000	－0.010	－0.060	－0.006
	4.6%	13.5%	21.3%	20.4%	18.9%	12.7%	8.6%
他人に不満をもち，もめごとを起こしやすい	0.180	0.111	0.037	0.000	**−0.107**	**− 0.172**	**−0.139**
	1.3%	4.8%	13.1%	24.1%	22.6%	22.3%	11.7%
しっかりしていて，自分に厳しい	**0.281**	0.083	**0.080**	0.000	**0.088**	0.005	0.057
	3.3%	8.4%	23.4%	32.6%	20.7%	7.7%	3.9%
心配性で，うろたえやすい	0.079	**0.152**	0.031	0.000	**−0.106**	－0.022	－0.106
	7.9%	15.6%	28.9%	22.2%	15.4%	6.9%	3.1%
新しいことが好きで，考え方も変わっている	**0.162**	0.060	－0.037	0.000	－0.006	0.093	－ 0.055
	3.9%	9.6%	23.9%	27.8%	23.3%	8.3%	3.1%
ひかえめで，おとなしい	**0.181**	0.051	**0.085**	0.000	0.039	0.088	<u>0.122</u>
	4.8%	14.7%	22.8%	25.2%	19.7%	7.4%	5.4%
人に気をつかう，やさしい人間だ	**0.221**	0.068	0.032	0.000	0.005	<u>0.159</u>	－0.135
	5.3%	15.9%	35.3%	28.0%	10.5%	3.2%	1.8%
だらしなく，うっかりしている	**0.191**	0.001	0.042	0.000	－0.011	－0.079	0.036
	3.1%	10.0%	27.0%	25.2%	19.3%	10.5%	4.9%
冷静で，気分が安定している	0.120	<u>－0.094</u>	－0.006	0.000	0.068	<u>0.101</u>	0.210
	2.3%	9.1%	26.5%	33.0%	18.8%	7.8%	2.4%
発想力に欠けた，平凡な人間だ	0.042	0.043	－0.018	0.000	－0.008	0.086	**0.222**
	6.3%	14.8%	24.3%	30.9%	16.2%	4.9%	2.6%

協調的性格　　能動的性格　　受動的性格

注）プロビット推定．被説明変数は，現在の職場において慢性的もしくは一時的のいずれかについてパワーハラスメントを受けた経験の有無．推定は，表 10-3 に示された性別，年齢，学歴，初職の是非に関するダミー変数をコントロールした上で，上記の性格の自己評価に関するダミー変数を 1 つずつ加えて行った．限界効果のうち，白抜きもしくは太字の部分は有意水準 5%で，下線付きは有意水準 10%で統計的に有意であることを示す．

「しっかりしていて、自分に厳しい」「新しいことが好きで、考え方も変わっている」といった問いに「強くそう思う」人もパワハラを経験したという回答が有意に多かった。「発想力に欠けた、平凡な人間だ」に「まったく違うと思う」もパワハラを受けたとの回答が多い。

これらの結果は、開放性や外向性、真面目さなどの能動的性格が、ときにパワハラに遭うきっかけとなりやすいことを示唆する。「出る杭は打たれる」といった慣用句で表現される強い自己主張を伴う意識や行動は、上司や同僚には許容し難く、自分勝手と受け止められ、叱責や非難の対象となりやすい。出る杭である当事者にとっても、適正の範囲を超えた指導や評価と解されたとき、パワハラを受けたと感じることになるのだろう。

一方、協調性と表現されるような、利己的でなく調和を重んじる行動ができると自負している場合、パワハラを受けにくい。表10－4の「他人に不満をもち、もめごとを起こしやすい」について「まったく違うと思う」「おおよそ違うと思う」「少し違うと思う」のいずれも限界効果は有意にマイナスであり、協調的性格はパワハラを回避している。他者に否定的に接しないことで、自らも否定的な扱いを受けるのを免れやすくなっている。

加えて、受動的性格がパワハラに直結することを示す結果も表10－4にはある。「ひかえめで、おとなしい」「人に気をつかう、やさしい人間だ」に「強くそう思う」といった、自己主張よりも他者を優先しがちな性格の人々はパワハラに遭いやすい。自身を「だらしなく、うっかりしている」に「強くそう思う」とする人々がパワハラを受けやすいのは、慎重さや勤勉さの欠如以外に、自己肯定感の低さとも関連しているかもしれない。「冷静で、気分が安定している」に「まったく違うと思う」場合も、精神的不安定さがパワハラと関係している。[12]

このように性格特性の自己評価は、パワハラ経験と密接に結びつく。協調的な性格がパワハラを回避しやすいのは納得のゆく結果であるのに対し、能動的性格と受動的性格という対照的な特性が、共にパワハラに直結するのも特筆すべき事実だろう。

表 10－5　パワーハラスメント経験と個人属性（性格特性の自己評価を含む）

		現在の職場におけるパワーハラスメント経験の有無			
		経験あり（慢性的・一時的）		経験あり（慢性的）	
説明変数	構成比（%）	限界効果	標準誤差	限界効果	標準誤差
女性	45.6	0.0498	0.0302*	－0.0015	0.0173
25～29 歳	15.0	0.0386	0.0661	－0.0175	0.0346
30～34 歳	16.1	0.1214	0.0658*	0.0142	0.3904
35～39 歳	17.6	0.1339	0.0656**	0.0279	0.0409
40～44 歳	21.5	0.1215	0.0630**	－0.0224	0.0322
45～49 歳	20.5	0.1634	0.0637***	0.0451	0.0418
高専・短大・専門学校卒	19.9	0.0590	0.0463	0.0229	0.0229
大学・大学院卒	56.9	0.0233	0.0375	0.0076	0.0076
転職経験なし	40.2	－0.0368	0.0313	－0.0398	0.0177**
協調的性格	56.6	－0.1835	0.0294***	－0.0533	0.0181***
能動的性格	9.8	0.1693	0.0526***	0.0361	0.0326
受動的性格	12.3	0.1225	0.0477***	0.0697	0.0335**
サンプル・サイズ		1,120		1,120	
擬似決定係数		0.0506		0.0460	

注）プロビット推定．説明変数のリファレンスグループは，男性（性別），20～24 歳（年齢区分），中学卒・高校卒（最終学歴）．***, **, *は 1，5，10％水準で有意を示す．

表10－4を踏まえ、能動的性格、受動的性格、協調的性格の自己評価を示すダミー変数を説明変数に追加し、パワハラ経験をプロビット推定したのが表10－5である[13]。この推定からも、性格特性がパワハラと直結するのが確認できる。ただ能動的性格は、慢性的パワハラには有意ではない。出る杭的性格はパワハラを一時的に受けやすいが、時間をかけて理解されれば、慢性化は回避されるのかもしれない。

なお、性格変数をコントロールすることで、表10－3で有意でなかった女性ダミーが有意にプラスに転じている。性格的な違いを考慮すると、女性は男性に比べてパワハラを受けやすい。年齢も20代よりは30代や40代でパワハラ経験があるという有意な結果に変わっている。

四　ハラスメント経験と職場・仕事

1　職場属性

ここまでパワハラを受ける可能性のある個人に着目した。パワハラの発生は、個人のみならず、職場のあり方とも関わっている可能性がある。

調査では、部署、支店、支社、工場などの職場の属性について、いくつかの設問を用意した。そこで職場の客観的属性に関する内容を説明変数に、表10－3や表10－5と同様、慢性的もしくは一時的なパワハラ、および慢性的なパワハラを受けたという回答に関するプロビット推定をそれぞれ行った。その結果が表10－6である。表10－5で考慮した個人属性に関する変数をすべて制御した上で、職場に関する変数の推定結果のみが表10－6には示されている。

職場属性でもパワハラとの関連が見られるものは、必ずしも多くない。そのなかで明瞭な関係性が見出せるのが、職場の配属年数である。一般に職場での配属年数が長いほど、過去から現在にわたりパワハラを受けた可能性が高い。ところが、慢性的・一時的なパワハラに関する推定結果では、配属されて2年目および3年目での限界効果が最も大きく、1％水準で統計的有意である。慢性的なパワハラでも、配属2年目のみ5％水準で有意となっている。それだけパワハラは配属2～3年目に集中している。

なぜか。配属直後は、不慣れで職場に通じていないことを上司や同僚もある程度理解している。仕事に過度な期待や要求を突きつけられることは少なく、そのためパワハラは発生しにくい。それが職場に慣れたと見なされる2、3年目になると、猶予期間も終了し、責任や成果を以前より求められる。期待に対応できないと、叱責や非難も増える

表 10-6　パワーハラスメント経験と客観的職場属性

説明変数	構成比（%）	現在の職場における パワーハラスメント経験の有無 経験あり（慢性的・一時的） 限界効果	標準誤差	経験あり（慢性的） 限界効果	標準誤差
職場の人数					
11〜30 人程度	21.9	0.0837	0.0506*	−0.0034	0.0261
31〜50 人程度	11.3	−0.0628	0.0566	0.0080	0.0332
51〜100 人程度	13.6	0.0713	0.0587	−0.0028	0.0305
100 人以上	33.8	0.1081	0.0488**	0.0108	0.0265
不明	2.0	−0.2455	0.0812**	−0.0570	0.0324
職場の主な部門構成					
事務・管理部門	31.6	−0.0200	0.0546	−0.0005	0.0295
企画・開発部門	6.1	−0.1061	0.0677	−0.0682	0.0195*
研究・分析部門	3.6	−0.0910	0.0837	−0.0240	0.0424
営業・販売部門	16.1	0.0178	0.0604	−0.0263	0.0278
輸送・流通部門	3.7	−0.0499	0.0860	0.1109	0.0743*
サービス・相談部門	10.5	0.0283	0.0664	0.0073	0.0366
その他の部門	17.1	−0.0914	0.0550	0.0122	0.0337
職場の部長クラスの性別					
女性	10.8	0.0314	0.0573	−0.0143	0.0284
職場の課長クラスの性別					
男性と女性の両方がいる	36.3	0.0046	0.0343	−0.0306	0.0178*
すべて女性である	3.8	0.0615	0.0956	0.0047	0.0506
課長クラスはいない	5.6	−0.0326	0.0676	0.0157	0.0403
職場での職階					
課長補佐・課長代理クラス	2.9	−0.0082	0.0882	−0.0194	0.0466
係長・主任クラス	19.8	0.0107	0.0404	0.0196	0.0242
職場の配属年数					
1 年以上 2 年未満	12.0	0.1058	0.0620*	0.0114	0.0361
2 年以上 3 年未満	12.0	0.1846	0.0617***	0.0948	0.0485**
3 年以上 4 年未満	8.6	0.1942	0.0684***	0.0583	0.0488
4 年以上 5 年未満	9.1	0.0541	0.0667	0.0217	0.0413
5 年以上 10 年未満	20.4	0.1302	0.0557**	0.0379	0.0354
10 年以上 15 年未満	11.4	0.1363	0.0658**	0.0310	0.0418
15 年以上	10.3	0.1549	0.0694**	0.0531	0.0489
サンプル・サイズ		1,120		1,120	
擬似決定係数		0.0843		0.0811	

注）プロビット推定．説明変数のリファレンスグループは，1〜10 人程度（職場の人数），生産・製造部門（職場の主な構成部門），非役職（職場での職階），男性（職場の部長クラス），すべて男性（職場の課長クラス），非役職（職場の職階），1 年未満（職場の配属年数）．この他，説明変数としては表 10-5 中の性別，年齢，学歴，初職の是非，協調的性格，能動的性格，受動的性格に関する自己評価変数をコントロールしている．***，**，*は 1，5，10% 水準で有意を示す．

だろう。その圧力経験がパワハラとして、配属2、3年目の社員には受け取られることが多いと考えられる。

一方、慢性的・一時的なパワハラ経験の回答が、配属4年目には有意でなく、5年目以降になると限界効果もやや小さくなる。背景にはサンプル脱落の影響もあるだろう。パワハラの訴えがなされた場合には、会社は多くの場合、配置換えの対処を行うことになる。パワハラと認識されなかった場合でも、配属2、3年目に厳しく評価された人々は、別の部署へ配置換えとなっているかもしれない。パワハラを受けた本人も、部署に留まるのを望まず、配置換えを求めたり、会社を退職することもある。反対に2、3年目にパワハラを受けず、評価を得てきた人々は職場に定着しやすい。その結果として、4年目以降にはパワハラを受けた人の構成が小さくなる。

企業内での配置換えが以前より頻繁化していれば、配属2、3年目を経験する機会も増える。厚生労働省「雇用動向調査」によれば、同一企業内での事業所間転出入者数は2010年代を通じ増加傾向にある。配置換え頻度の高まりもまた、いじめや嫌がらせを訴える声の増大に一定程度は関与している可能性はある。

その他に表10‐6では、11〜30人の小規模な職場と100人以上の大規模な職場の両方で、慢性的・一時的パワハラを受けたとの回答が有意に多かった。部門構成では、10％水準ではあるが、企画・開発部門で慢性的パワハラ経験の回答が有意に少なく、反対に輸送・流通部門は多くなっていた。さらに同じく10％有意水準ではあるものの、男性だけでなく女性の管理職のいる方が、慢性的なハラスメントを回避しやすい傾向も見られた（玄田・小前 2018）。

2 仕事内容

調査では、回答者の仕事の仕方も詳しくたずねている。主な勤務場所、仕事のやり方、仕事の中身や範囲について、選択肢を設け、その中から一つを回答者に選んでもらった。

ここでも慢性的・一時的なパワハラ経験と慢性的なパワハラ経験をそれぞれ被説明変数に、仕事の仕方に関するダ

表 10-7　パワーハラスメント経験と自身に関する仕事の仕方

説明変数	構成比（%）	現在の職場におけるパワーハラスメント経験の有無：経験あり（慢性的・一時的）限界効果	標準誤差	経験あり（慢性的）限界効果	標準誤差
仕事の場所					
たまに職場の外に出て，顧客や取引先を訪問する仕事をしている	11.6	0.0911	0.0519*	−0.0439	0.0206*
多くの勤務時間で職場の外に出て仕事をしている	11.2	−0.0215	0.0560	−0.0380	0.0225
その他	0.4	0.0146	0.2775		
仕事の協力					
主に職場の人たちと一緒に仕事をしている	51.7	0.0456	0.0410	−0.0002	0.0219
状況に応じて一人で仕事をしたり，他の人と一緒に仕事をしたりしている	25.9	0.0714	0.0473	0.0015	0.0246
仕事の中身・範囲					
自分の仕事の中身や範囲はだいたい決まっている	58.0	0.0823	0.0328**	0.0124	0.0177
自分の仕事の中身や範囲は決まっていない	6.4	0.1462	0.0694**	0.0351	0.0424
サンプル・サイズ		1,120		1,116	
擬似決定係数		0.0969		0.0875	

注）プロビット推定．説明変数のリファレンスグループは，「ほとんどの勤務時間は職場内の決められた場所で仕事をしている」（仕事の場所），「主に一人だけで仕事をしている」（仕事の協力），「自分の仕事の中身や範囲がはっきりと決まっている」（仕事の中身・範囲）．この他，説明変数としては表 10-5 中の性別，年齢，学歴，初職の是非，協調的性格，能動的性格，受動的性格に関する自己評価変数，および表 10-6 中の客観的職場属性に関する変数をすべてコントロールしている．***, **, *は 1，5，10％水準で有意を示す．

ミー変数を説明変数としたプロビット推定を行った。その結果が表10‐7になる。推定ではこれまで考慮した個人属性、性格特性、職場属性をすべて説明変数としてコントロールしている。つまり表は、初職の是非、能動的・受動的・協調的性格、配属年数等のパワハラ経験に影響を及ぼす要因をすべて取り込んだ上での結果である。

表をみると、仕事の協力体制はパワハラに有意な影響をもたらしていない。チームとして働くことが協力を強いられ、パワハラにすぐさま結びつくとは言えない。仕事の場所では、10％有意水準ではあるが、職場内の決められた場所で仕事をしているのに比べ、たまに職場の外に出て、顧客や取引先を訪問する仕事をしている人ほど、一時的にパワハラを受けたとする傾向は強い。表10‐6では営業・販売部門でパワハラが顕著とは言えなかったが、訪問営業などではノルマや成果が問われることも多く、プレッシャーの高まりがパワハラへつながることもあるのかもしれない。

それらに対し、鮮明にパワハラ経験と直結するのが、仕事の中身・範囲である。自分の仕事の中身や範囲がはっきりと決まっているのに比べ、だいたい決まっている、もしくは決まっていないと、パワハラを受けたとする確率が5％水準で有意に高い。限界効果も8～14％ポイント回答確率が高くなる。だいたい決まっているとした割合は全体の58・0％を占め、曖昧な仕事の中身や範囲によるパワハラへの影響は広範囲に及んでいる。

仕事の中身や範囲が曖昧だと、上司や先輩からの指示も得てして不明瞭となる。責任の所在への共通理解も難しい。そのため、仕事が首尾よく運ばなかった場合、想定外の叱責や非難も受けやすい。それが理不尽と解され、パワハラを発生させるのだろう。

一般に、アメリカの企業では仕事の責任や権限などを明確化した「ジョブ・ディスクリプション（職務記述書）」を作成し、採用や評価に活用されることが多いと言われる。一方、日本の企業では仕事の境界を敢えて曖昧にし、のりしろ部分を残しておくことによって、状況に応じ仕事を柔軟に個人間に配分したり、職場全体として協調して取り組むことを促してきた。それは多くの仕事を幅広く経験し、能力開発につながる等のプラスの面もあった（Koike 1988）。

だが現在では仕事の曖昧さが、むしろパワハラの温床となる状況を生んでいる[14]。

3 職場の特徴

最後に、回答者が認識する職場の特徴とパワハラとの関係を考察したい。

調査では、表10‐8の9項目に関し、回答者の働く職場がどの程度あてはまるかをたずねた。これらの設問への回答状況を説明変数として一つずつ加え、慢性的・一時的なパワハラ経験との関係をプロビット推定した結果が表に示されている。ここでの推定も、説明変数には表10‐7までの推定のすべての変数が加味されている。

表10‐8の主な結果は次の通りである。パワハラの経験を指摘する声が多い職場には、上司と部下のコミュニケーションが少ない、いつも仕事があふれている、失敗が許されない（失敗の許容度が低い）といった特徴がみられる。一方で、上司と部下のコミュニケーションや同僚同士のコミュニケーションが少ないという状況に該当しない（あてはまらない）職場は、パワハラ経験を指摘する声は有意に少なくなっていた。予想に反しない結果だろう。

加えて注目すべき結果として、採用や退職、人事異動で人の出入りが多い職場や、若手・中堅・ベテランの社員がバランスよく配置されていない職場において、パワハラ経験を回答する確率が有意に高くなっていた。これらは、パワハラには心理面や個別のコミュニケーション面の問題だけでなく、職場全体の要員管理が深く関与していることを示す点で、新たな発見である[15]。

無論、これらの結果には、因果関係の双方向性を指摘する意見もあるだろう。パワハラが職場に蔓延している結果、職場内のコミュニケーションが疎遠になったり、失敗を許さない険悪な関係になったのではないかというものである。同様にベテランからパワハラを受けたことで、若手の退職が続出し、結果的に人の出入りが激しくなり、人員バランスが崩れたのではないかとの指摘もあり得る。パワハラが慢性化し、解決が困難化した職場ほど、そのような状況が

表 10－8　パワーハラスメント経験と職場の特徴

（上段：限界効果，下段：構成比）

職場の特徴	あてはまる	どちらかというとあてはまる	どちらともいえない	どちらかというとあてはまらない	あてはまらない
上司と部下のコミュニケーションが少ない	**0.207** 9.5%	**0.108** 23.1%	0.000 24.1%	－0.052 31.1%	**－0.161** 12.2%
同僚同士のコミュニケーションが少ない	0.066 6.7%	0.027 18.2%	0.000 24.6%	－0.066 33.6%	**－0.164** 17.0%
いつも仕事があふれている	**0.148** 21.3%	0.073 30.0%	0.000 29.8%	0.091 15.6%	0.068 3.3%
失敗が許されない／失敗への許容度が低い	**0.226** 12.7%	0.068 29.1%	0.000 29.6%	－0.074 24.0%	－0.033 4.6%
正社員と正社員以外など，様々な立場の従業員が一緒に働いている	0.044 28.8%	－0.012 31.9%	0.000 14.2%	－0.069 10.7%	－0.004 14.5%
若手・中堅・ベテランの社員がバランスよく職場にいる	－0.028 9.7%	0.010 29.0%	0.000 26.1%	0.086 21.4%	**0.151** 13.8%
従業員同士は干渉し合わない	－0.115 4.5%	－0.033 25.3%	0.000 36.5%	**0.097** 25.7%	0.046 8.0%
採用や退職，人事異動で人の出入りが多い	**0.170** 14.6%	0.035 27.1%	0.000 24.5%	**－0.100** 21.5%	－0.074 12.2%
男性に比べて女性の社員の割合が少ない	0.039 30.4%	0.018 17.6%	0.000 18.2%	－0.019 13.8%	－0.002 20.0%

注）プロビット推定．被説明変数は，現在の職場において慢性的もしくは一時的のいずれかについてパワーハラスメントを受けた経験の有無．表 10-5 中の性別，年齢，学歴，初職の是非，協調的性格，能動的性格，受動的性格に関する自己評価変数，表 10-6 中の職場属性に関する変数，表 10-7 中の仕事の仕方に関するダミー変数をすべてコントロールした上で，上記の職場特徴に関するダミー変数を 1 つずつ説明変数に加えることで推定を行った．限界効果のうち，太字は 5% 水準で，下線付は 10% 水準で統計的に有意であることを示す．

生じている可能性は実際ある。

一方、雇用に関する長期的な視野と関係性の欠如こそが、パワハラの原因となっている可能性も少なからずある[16]。企業の人事判断として、一時的に大量の採用を行ったり、反対に採用を一気に縮小するなど、短期的な視野による雇用調整が重なると、若手・中堅・ベテランの構成は必然的にアンバランスになる。アンバランスな人員構成は、結果的に職階間パワーバランスの歪みを生み、軋轢を生み出す温床となる。ベテランに比べて若手が極端に少ない職場や、両者の橋渡しとなるはずの中堅が著しく不足している職場では、コミュニケーションに支障を来し、やがてパワハラへとつながっていく。

頻繁な人の出入りも長期的関係性の欠如と関連する。人員の流出入が繰り返される職場では、人間関係も自ずと短期になる。長期的な関係が前提であれば、将来的にネガティブなフィードバックが自身に降りかかることを回避すべく、不用意なパワハラ言動を自重しやすい。反対に長期的な関係性が重視されなくなると、すぐに関係が終了することを前提にパワハラ的な言動に歯止めが効かなくなる。

失敗が許されない職場について、4割強が「あてはまる」「どちらというとあてはまる」と回答する。そもそも失敗が許されない職場とは、短期的な成果ばかりが優先され、失敗の経験を将来に活かすといった、長期的観点による人材育成の軽視を物語るとも言える。

これらはすべて「パワハラの背景には雇用に関する長期的な視野と関係性の欠如がある」という仮説と整合的なものとなっている。

五　おわりに

本章では、２０１０年代に労働相談が急増した職場でのいじめ・嫌がらせの背景を探るべく、慎重に実施したアンケート調査を通じ、パワーハラスメント経験について実証分析した。

分析によれば、20〜40代非管理職（大部分が正社員）のうち、転職経験者や配属２〜３年目の社員ほど、現在の職場でパワハラを受けた経験があると答える声が多かった。さらに仕事の中身や範囲が曖昧である場合、パワハラを受けやすいことも発見された。

パワハラの経験は、個人の性格特性とも密接に関わる。積極性や開放性などの能動的性格を有する人々と、反対に消極的で控え目な受動的性格の人々の両方が、パワハラを受けやすい。併せて協調的な性格である人々は、パワハラを回避しやすくなっていた。

これらの事実は、近年のパワハラ苦情の急増を説明し得るだろうか。日本の職場における仕事内容の曖昧さは弊害も大きいとして、職務を限定したジョブ型正社員の導入等を目指す等、明確化の努力も進み始めている（厚生労働省 ２０１４）。働く人々の性格分布が、短期間で劇的に変わったとも考えにくい。だとすれば、パワハラ急増の背景には、これらとは別の要因が働いていた可能性の方が大きい。

その一つに、人間関係のトラブルを示す表現として「パワハラ」という言説が人口に膾炙《かいしゃ》するようになったことの影響はあるだろう。図10－２には朝日新聞の記事検索から「パワハラ」という用語を含む新聞記事の登場回数の推移を示した。２００１年まで１件もなかった記事が２００８年に年間１００件を超える。２０１３年には３００件を超え、官庁やスポーツ界で事件が相次いだ２０１８年は６００件に達した。

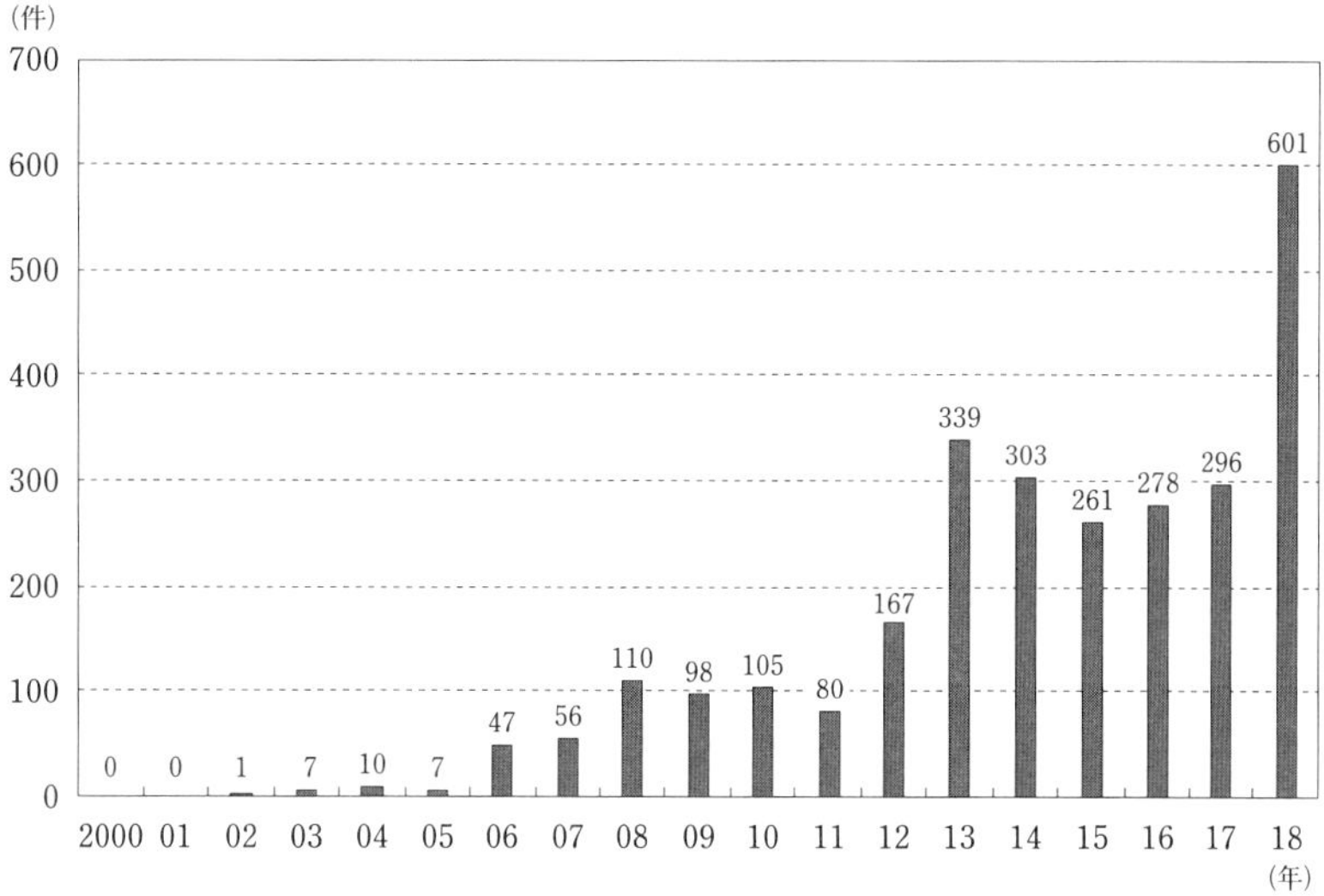

図 10－2　朝日新聞における「パワハラ」を含む記事件数

出所）朝日新聞記事データベース聞蔵Ⅱビジュアル.

不適切な事実が存在しても、的確にそれを表現する言説がなければ、認識は共有されず、改善等の取り組みにも結びつかない。いじめ・嫌がらせを表す「パワハラ」という言葉が広く普及したことで、職場のパワハラは顕在化した。それほど言説の持つ力は大きい。

その上でもう一つの背景として、雇用における長期的な視野と関係性の消失という事実がパワハラ急増の温床となっている可能性を本章は提示した。職場内から長期的な視野や関係性が失われ、人員構成のバランスが崩れたり、人の出入りが短期的に激しくなり、将来を見込んだ失敗への寛容性が乏しくなった職場は、パワハラの発生と密接に結びつく。同じくパワハラとの関連が指摘された転職の増加や配置転換の頻発も、長期的な観点からの人事管理が社会全体として弱まった結果とも解釈できる。これらの状況が２０１０年代に一気に広がったことで、パワハラを訴える声が急増したとしても不思議はない。

長期的な視野と関係性が失われることは、評価や処遇の短期化のみを意味しない。職場で「過去にどのようなことがあったとしても、現在がどんなに苦しいものであっても、「すべてはこれからだ」という期待と意気込みで心にはりを持って生きていく」（神谷　２００４、62頁）ことができなくなったとき、人は働きがいを失い、他者から与えられる苦痛をハラスメントと感じる。雇用関係における長期に渡る希望や信念の共有（中村論文（上巻第８章）、森本論文（上巻第９章））の喪失こそ、職場の危機の本質であることを、急増するパワハラは示唆している。

玄田（２００５）では、１９９０年代後半から２０００年代前半における長期的な人材育成の軽視の風潮として、若年採用における企業の「即戦力」志向の強まりを批判的に指摘したことがある。そこでは以下の指摘もした。

「スポーツでも、会社でも、強く安定した組織とは、結局のところ、ベテラン、中堅、若手がそれぞれバランスよく構成されている場合である。どんなに強いサッカー・チームでも、ベテランだけが重用されて若手の登用や育成がなおざりになると、ベテランが早晩引退したときにチームの力は急速に衰える。組織の最高責任者が、長期的な視点から三者のバランスにたえず神経を注ぎ、その微妙な均衡に苦心している組織こそ、強い状態を安定的に続けることができるのだ」（玄田　２００５、16-17頁）。

急増するパワハラは、職場環境と人材育成が右記の指摘とは正反対の方向に進んでしまったことを意味している[17]。いじめ・嫌がらせに歯止めをかけるには、問題解決のカギを握る組織の責任者が、訴えの声を職場の深刻な危機と捉え、長期的な視野と関係性に基づく希望や信念の共有を取り戻す努力を重ねることが求められている[18]。

〈付記〉本研究にあたり、科学研究費補助金・基盤研究（Ｂ）１７Ｈ０２５３５「危機対応の労働経済分析」（２０１６-２０１８

年度、研究代表者・玄田有史）による助成を受けた。調査票の作成には、東京大学大学院経済学研究科博士課程の小前和智氏、リクルートワークス研究所の大嶋寧子氏の協力を得た。労働政策研究・研修機構の高橋陽子氏より貴重な助言を頂いた。

注

（1）総合労働相談コーナーは、２００１年に制定された個別労働紛争解決促進法を契機に設置された。

（2）センター設置初年度の２００１年度に約25万件だった相談も、翌02年度に62万件を超えるとその後も増加し、05年度以降は90万件を突破した。

（3）一度で複数の内容にまたがる相談は、複数の内容が件数に計上されており、延べ合計件数は32万３４８１件にのぼる（厚生労働省２０１９）。

（4）いじめ・嫌がらせの相談のうち、２０１８年度には２５９９件に対し労働局長による助言・指導の申出がなされ、１８０８件の紛争調整委員会によるあっせんが申請された。

（5）東京大学社会科学研究所附属社会調査・データアーカイブ研究センターが、ホームページで公開しているデータ検索システムを利用した。

（6）その他に就職活動の終了を強要するようなハラスメント的な行為を受けたことがあるかを調べた株式会社浜銀総合研究所（２０１７）等も寄託されている。

（7）これらの調査内容に関する考察は、今後も詳細に検討する予定である。

（8）調査は、東京大学社会科学研究所内に設置された研究倫理審査委員会の承認を得て実施された。

（9）「課長クラスの女性管理職」がカギを握ると答えた割合は11・３％にとどまったが、課長クラスに女性がいる回答に限るとその割合は21・８％となり、玄田・小前（２０１８）で示した女性管理職に対する一定の期待も見られる。

（10）厚生労働省の２０１２年調査では、パワハラ経験者は25・３％であった。

（11）職場のパワーハラスメントに関する先行研究には、内藤（２０１６）等が挙げられる。

（12）労働者がハラスメント等により精神障害を発症した場合、労働者は労災による補償を求められる他、使用者や加害者に損害賠償請求ができる。因果関係が立証されれば、慰謝料請求も認められる。詳しくは水島（２０１２）を参照。

(13) 能動的性格は「活発で外交的だ」「しっかりしていて、自分に厳しい」「新しいことが好きで、考え方も変わっている」に「強く思う」、「発想力に欠けた、平凡な人間だ」に「まったく違うと思う」のいずれかに当てはまる場合を1、それ以外を0とするダミー変数として表した。受動的性格は「ひかえめで、おとなしい」「人に気をつかう、やさしい人間だ」「だらしなく、うっかりしている」のいずれかに「強くそう思う」、もしくは「冷静で、気分が安定している」に「まったく違うと思う」のいずれかに当てはまるときに1、それ以外を0、協調的性格は「他人に不満を持ち、もめごとを起こしやすい」に「まったく違うと思う」「おおよそ違うと思う」「少し違うと思う」のいずれかを選ぶと1、それ以外を0とするダミー変数とした。

(14) Kawaguchi（2019）は、不明確なジョブ・ディスクリプションがマタニティハラスメントにつながることを実証した貴重な研究である。本章の結果は、同様の影響がマタハラに限らず、パワハラにもつながることを意味する。なお、職場のパワハラは日本だけでなく、アメリカを含む諸国で workplace bullying として１９９０年代以降問題視され、社会心理学等の分野で研究が蓄積されてきた（Rayner and Hoel（1998）等）。海外の研究では、いじめは配属直後に起こりやすいとの指摘もあり、むしろジョブ・ディスクリプションが明確であることは最初から責任を厳しく問われやすいのかもしれない。

(15) 先行研究である労働政策研究・研究機構（２０１２）は、ハラスメント発生の背景・原因に「人材不足・人員削減による過重労働とストレス」「職場のコミュニケーション不足」「会社からの業績向上圧力、成果主義」「管理職の多忙・余裕のなさ」「就労形態の多様化」等を挙げている。

(16) 海外の workplace bullying を紹介した Namie（2003）でも、いじめが発生しやすい職場の特徴として、成果主義や個人主義の行き過ぎなどと並び、短期的な計画（short-term planning）の問題を指摘している。

(17) 玄田（２００５、17頁）は「業績によって、まるでアコーディオンのように採用を大きく増減させる企業は、人材を長い目でみて育成するという視点に欠けている。育成は、育てられる人間と育てる人間のあいだのバランスが取れてこそ、はじめてうまくいくものだ。どちらかが多すぎたり、どちらかが少なすぎたりすれば、どうしてもコミュニケーションがとりにくい。」と指摘した。

(18) 本調査でも、会社として何らハラスメント対策を行っていない場合ほどハラスメントは多くなっていた。責任者が対応しようとしない限り、職場のハラスメントは解消しない。

参考文献

Kawaguchi, Akira (2019), "Maternity Harassment in Japan: Why Do Regular Employees Have Higher Risk than Non-Regular Employees Do?" *Japan and the World Economy*, Vol. 49(C), pp. 84–94.

Koike, Kazuo (1988), *Understanding Industrial Relations in Modern Japan*, Basingstoke: Macmillan.

Namie, Gary (2003), "Workplace Bullying: Escalated Incivility," *Ivey Business Journal*, Vol. 68(2), November/December 2003, pp. 1–6.

Rayner, Charlotte and Helge Hoel (1998) "A Summary Review of Literature Relating to Workplace Bullying," *Journal of Community and Applied Social Psychology*, Vol. 7(3), pp. 181–191.

荒木尚志（２０１６）『労働法〔第３版〕』有斐閣。

株式会社浜銀総合研究所（２０１７）「学生の就職・採用活動開始時期等に関する調査」内閣府平成30年度委託調査事業、２０１８年11月。https://www5.cao.go.jp/keizai1/gakuseichosa/index.html

神谷美恵子（２００４）『生きがいについて』みすず書房。

玄田有史（２００５）『働く過剰――大人のための若者読本』ＮＴＴ出版。

玄田有史・小前和智（２０１８）「職場のハラスメントを払拭するには――カギは女性課長と粘り強さ」全国就業実態パネル調査・日本の働き方を考える２０１８（リクルートワークス研究所）、第10回。
https://www.works-i.com/column/item/jpsed2018/181206_jpsedcolumn.pdf

厚生労働省（２０１２）「職場のパワーハラスメントの予防・解決に向けた提言」労働基準局、平成24年３月15日。
https://www.mhlw.go.jp/stf/houdou/2r98520000025370.html

厚生労働省（２０１４）「「多様な正社員」の普及・拡大のための有識者懇談会報告書」労働基準局、平成26年７月30日。
https://www.mhlw.go.jp/stf/shingi/0000052525.html

厚生労働省（２０１７）「職場のパワーハラスメントに関する実態調査報告書」労働基準局、平成29年４月28日。
https://www.mhlw.go.jp/stf/houdou/0000163573.html

厚生労働省（２０１９）「平成30年度個別労働紛争解決制度の施行状況」雇用環境・均等局、令和元年6月26日。

https://www.mhlw.go.jp/stf/houdou/0000213219_00001.html
内藤忍（２０１６）「職場におけるハラスメントの現状と課題——集団的・予防的対応の必要性」『日本労働法学会誌』第１２８号、92‐99頁。

中村尚史（２０１９）「危機を転機に変える——東日本大震災と企業の危機対応」東大社研・玄田有史・飯田高編『危機対応の社会科学（上）——想定外を超えて』東京大学出版会、第8章。

水島郁子（２０１２）「職場におけるハラスメント・メンタルヘルスと法」『日本労働研究雑誌』第６２７号（２０１２年10月号）、34‐43頁。

森本真世（２０１９）「危機対応と共有信念——明治期における鉱山技師・石渡信太郎を事例として」東大社研・玄田有史・飯田高編『危機対応の社会科学（上）——想定外を超えて』東京大学出版会、第9章。

山本勲・黒田祥子（２０１４）『労働時間の経済分析——超高齢社会の働き方を展望する』日本経済新聞出版社。

リクルートワークス研究所（２０１６‐１９）「全国就業実態パネル調査」。

https://www.works-i.com/surveys/panel_surveys.html
連合総合生活開発研究所（２０１６）「第32回「勤労者の仕事と暮らしについてのアンケート」調査報告書」第32回・２０１６年11月発行。

労働政策研究・研修機構（２０１２）「職場のいじめ・嫌がらせ、パワーハラスメント対策に関する労使ヒアリング調査——予防・解決に向けた労使の取組み」ＪＩＬＰＴ資料シリーズ、Ｎｏ．１００。https://www.jil.go.jp/institute/siryo/2012/100.html

第Ⅳ部

危機と選択

第11章　アマチュア登山家の危機対応学

――リーダーの要諦

中川淳司

〈本章への視座〉

【事前・事後】

①危機に直面した際、判断を誤るとはどういうことなのか。中川氏のエッセイは自身が冬山登山で経験した危機一髪の状況を振り返りつつ、危機におけるリーダーの判断のあり方について考える。

②判断ミスは単独ではなく、恐怖心や将来への期待などを背景に、得てして積み重なっていく。だからこそ大切なのは、事前の周到な準備と、事後の冷静で合理的な判断によって、リーダーが致命的なミスを決して犯さないことである。

③危機対応においてリーダーが下す判断は決定的に重要となる。自分の置かれた状況を危機として認識し、得られる限りの情報と情勢を踏まえ、最善と判断する対応を取る。そのためにリーダーには、精神的・体力的な余裕を保ち続けることも求められる。

大阪で暮らしていた中学二年の時に、親友二人と六甲山に出かけ、飯盒《はんごう》で飯を炊いて野宿したのが私のアマチュア登山家としての経歴のスタートだった。思春期の男子はいわれのない衝動に駆られてとんでもない悪さをする。悪たれ坊主三人にとって、川に一抱えもある石を次々放り込んだり、河原でたき火をしたりするのが無性に楽しかった。飯盒で炊いた飯は黒焦げで芯があったが、育ち盛りの胃袋にはそれも栄養だった。

これに味をしめて、近場の六甲山や生駒山系をフィールドに、泊りがけで野山遊びを楽しむようになった。「天文少年」だったので、アルバイトのお金を貯めてようやく買い求めた自慢の望遠鏡を自転車の荷台に積み、生駒山系の室池《むろいけ》に泊りがけで仲間と天体観測に行ったこともある。車の多い帰り道で、望遠鏡の大きな箱を荷台に積んだ自転車でバスと競走してついに追い抜かせなかった自慢話を友達に話したら、そいつが生活指導の先生に告げ口をした。放課後に校内放送で呼び出され、今回の事件の首謀者と見られた私は往復びんたを食らった。何度責められても同行した仲間の名前を白状しなかったので、もう二、三発びんたを食らったのが、私にとっての登山にまつわる最初の「危機」対応だった。

大阪の公立高校を卒業し、同級生の多くが京大や阪大を目指す中で、敢えて東大の文科I類を受験したのは、一つには国家公務員になりたいと思ったからだが、隠れた理由は東京からは北アルプスが近いからだった。入学してすぐに東大法学部山の会に入会した。新人歓迎山行で登った八ヶ岳で、レストの間もザックを下ろさずに平気で歩き回っていたら、「とんでもない新人が入った」と先輩の間で話題になった。一年の夏合宿は北アルプス全山縦走だった。40キロを越えるキスリングザックを担いで後立山《うしろたてやま》の五竜岳《ごりゅうだけ》に登り、五竜岳から八峰《はちみね》キレットを経て鹿島槍《かしまやり》、燕岳《つばくろだけ》、大天井岳《おてんしょうだけ》を経て1週間がかりの縦走で槍ケ岳《やりがたけ》に登った。頂上から眺めた大キレットから穂高連峰《ほたかれんぽう》に続く急峻な稜線は、一般ルートながら鎖場と崩れやすい岩稜の続く難所である。合宿後半で荷が軽くなっていたこともあって、翌日からの穂高への縦走が楽しみだった。しかし、その晩に発熱してしまい、先輩の付添いで槍沢から途中下山すること

夏の涸沢からの穂高吊尾根

になってしまったのは残念なことだった。この山行で登山への情熱に火が付いた。学部生の間は毎年40日から60日は山に入った。大学院に進学し、OBになってからも、東大に在学しているという理由で準現役と認めてもらい、多くの山行にリーダー格で参加した。

　私が最初に体験した本当の山での危機は、修士1年目の終わりに近い1980年3月の春合宿だった。新人の夏合宿で登って以来、大好きになった後立山の縦走をリーダーとして企画した。扇沢《おうぎざわ》から入山し、鹿島槍から八峰キレットを経て五竜岳に抜ける行程である。春とはいえ積雪は3メートルを越える。入山者は少なく、深雪のラッセルを2日続けて鹿島槍に続く稜線に出たのは合宿3日目のことだった。その日の行程は岩と氷雪に所々這い松が顔を覗かせる稜線を辿って鹿島槍山荘までの約4時間。翌日は切り立った氷雪交じりの岩稜になっている八峰キレットを通過して五竜岳に至る、危険で長大な行程だったので、前日は体力を温存するため比較的軽い行程を組んでいた。

幕営地を早朝に出発して2ピッチ目に天候が急変し、雪が降り出した。3ピッチ目の途中からは吹雪になった。幕営予定地の鹿島槍手前の冷池山荘《つめたいけさんそう》まで1ピッチ足らずのところで、トップを務めていた後輩が、吹雪で視界が効かず、前進できなくなった。誤って雪庇《せっぴ》を踏み抜けば数百メートルは滑落する。ヘルメットは装着していたものの、途中で岩にぶつかればお陀仏である。残雪が減る初夏までは遺体も見つからないだろう。リーダーの私はパーティーの最後尾を歩いていたが、トップと交替して慎重に前進した。風が幾分穏やかな稜線上のくぼ地を見つけ、ビバークを決めたのはお昼前だった。30分ほどかけて雪を踏み固めて2張のテントを立て、8人パーティーはようやくほっと一息ついた。短波放送で受信した午後3時の気象通報によれば、冬型の気圧配置は2日は続く見込みだった。暖房兼調理用のガソリンストーブの燃料は十分な量を携行していた。予備の食糧で食いつないで2日ビバークすれば天候も収まるだろう。そうすれば、他に入山者もいない新雪の稜線を五竜まで快適に縦走できる。ほっとした一行は、行動食のチョコレートやクッキーをかじりながら小銭を賭けてトランプの大貧民に興じ、夕食の後は先輩差入れのウィスキーに雪を入れたコップを回し呑みして恒例の山の歌を歌い、就寝した。風雪は一向に収まる気配がなく、胡坐《あぐら》をかいて車座でトランプに興じていると、30分も経たないうちにテントに積もった新雪に背中を押された。その度に交替でテントの外に出て、スコップで雪かきをした。就寝前には30分おきに起き出して雪かきする当番を決めて寝た。

夜中に呼吸が苦しくて目が覚めた。息が荒く、心臓が早鐘を打っている。心臓麻痺かと思い、隣で寝ている後輩に異変を知らせようとした。ところが、身動きができない。積もった雪でテントが押しつぶされ、シュラフのすぐ上にまでかぶさっていた。もう死ぬかもしれないと焦ったが、ここが肝心と思い直し、必死で息を整えた。ふと気がつけば、両隣で寝ている後輩達も荒い息遣いだった。テントが雪で押しつぶされ、内部が酸欠状態になっていることが分かった。とっさに「起きろー！　雪でテントが埋まったー！」と絶叫して皆を起こした。わずかに動く手や足で出口付近の雪を掻き出し、ようやく全員がテントから脱出するまで、どのくらいかかっただろうか。ヘッドランプで照らしてみると、テントの上の積雪は2メートルを越えていた。4人用テントに5トン近い雪が積もっていたことになる。目覚めるのがあと5分遅ければ全員が窒息死するか圧死していたと気付き、ぞっとした。

この山行のリーダーとして、私はいくつもの重大なミスを犯した。第一のミスは吹雪が始まった時である。悪天候が続くことが予想された以上、直ちに引き返して安全なビバーク地点を探すべきだった。ビバーク地点の半ピッチほど手前に這い松交じりの窪みがあったことは覚えていたが、吹雪で前方の視界が利かない中、切り立った稜線を引き返すのはかえって危ないと判断した。さらに前進し、風を避けて2張のテントがかろうじて張れる場所をビバーク地に選んだ。これがなぜミスだったのか？

風が避けられるということは、そこが吹き溜まりになるということに思いが至らなかった。いや、トランプをしている背中が雪で押されるようになったので、そこが吹き溜まりだということにはすぐに分かった。だからこそ、30分おきに雪かきする当番を決めて就寝したのである。

正しい判断は、吹雪が始まってすぐに撤退を決め、まだ視界が利き、雪も降り積もらないうちに半ピッチ引き返して安全な場所にビバークすることだった。あと1ピッチ進めば予定の幕営地である冷池山荘に着く。とはいえ、前方の視界が利かない稜線上を前進すれば雪庇を踏み抜いて滑落する可能性があったので、それはあり得ない選択だった。私はトップを交替して慎重に前進し、風の穏やかな場所を見つけてそこにビバークすると決めたが、その際、無意識のうちに、その日の幕営予定地であった安全な場所から遠ざかることへの恐怖を感じていたのかもしれない。

第二のミスは、2日間の深雪のラッセルでようやく稜線に出た翌日に、吹雪の稜線上でビバークする羽目に陥った結果、パーティーが心身ともに消耗していたことに思いが至らなかったことである。起きられず、雪かきができなかった当番は新人だった。体力、雪山技術ともに申し分ないと判断して春合宿への参加を認めたのは私だったが、パーティーが同じ危機的状況に見舞われている中で、彼がリーダーの私や他の上級生に比べてはるかに消耗していたことに思いが至らなかった。

正しくは、リーダーの私や上級生を中心に雪かきのローテーションを組み、彼を含めた新人2名はゆっくり眠らせるべきだった。当の本人は、自分のせいでパーティーが窒息死・圧死しかけたショックで落ち込んでいたが、本当の責任は判断を誤ったリーダーの私が負うべきものだった。

第三のミスはパーティーの人選にあった。春の後立山は、いったん悪天候に見舞われれば厳冬期の状態に戻ってしまうことは春山の常識としてわきまえていた。だからこそ、体力、冬山技術ともに申し分ない部員をメンバーに選んだつもりだった。寝過ごした新人は同期の中で抜群の体力と技術を持っていた。入会以来ほぼ1年の間に60日、10回以上の山行に参加した経験もあった。しかし、今回ほどの悪天候に見舞われた経験はなく、その意味では未熟だった。

なぜ彼をメンバーに加えたのか？　4月になればリーダー学年の三年生は進級と同時に引退し、就職活動や国家試験の準備に専念する。春合宿の目的の一つは有望な新人をリーダーとして養成することだった。1年後のリーダー候補として彼を抜擢したのはリーダーの私である。その判断自体は間違っていなかったことは、1年後に彼がリーダーに選ばれ、立派に務め上げたことで証明されている。

どのような組織であれ、OJTを通じて新人に経験を積ませ、次第に困難なタスクを課していく中で将来のリーダーを選抜し養成するのは人事管理の常道である。東大法学部山の会もそうやって新人の育成を行ってきたし、私を含めた歴代のリーダーもそのように育てられた。その意味で、彼をメンバーに加えた私の判断は、それ自体としては間違っていなかったかもしれない。しかし、彼を含めたパーティー全体の経験と体力、技量では対応できないかもしれない今回のような危機的状況は想定していなかった。その点にリーダーとしての私の甘さがあった。なぜか？

先に書いたように、私は新人として参加した夏合宿で鹿島槍や五竜岳を含む後立山を縦走し、この山系に強く惹き付けられた。人は同じ北アルプスで最も人気の高い槍穂高を「表銀座」と呼ぶが、後立山は「裏銀座」と並び称せられ、入山者こそはるかに少ないが、槍穂高にも劣らない登山者の憧れの対象である。私はそれまでに何度もそこに足を運んだ。急峻な岩稜を時には鎖やザイルの助けを借りながら通過する爽快な夏山、秋の紅葉、春山の雪と岩の静寂、そして季節を問わず神々しいまでの朝焼けと夕焼け。後立山は私を魅了し続け、私はその魅力を繰り返し仲間と語り合った。新人の中から将来のリーダー候補として白羽の矢を立てた彼にも、春の後立山の魅力を体験させたいという強い思いが私にあり、彼もそれに応えて喜び勇んで山行に参加したのだった。

山の会に入会して6年（大学院入試に失敗して留年し、私は5年かけて法学部を卒業した）、通算３００日以上を山で過ごした私は、これほどではないにせよ、一つ間違えば命を落としていただろう危険な目に何度も遭っていた。日本の近代登山草創期に「伝説の単独行者」と呼ばれた加藤文太郎《かとうぶんたろう》が、風雪中の登攀《とうはん》で低体温症のため命を落とした槍ヶ岳北鎌尾根《きたかまおね》を夏に登った時は、三俣山荘《みつまたさんそう》から赤沢《あかざわ》を経て尾根の取っ付きまで下る伊藤新道が予想以上に荒れており、固定された金属ロープの上をこれも固定されたナイロンロープ2本を頼りに渡る危険な渡渉を何度も繰り返し、心身ともに消耗した。残雪期の飯豊山系《いいでさんけい》の縦走でパーティーのトップを務めていて、アイゼンを付けていなかったために固い残雪で足を滑らせて20メートルほど滑落したこともあった。いずれも、一つ間違えれば死亡事故につながっていただろう。

東大法学部山の会は、１９５５（昭和30年）に、「法学部砂漠」と呼ばれた詰め込み教育とがり勉の学生生活に物足りない法学部の有志が、学部の自治会（緑会）で呼びかけて設立された。それ以来、無雪期の縦走と夏の沢登り、残雪期の山行を中心に活動してきた。格段の体力と技量が求められる岩登りや厳冬期の山行には手を出さないアマチュア大学サークルであるが、それでもこれまでに3件の遭難死亡事故を起こしている。夏の南ア北岳池山吊尾根《きただけいけやまつりおね》での転落死亡事故、6月の朝日岳大鳥川《あさひだけおおとりがわ》渡渉中の溺死事故、残雪期の富士山での滑落死亡事故の3件である。幸い私が現

穂高岳にて筆者（2018年9月）

役でいた間に事故はなかった。しかし、過去の事故で命を落とした先輩の家族の嘆きについては、先輩から繰り返し聞かされてきた。

標高数百メートルの夏の低山でも、急な雨にたたられて凍死する登山者が出ることがある。まして、3月の後立山の縦走となれば、その危険度は計り知れない。万一に備えて、入念に計画を練り、パーティーを選び、訓練し、装備・食糧も十分に用意する。万一事故が起きた時の緊急連絡先と救援のための部員も配置し、山岳保険にも加入する。以上は登山の常識であり、今回の山行でも準備にミスはなかったと思う。入山に当たって、登山口に置かれた長野県警のボックスに詳細な山行計画書とメンバーリストを提出した。今回も装備・食糧の十分な備えがあったので、ビバークを決めた時も不安は感じなかった。それでも、パーティー全員が遭難一歩手前の状態に陥ったのは、リーダーの私の危機対応に複数のミスが重なったためである。

他方で、この山行で遭難者を出さず、ビバークの後に鹿島槍ヶ岳、五竜岳を経て無事下山できたことを考えれば、「吹雪によるフォーストビバーク」という危機を乗り切ることができたと言えるかもしれない。それは、入念な計画と適切なパーティーの人選と訓練、十分な装備・食糧といった準備段階に手落ちがなかったことによるところが大きい。それに加えて、実際に危機的状況に陥ってからの私の対応が、上記のいくつかのミスにもかかわらず、いずれも致命的なミスにはつながるものではなかったことによる。吹雪に見舞われてトップが前進できなくなったときに、トップを交替して慎重に進み、ビバーク地を見つけられたこと、ビバークしたテントで気象通報を聞き、2日すれば吹雪も収まると判断したこと、ビバーク地が吹き溜まりと分かってから、就寝前に交替で起き出して雪かきする当番を決めたこと、これらはいずれも山行のリーダーを務めた私が下した判断であり、それらは当面の危機に対する対応としてはそれなりに合理的なものであったと思う。

危機に直面した場合にリーダーが下す判断は、危機対応において決定的に重要である。この体験から私が学んだリーダーの危機対応の要諦は三つある。第一に、今、自分の置かれた状況が危機であることを認識すること。吹雪でトップが前進できなくなったとしても、それを危機と認識せず、そのまま前進していればさらに重大な危機（トップの滑落）を招いたかもしれない。第二に、危機を認識したら、得られる限りの情報と情勢を踏まえて最善と判断する対応をとること。トップを交替して前進し、風の弱い場所を見つけてビバーク地と決めたこと、気象通報に基づいてビバークの期間を決めたこと、就寝前に雪かきの当番を決めたこと、危機の経過の中で私が下したこれらの判断は、結果として遭難というさらに重大な危機を回避したという意味で、適切であったと思う。第三に、以上の前提として、危機対応においてリーダーが冷静で合理的な判断を下す精神的・体力的な余裕を保ち続けること。以上は、危機対応の要諦というのもおこがましい「常識」に属することかもしれない。しかし、これらを実際の危機対応で実践できたことは私にとってとても良い、また幸運な体験であったと思う。

鹿島槍ヶ岳の山行から40年近く経つ。今でも昔の山仲間と会えばあの時の話が出て盛り上がる。私は今でも登山を続けている。来年あたり、久しぶりに後立山に足を伸ばしてみようかと思う。

第12章　教育、家族、危機

——学校に対する評価の社会経済的差異とその帰結

藤原　翔

【確率・意識】

〈本章への視座〉

①社会における格差の存在が、日常生活に関わる危機として捉えられたとき、個人や家族はいかなる選択を行うのか。藤原論文では、社会経済的背景による進路や教育達成の差異発生メカニズムを、個人と家族による危機対応という視点から論じる。

②中学生とその母親に対する調査を用いた分析からは、大学と高校の進学に関する評価の差が、多くの場合、子供の社会経済的背景によって生じていることが明らかにされる。なかでも有利な出身階層にとって、高卒でとどまることは「遠い」選択になっている。

③大学進学は、有利な階層にとって家族の社会的地位を維持するための必要戦略と位置付けられる。一方、不利な階層が目標なき大学進学を不要な選択と意識することで、進学という家族個別の危機対応が、結果的に分断の拡大という社会的危機を生んでいる。

一　はじめに

人々が不安に思う危機としては、自然災害や経済的危機などがある。しかし、子供を持つ親や子供自身は、自然災害や経済的危機だけではなく、そもそも子供がどのように社会へと巣立ってゆき、どのような職業、そしてどのような生活を行っていくのかに関心があるだろう。親の場合を考えるなら、子供に様々な希望を抱きつつも、果たして、大学に行かせてやることができるだろうか、安定した職業につけるのか、さまざまな悩みの中で、子供と親は戦略的に行動し、選択を行う。あるいは、そもそも子供を大学に行かせるほどの余裕がない、あるいは、子供は社会で安定した職業につくことは難しいと考えるのであれば、人々は子供を持つこと自体を控える可能性もある。子供が安定した職業につくことができないと考えるのであれば、子供を持つこと自体がリスクを抱えることになるのである。子供にとっても、将来像を描こうとしても、希望よりも不安が、何かにチャレンジするよりも危機をいかに回避するのかが、まず意識されてしまうかもしれない。親の職業的地位よりも子供の職業的地位が高くなる上昇移動は減少する一方で（1995年に41・1%だったものが、2015年では35・6%）、親の職業的地位よりも子供の職業的地位が低くなる下降移動が増加し（1995年に11・8%だったものが、2015年では17・2%）（Ishida 2018）、不安定な雇用が増えた上に、教育に対する経済的負担が大きい日本社会であれば、なおさらだろう。(1) このような中で、個人および家族は戦略的に行動・選択したり、あるいは何もしなかったりする。それらは家族の社会経済的状況によって異なっており、そして様々な行為・選択の積み重ねの結果、子供の進路、職業、収入の社会経済的差異が現れてくる。

日本社会において、生徒の進路希望に対して親の学歴や職業、あるいは世帯の収入といった社会経済的背景が影響を与えていることは、教育社会学的研究によってこれまで繰り返し示されてきた（尾嶋 2002、片瀬 2005）。社会経済的に有利な家庭出身の生徒が、より高い学歴を得ようとし、一方で不利な家庭出身の生徒が、高校卒業後に進学しない傾向があるという事実は、教育機会の不平等と結びつくため、格差や不平等を対象としてきた社会階層研究にとっても重要な研究テーマである。そこには、18歳時の進路選択がその後のライフコースに大きな影響をもたらすことから、社会経済的地位の世代間の継承という社会的不平等の原因のひとつに、教育機会の不平等があるという関心も含まれている。成人を対象とした大規模社会調査データからも、教育達成の社会経済的差異が、多少の強弱の変化を伴いながらも、長期的に存在し続けていることが繰り返し示されているし（近藤・古田 2009）、日本における社会経済的差異はアメリカやイギリスなどよりも少し大きいという報告もある（石田 1999）。

ではこのような進路や教育達成の社会経済的差異は、収入や貯蓄のような経済的な問題なのかといえばそれだけではない。もちろん家庭の経済的状況は、子供の進路希望と関連している。しかし、家庭の経済的状況が同じ程度であっても、親の職業や学歴が子供の進路希望と関連をもっている。図12－1は、年間世帯収入別にみた親職業（ここでは父親の職業）や親学歴（父と母の学歴の組み合わせ）と、中学三年生の子供の大学進学希望との関連をみたものである。図12－1からは、親の職業や学歴がどのようなものであっても、一般的に世帯の年収が高い家庭のほうが、子供が大学進学を希望する確率は高くなる。しかし、世帯年収別にみると、例えば父親職業が専門・管理や事務職・営業職などのノンマニュアルであると、熟練・半熟練マニュアルや非熟練マニュアル・農業といった製造・サービス・労務が主な職業であるよりも、子供が大学進学を希望しやすいことがわかる。親の学歴についても同様であり、世帯年収別でみても、子供の大学進学希望に親学歴による差が見られ、親の学歴が高いほど、子供が大学進学を希望しやすい。

では、この差はどのようなメカニズムによって生じているのだろうか。このような古典的な社会階層論における問いを、個人および家族の個別の危機対応という視点から論じるのが本章の目的である。

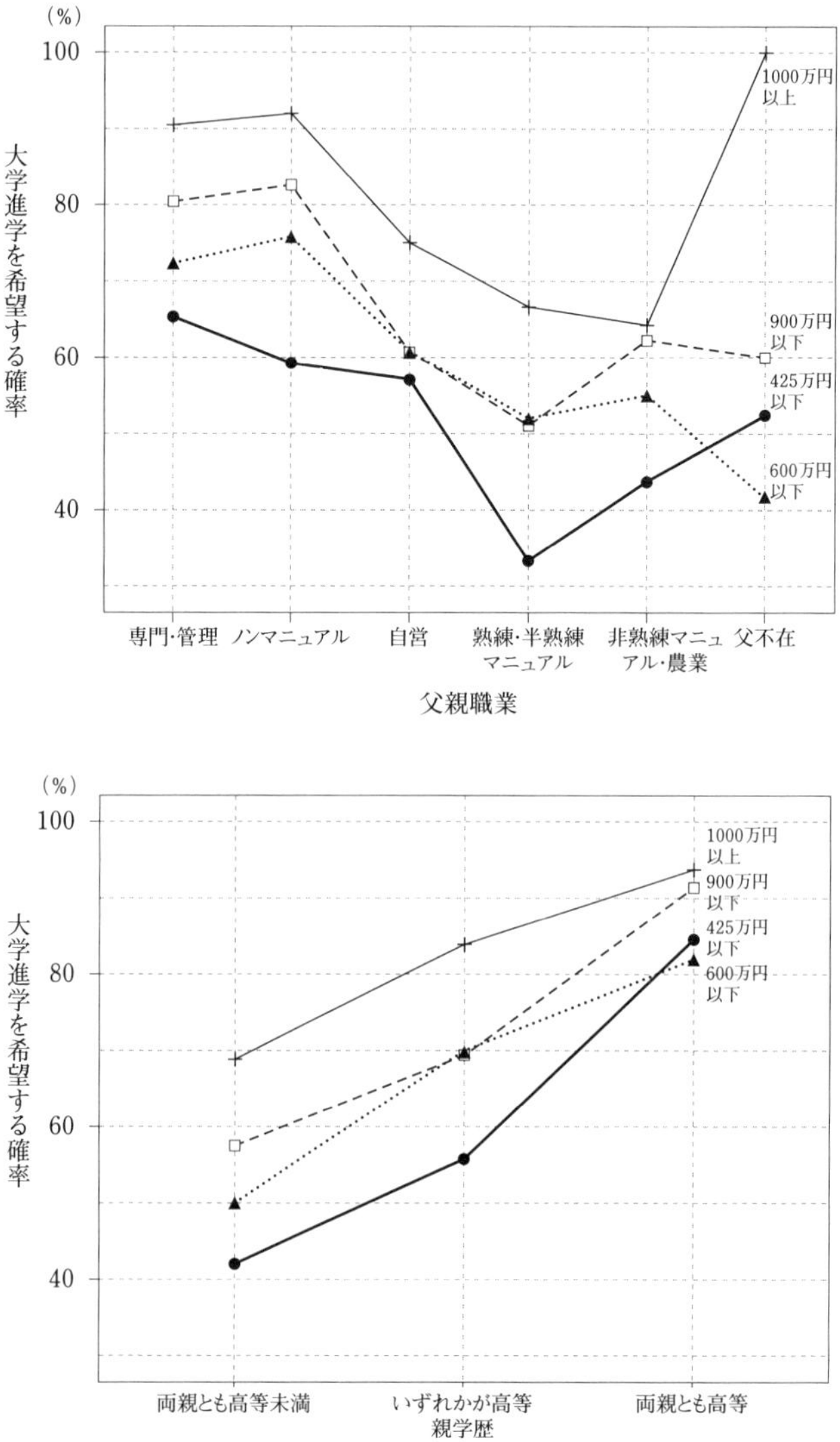

図 12－1　年間世帯収入別にみた親学歴，父親職業と中学3年生の子供の大学進学希望の関連

出所）中学生と母親パネル調査（JLPS-J）.

二　なぜ差がみられるのか——親と子供の危機対応

社会経済的背景による教育達成の差異を説明する理論は様々ある（荒牧 2016、古田 2011）。ここでは、教育選択の社会経済的な差異が生じるメカニズムを明らかにする上で、近年欧米の社会階層研究を中心に関心を集めているBreen and Goldthorpe（1997）の提唱したモデル（以下、BGモデル）を検討する。BGモデルは合理的選択（行為）理論をベースとしており、個人の進路選択は、それら進路がもたらすと考えられる主観的な効用に基づくと仮定される。そしてその効用は、（1）ある進路を選んだ際の勉強・卒業面での成功の見込み、（2）その進路選択に伴うと考えられる負担、（3）その進路が親と少なくとも同等の社会経済的地位達成あるいは下降移動回避につながるという便益（相対的リスク回避）の三つの要素から決定される。これら三つの要素が行為者としての個人あるいは家族のおかれている社会経済的な位置（社会的位置）によって異なり、それがミクロな異なる教育選択を導くことで、結果としてマクロな水準での教育達成の社会経済的な差異、つまり教育機会の不平等となって現れてくるのである。

特にBreen and Goldthorpe（1997）が強調するのが、相対的リスク回避（relative risk aversion）である。これは、どのような背景の子供や親であっても、子供が親の職業的地位と同程度かそれ以上になることを同程度に希望しており、職業的地位の下降移動の可能性が最小となるような教育の選択を行うという仮説である。下降移動は現在の社会的地位からの下落を意味し、経済的・社会的・心理的な損失となる。しかし、何が下降移動となるのかは、個人が置かれている社会的地位によって異なってくる。高い社会経済的背景出身の子供、例えば親が専門職の子供にとっては、親と同程度かそれ以上の地位を達成し下降移動を回避することは、専門職あるいは同程度に有利と考えられる管理職につくことを意味する。そして、専門職や管理職になるためには、一般には大学や大学院のような高い学歴が必要と考えられている。したがって、高い社会経済的背景出身の子供は、下降移動を避けるためには高い学歴を得る必要がある。一方で、低い社会経済的背景出身の子供、例えば親がマニュアル職の子供にとっては、親と同程度かそれ以上の地位を達成し下降移動を回避するためには、専門職や管理職につく必要はなく、ノンマニュアル職やマニュアル職でも問題はない。もちろん上昇移動は魅力的かもしれないが、マニュアル職につくことでも現在の地位は維持可能であるため、無理して高い学歴を得る必要ない。むしろ進学した後に失敗して（例えば中途退学など）、より不安定な職業へつく可能性あるいは失業してしまう可能性が高くなるのであれば、成功の見込みの低い進路の選択は避け、高校卒業後は学校に行かずに就職をする。このように、教育達成に社会経済的背景による差異があるのは、教育に対する文化的な価値・規範が社会経済的背景によって異なるからではなく、学歴の持つ意味・便益が社会経済的背景によって異なるからというわけである(2)。

少なくとも現在の地位は維持し、下降移動という家族あるいは個人に生じうる危機（経済的・社会的・心理的損失）を回避しようとすることが、結果として不平等（マクロレベルでの損失や危機）となって現れてくるというアイディアは、危機に備え、対応しようとする人々の様々な行為・選択の違いのメカニズムを説明する上で、またそのマクロな帰結を考える上で、重要な視点のひとつである。

三　リサーチクエスチョンと方法

1　リサーチクエスチョン

このような欧米産の理論を日本の事例にそのまま当てはめることはできないかもしれないが、Breen and

Goldthorpe（1997）のモデルからは、次のようなリサーチクエスチョン（ＲＱ）を導くことができる。(3)

ＲＱ１―大学と高校に対する負担、便益、成功の見込みについての評価はどの程度か

ＲＱ２―評価の差は、子供の社会経済的背景によって異なるのか

ＲＱ３―負担、便益、成功の見込みに関する評価は子供の大学進学希望や大学進学に対する意識とどのように関連しているのか

これらのリサーチクエスチョンに対する答えを計量的分析から示し、日本社会における社会経済的背景による教育達成の差異のメカニズムを考える上での視点を提供したい。

２　方法

リサーチクエスチョンを検討するために、「中学生と母親パネル調査」から得られたデータを用いる。これは、中澤・藤原編（２０１５）の後継プロジェクトとして行われた調査であり、東京大学社会科学研究所の東大社研パネル調査プロジェクトのひとつであるＪＬＰＳ‐Ｊとして位置づけられる。２０１５年10月から２０１６年１月に、調査会社の保有する登録名簿に含まれる中学三年生（２０１５年８月現在で中学三年生男子８１２６名、女子７８５２名、計１万５９７８名が登録されている）とその母親の合計４１１７ペアに調査票を郵送し、２０１６年１月までに合計１８５４ペア（回収率45・０％）からの有効回答を得た。調査の詳細については、藤原（２０１６）を参照されたい。なお、２０１７年12月～２０１８年１月にかけて、２０１５年調査で有効回答の得られた親子１８５４ペアに対して追跡調査が行われており、１４９６ペア（回収率80・７％）からの有効回答を得た。

教育や学歴に対する態度や意識は様々に存在する（藤原 2018）が、ここではいくつかの学校に対する評価についての変数を用いる。「中学生と母親パネル調査」では、高校、専門学校、短大、大学のそれぞれの評価について以下のような質問を設けている。まず高校についての評価は、以下のような質問をしている。

問　もしあなたが最後に行く学校が高校（卒業後は就職）までだと想像してみてください。その時、以下の（ア）～（ク）のことについてどのように思いますか。「非常にそう思う」場合を7、「まったくそう思わない」場合を1として、あてはまる番号に○をつけてください。

学校に対する評価についての項目

（ア）入学から卒業までの経済的負担が大きい
（イ）社会的な評価が得られる可能性が高い
（ウ）親と同じくらいかそれ以上の地位の職業につける可能性が高い
（エ）つきたい職業につける可能性が高い
（オ）収入のよい仕事につける可能性が高い
（カ）評判のよい仕事につける可能性が高い
（キ）高校の勉強は難しくてついていけない
（ク）高校を卒業するのは難しい

（ア）については高校を卒業するまでの経済的負担、（イ）から（カ）までは高校を卒業することで得られる社会経済的な便益、（キ）と（ク）はその高校を無事に卒業できるのかという成功の見込みに関する評価として扱う。回答選択肢の1~7の数字を得点として扱うと、経済的負担や便益については、値が高いほどそれらが高く、成功の見込みについては、値が高いほどその見込みが低いことを示している。このような質問を、高校だけではなく、短大、専門学校、大学についてもたずねている（順番は、高校、短大、専門学校、大学）。本章では分析をシンプルにするために、高校と大学についての評価のみを用いて分析を行う。

RQ3の大学進学希望に関する従属変数としては、大学進学希望と大学進学に対する意識に関する項目を用いる。大学進学希望については、「あなたは将来、理想的にはどの学校まで進みたいですか。以下のうちからあてはまるもの1つに○をつけてください。」という質問で、「大学まで」と「大学院まで」と回答したケースを1、それ以外を0としたダミー変数を作成した。また、大学進学に対する意識については、「あなたは以下のような意見について、どのように思いますか。あなたの考えに最も近いもの1つに○をつけてください。」「やりたいことがないのに、大学に進学するべきではない」という質問に対する、「1．そう思う」「2．ややそう思う」「3．どちらともいえない」「4．あまりそう思わない」「5．そう思わない」という選択肢への回答を用いる。値が大きいほど、やりたいことがないのに大学に進学することに賛成であり、値が小さいほど、反対であることを意味する。

これら変数と関連するものとしては、父親の職業（専門・管理、ノンマニュアル、自営、熟練・半熟練ノンマニュアル、非熟練ノンマニュアル・農業、父親不在）、親学歴（父と母の学歴の組み合わせ、不在の場合は高等教育未満扱い）に加えて、女性ダミーと世帯年収（自然対数）を用いた。

四　結果

1　大学と高校に対する負担、便益、成功の見込みについての評価

まず、大学と高校に対する負担、便益、成功の見込みについての評価がどの程度かを明らかにする。質問で用いられた1～7を評価の得点として用い、大学と高校についての評価の平均値を親学歴別に示したのが図12－2である。

「(ア) 入学から卒業までの経済的負担が大きい」を例にみると、高校よりも大学のほうで負担が大きいと考えている。また、親の学歴による評価の差がみられ、親の学歴が高い子供のほうが、高校と大学のどちらについても負担が小さいと考える傾向にある。一方で、「(イ) 社会的な評価が得られる可能性が高い」では、高校よりも大学のほうで社会的な評価が得られる可能性が高いと考えている。親の学歴による評価の差についてみると、親の学歴が高い子供は、高校では社会的な評価が得られる可能性が低いと考える傾向にある。しかし、大学については親の学歴による評価の差はみられず、同程度に社会的な評価が得られる可能性を高く考えている。これは、(イ) だけではなく、(ウ)、(エ)、(オ)、(カ) の社会経済的便益に関する評価については、同様の傾向が見られる。近藤 (2002) は、日本では教育がもたらす便益の認識に社会経済的背景による違いがないことを指摘したが、確かに大学進学によって得られる便益については、この指摘は当てはまる。大学に進学したからといって、安定的で経済的に恵まれた職業に誰もがつけるわけではないが、一般に大学に対する評価は高く、多くの人々がその価値を認めており、そこに社会経済的背景による評価の偏りは見られないのである。

また「(キ) (その学校) の勉強は難しくてついていけない」や「(ク) (その学校) を卒業するのは難しい」といった、

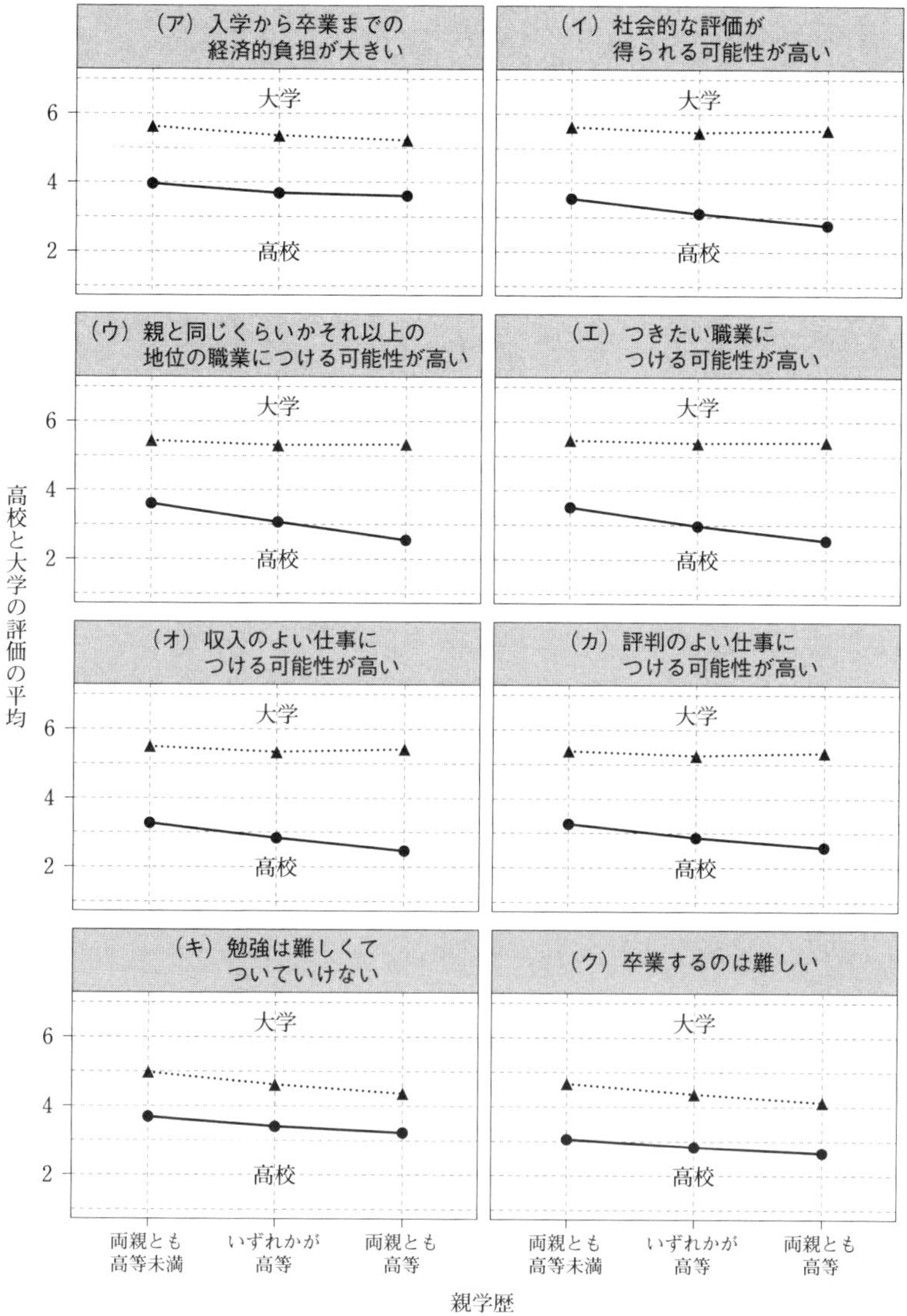

図 12－2　親学歴別にみた大学と高校の評価の平均

注）親学歴による高校についての評価の差は，すべての項目について統計的に有意である．親学歴による大学についての評価の差は，（ア），（キ），（ク）のみが統計的に有意である．なお，1から7点をそのままのカテゴリとして用いた場合でも，学歴とカテゴリへの回答傾向の関連は本図で確認したものと同様の傾向を示し，統計的な検定の結果も同様の結論を導く．

出所）中学生と母親パネル調査（JLPS-J）．

成功の見込みに関する評価については、高校よりも大学のほうが成功の見込みが低く、また親の学歴が高いほうが、勉強や卒業の難易度を低く考える（成功の見込みが高い）傾向があった。

このようにしてみると、親学歴によって、高校と大学の評価に差のある評価と、差のない評価があることがわかる。図12-3は、親学歴別にみた大学と高校の評価の差の平均を示したものである。これは、高校と比較した場合の大学の相対的な評価が、親学歴によってどのように異なっているのかを示している。すると（ア）の経済的な負担や（キ）や（ク）の勉強や卒業の難易度には親学歴による差が見られないが、（イ）から（カ）の大学の相対的な便益については、親学歴によって異なり、親の学歴が高いほうが、大学に進学することで得られる便益が高いと考える傾向がある。(4)

このような大学へと進学することについての相対的な評価の高さの違いは、図12-2で示されるように、親学歴によって大学への評価が異なるのではなく、親学歴が高ければ、高校卒業だけでは社会経済的達成が低くなると考えていることによってもたらされているわけである。

なお、親学歴だけではなく、父親の職業についても同様の傾向が見られ、（ア）の経済的な負担や（キ）や（ク）の勉強や卒業の難易度には、父親職業による差はない。しかし、（イ）から（カ）の大学の相対的な便益については、父親職業による差が見られた。具体的には、専門・管理出身やノンマニュアル出身では、大学に進学することで得られる便益が高いが、自営、熟練・半熟練、非熟練・農業では、それが低い傾向がある。

この傾向を重回帰分析で確認した結果を示したのが、表12-1である。親学歴と父親職業に加えて、女性ダミーと世帯年収（自然対数）を共変量として加えている。すると、図12-2や図12-3で確認したように、（ア）の経済的な負担や、（キ）や（ク）の勉強や卒業の難易度には、社会経済的背景による偏りがほとんどみられない一方で、（イ）から（カ）の大学の便益に関する相対的な評価については、社会経済的背景による差がみられ、親学歴や父親職業が、

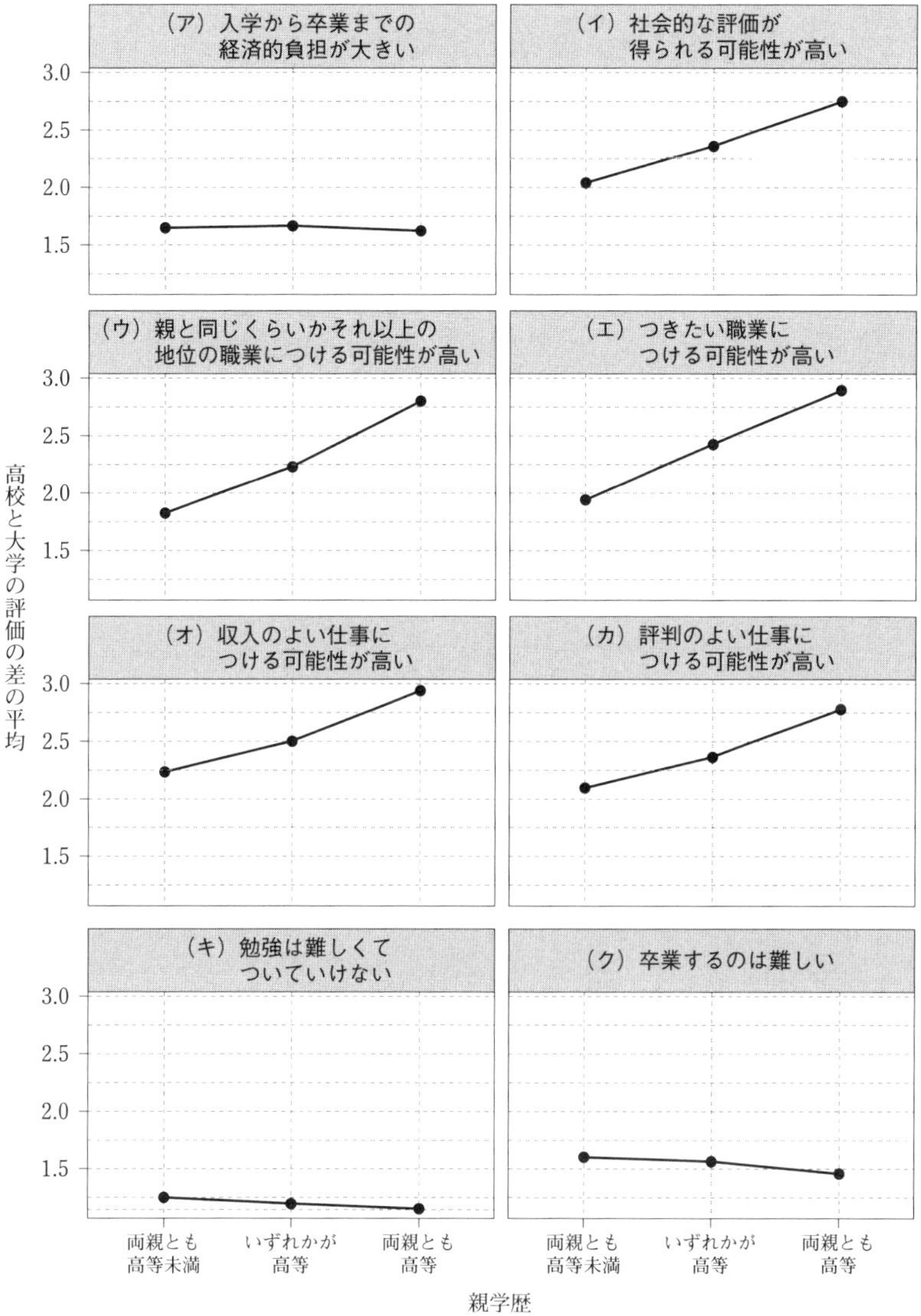

図 12－3　親学歴別にみた大学と高校の評価の差（大卒－高卒）の平均

注）大学と高校の評価の差の平均に関しての親学歴による差は，（ア），（キ），（ク）は統計的に有意ではなく，（イ）から（カ）は統計的に有意である．

出所）中学生と母親パネル調査（JLPS-J）．

表 12－1　大学と高校の評価の差（大学の相対的な評価）を従属変数とした重回帰分析

	（ア）入学から卒業までの経済的負担	（イ）社会的な評価が得られる	（ウ）親と同じくらいかそれ以上の地位の職業	（エ）つきたい職業につける	（オ）収入のよい仕事につける	（カ）評判のよい仕事につける	（キ）勉強は難しい	（ク）卒業するのは難しい
女性ダミー	−0.004	0.188*	0.263**	0.379***	0.397***	0.410***	−0.173*	−0.037
親学歴（基準：両親とも高等未満）								
いずれかが高等	−0.002	0.187	0.277*	0.395**	0.156	0.161	−0.071	−0.028
両親とも高等	−0.066	0.441***	0.686***	0.751***	0.429**	0.428**	−0.131	−0.140
出身階級（基準：専門・管理）								
ノンマニュアル	−0.117	−0.179	−0.088	−0.182	−0.239	−0.316*	−0.277*	0.022
自営	−0.168	−0.322+	−0.385*	−0.427*	−0.516**	−0.437*	−0.031	0.101
熟練・半熟練	−0.081	−0.204	−0.301+	−0.315+	−0.233	−0.361*	0.108	0.095
非熟練・農業	−0.111	−0.632***	−0.377*	−0.639***	−0.600***	−0.576***	0.052	0.022
無回答・不明	−0.175	0.009	−0.078	0.246	−0.105	−0.049	0.029	−0.185
父不在	−0.156	0.067	0.146	0.089	−0.044	0.016	0.168	0.309
世帯年数（自然対数）	0.007	0.244**	0.292**	0.078	0.180+	0.168+	0.148+	0.078
切片	1.693**	0.685	0.102	1.533*	1.234+	1.158+	0.440	1.075+
サンプルサイズ	1,770	1,771	1,772	1,774	1,772	1,762	1,766	1,772
R2 乗	0.001	0.040	0.054	0.054	0.041	0.041	0.010	0.003

注）$^{+}p<0.10$, $^{*}p<0.05$, $^{**}p<0.01$, $^{***}p<0.001$.
出所）中学生と母親パネル調査（JLPS-J）.

それぞれ相対的な評価と関連している。親学歴が高いほうが、大学の社会経済的便益に関する相対的な評価は高く、非熟練・農業であれば、大学の便益に関する相対的な評価が低い。また世帯年収も相対的な評価と関連しており、世帯年収が高いほうが、大学の便益に関する相対的な評価を高く感じている。これは、世帯収入の高い家庭の子供は、将来的にもその水準を維持するためには高校卒業だけでは不十分だと考えているためだと考えられる（注2も参照）。

2　負担、便益、成功の見込みに関する評価と子供の大学進学希望や大学進学に対する意識との関連

それではこのような評価が、子供の進路選択にどのように影響を与えるのかを分析しよう。ここでは中学三年生の子供がその2年後に、（1）大学進学を希望しているかどうかと、（2）やりたいことがないのに大学に進学すべきでないと考えているのかどうかの二つの従属変数を検討する。独立変数としては、これまで使用してきた（ア）から（ク）までの高校と大学の評価の変数を用いる。ただし、（ア）を負担、（イ）から（カ）までの加算得点（尺度の信頼性を示したアルファ係数は0・94）を便益、そして（キ）と（ク）を反転させた後の加算得点（アルファ係数は0・82）を成功の見込み（勉強や卒業が簡単であること）に関する項目とした。そして、高校と大学の評価を平均した絶対的な評価についての変数と、高校と比較した場合の大学の相対的な評価についての変数を用いる。それぞれの変数は平均0、標準偏差1となるように標準化を行った。

絶対的な評価は、高校と大学どちらについても平均的に、負担、便益、成功の見込みが高いのかを示している。不利な社会経済的背景出身だと平均的には負担や便益は高く、成功の見込みは低くなると考えられる。そして、負担が小さい場合や成功の見込みが高い場合に、子供は大学進学を希望しやすいと考えられる。相対的な評価は、高校と比較して大学の負担、便益、成功の見込みが高いのかを示している。大学の相対的な便益が高ければ、大学進学を希望

する傾向があると考えられる。

分析にはロジスティック回帰モデルを用いた。モデル1は、女性ダミー、親の学歴、父親職業、世帯年収といった社会・経済的要因に関する変数を独立変数とした投入したものであり、基本的な社会経済的差異を示すためのモデルである。そしてモデル2は、負担、便益、成功の見込みについての絶対的評価と相対的評価の変数をモデル1に追加している。これによって、絶対的評価と相対的評価が子供の進路選択とどのように関連しているのかだけではなく、モデル1で示された社会経済的差異が、追加した変数によってどの程度説明されるのかを明らかにすることはできる(ただし、後に説明するように直接的な検討はできない)。

表12－2はこれら二つのモデルから推定された係数を、二つの従属変数についてそれぞれ示したものである。まず、大学進学希望について、モデル1の結果を見ると、女性ダミーの係数はマイナスであり、女子のほうが男子よりも大学進学を希望しにくい傾向がある。また、親の学歴が高いほうが、大学進学を希望しやすい。父親職業については、専門・管理出身と比較して、熟練・半熟練出身や非熟練・農業出身で、係数が有意にマイナスの値をとっており、大学進学を希望しにくい傾向がある。世帯年収については、年収が高いほど大学進学を希望しやすい。これは、図12－1で観察された傾向と一致する。大学進学率が拡大した今日においても、大学進学希望には社会経済的な差異が存在している。

モデル2では、絶対的評価については、便益がマイナスで成功の見込みがプラス、相対的な評価については、便益がプラスとなっている。モデル2をもとに、高校と大学の評価に関する変数が、大学進学希望とどのように関連しているのかを図12－4に示した。縦軸は高校二年時の大学進学希望確率であり、横軸は負担、便益、成功の見込みについての評価である。絶対的な評価については、便益が高いほど大学進学確率が低くなる傾向があり、成功の見込みが高いほど、大学進学確率が高くなる傾向がある。これは、高校と大学のどちらの学校についても便益が高いと答える

表 12－2　大学進学希望（高校 2 年時）と社会経済的背景および大学と高校の評価の差との関連に関するロジスティック回帰分析の結果

	大学進学希望			やりたいことがないのに大学進学に賛成		
	モデル 1	モデル 2	説明割合（%）	モデル 1	モデル 2	説明割合（%）
女性ダミー	−0.579***	−0.703***	−8.9	0.042	0.028	23.7
親学歴（基準：両親とも高等未満）						
いずれかが高等	0.701***	0.544***	29.8	0.175	0.125	32.1
両親とも高等	1.890***	1.712***	15.3	0.350**	0.268*	24.0
出身階級（基準：専門・管理）						
ノンマニュアル	0.015	0.059		−0.208	−0.190	6.7
自営	−0.160	−0.053		−0.243	−0.229	8.6
熟練・半熟練	−0.750***	−0.687**	16.4	−0.712***	−0.701***	2.6
非熟練・農業	−0.507*	−0.333	41.5	−0.330*	−0.283+	15.4
無回答・不明	−0.032	−0.026		−0.324	−0.308	5.4
父不在	0.250	0.370		−0.186	−0.153	18.4
世帯年数（自然対数）	0.387**	0.291*	35.0	0.168+	0.141	22.0
絶対的な評価（高校＋大学）						
負担		−0.115			−0.126*	
便益		−0.182*			−0.045	
成功の見込み		0.429***			0.016	
相対的な評価（大学－高校）						
負担		0.115			−0.038	
便益		0.491***			0.139*	
成功の見込み		0.055			0.013	
切片	−1.669+	−0.862				
閾値 1				−0.414	−0.623	
閾値 2				0.708	0.508	
閾値 3				1.913**	1.722**	
閾値 4				3.468***	3.284***	
サンプルサイズ	1,362	1,362		1,404	1,404	
疑似 R2 乗	0.140	0.205		0.012	0.015	
AIC	1,401.9	1,310.1		4,331.347	4,328.608	
BIC	1,459.2	1,398.7		4,404.806	4,433.549	

注）大学進学希望については 2 項ロジスティック回帰分析，やりたいことがないのに大学進学に賛成については順序ロジスティック回帰分析を用いた．$^{+}p<0.10$, $^{*}p<0.05$, $^{**}p<0.01$, $^{***}p<0.001$.
出所）中学生と母親パネル調査（JLPS-J）．

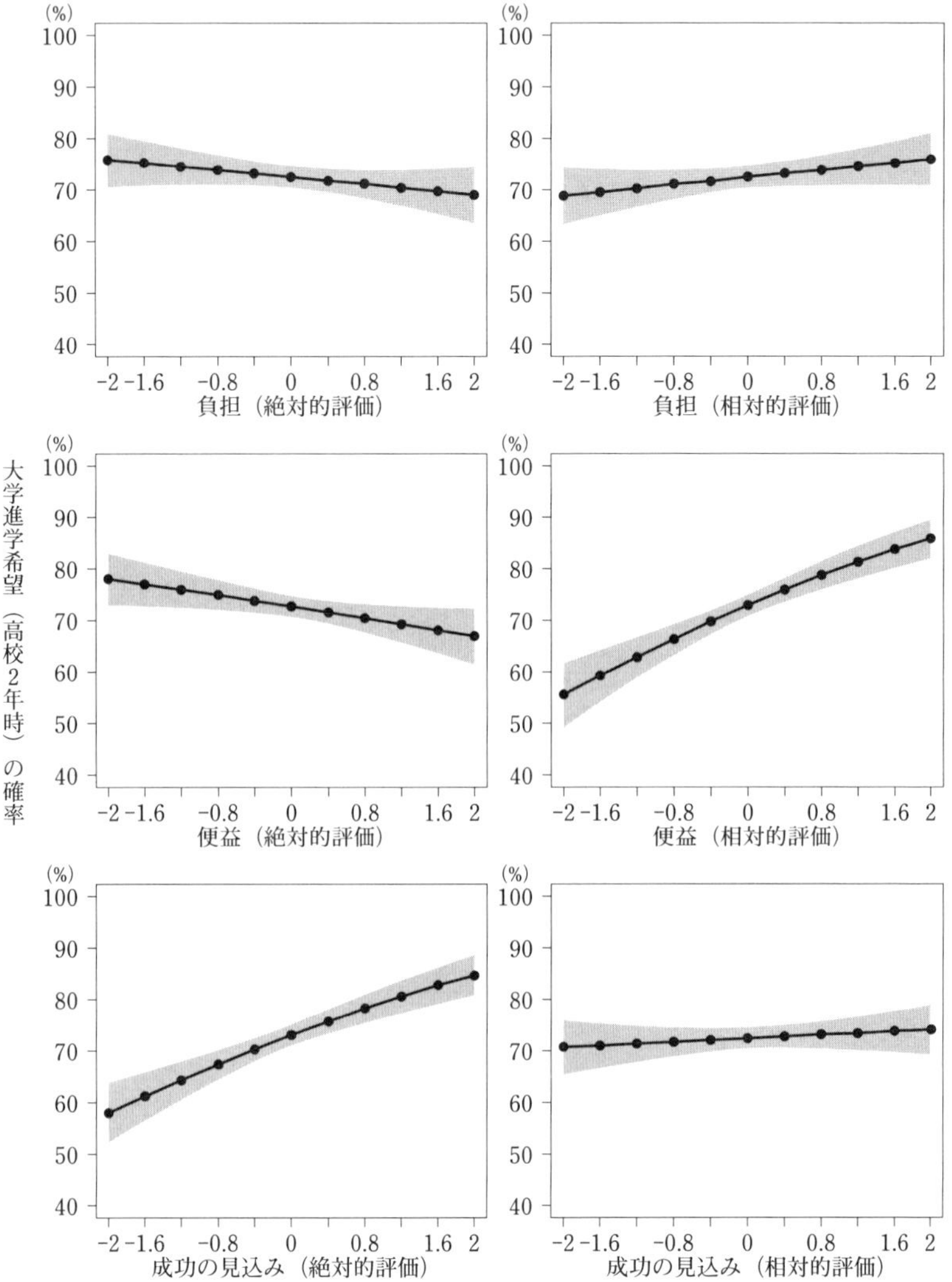

図 12 - 4　大学進学希望確率と評価との関連

注）灰色の範囲は 95％信頼区間.

出所）中学生と母親パネル調査（JLPS-J）.

場合、つまり、大学だけではなく高校に対する便益も高いと答える場合には、大学に進学しない傾向があるということを示している。そして、高校についても大学についても成功の見込みが高ければ、それだけ大学進学希望確率が高い傾向がある。経済的負担感が高くなれば、大学進学希望確率が低くなる傾向はあるものの、関連は弱く、統計的にも有意ではない。

一方で、相対的な評価については、便益のみが大学進学希望と関連していた。つまり、高校に比べて大学の便益が高いと考えていると、大学への進学を希望する傾向があるといえる。

なお、経済的負担感は、絶対的な評価においても相対的な評価においても、大学進学希望と関連していなかった。これは教育に対する負担が高く考えられており、負担を考えて大学進学を諦める場合もあれば、負担であっても大学進学を希望する両方の場合があることを反映しているのだろう。しかし、母親の経済的負担感で分析を行ったところ、絶対的な評価においても相対的な評価においても、経済的負担感は母親の子供に対する大学進学希望とマイナスの関連をもっていた。子供の経済的負担感と進路希望との明確な関連はみられないが、母親の経済的負担感は、子供に対する希望と関連しているといえる。

このような学校についての評価の項目を用いることによって、モデル1で確認された社会経済的背景による大学進学希望の差異が、どの程度説明できるのか検討したい。ロジスティック回帰分析の係数を異なるモデル間で直接比較することはできないため、表12－2の係数の変化からは説明される割合を求められない。そこで、KHB法という方法によって係数を比較可能な形にして説明される割合を示したのが、3列目の値である（Breen, Karlson, and Holm 2013）。モデル1で統計的に有意な関連が得られた変数についてのみ確認すれば、親学歴については15・3～29・8％、父親職業については16・4～41・5％、世帯年収については35・0％ほど、学校についての評価の項目がその関連を説明しているといえる[5]。決して大きくはないが、社会経済的背景が子供の大学進学希望に与える影響は、このような学校に対する評価の差異で説明されることが示された。

次に、やりたいことがないのに大学に進学すべきでないという意識と関連する変数についてみていきたい。分析では、やりたいことがなくても大学進学するという意見に対して、強く賛成と考えているほど値が高くなるようにしている。表12‐2よりモデル1の結果をみると、親学歴が高いほうが、やりたいことがなくても大学進学するという意見に賛成する傾向がある。また、父職が専門・管理にくらべて、熟練・半熟練出身や非熟練・農業出身だと係数がマイナスの値となっており、やりたいことがなくても大学進学するという意見に反対しやすい。また所得については高いほうが、やりたいことがなくても大学進学するという意見に賛成する傾向が見られる。この結果からいえることは、社会経済的背景が有利な子供は、やりたいことがなくても大学進学するという意見に賛成しやすく、社会経済的背景が不利な子供は、やりたいことがなくても大学進学するという意見に反対しやすいということである。有利な社会経済的背景の子供よりも、むしろ不利な社会経済的背景の子供が、大学に対して慎重に考えていること、あるいは有利な社会経済的背景の子供のほうが、やりたいことがなくても大学進学はしておくべきという感覚をもっているといえる。下降移動回避のためには高卒で十分であるのに、負担やリスクを引き受けて大学までいくのであれば、明確な動機が必要であることが不利な社会経済的背景の子供には要求される。しかし一方で、有利な社会経済的背景の子供にとっては、下降移動回避のためには高卒では不十分であり、明確な動機がなくてもとにかく大学に行っておく必要があるのである。

また、モデル2は高校と大学についての評価を独立変数として加えたモデルであるが、絶対的な評価について負担がマイナスであり、相対的な評価については便益がプラスであった。つまり、高校や大学教育費を負担に考えている子供ほど、目的をもって大学には進学する必要があると考えているし、高校と比較して大学の相対的便益を高く考えている子供ほど、やりたいことがなくても大学進学するという意見には賛成している。どの程度確率が変化するのか

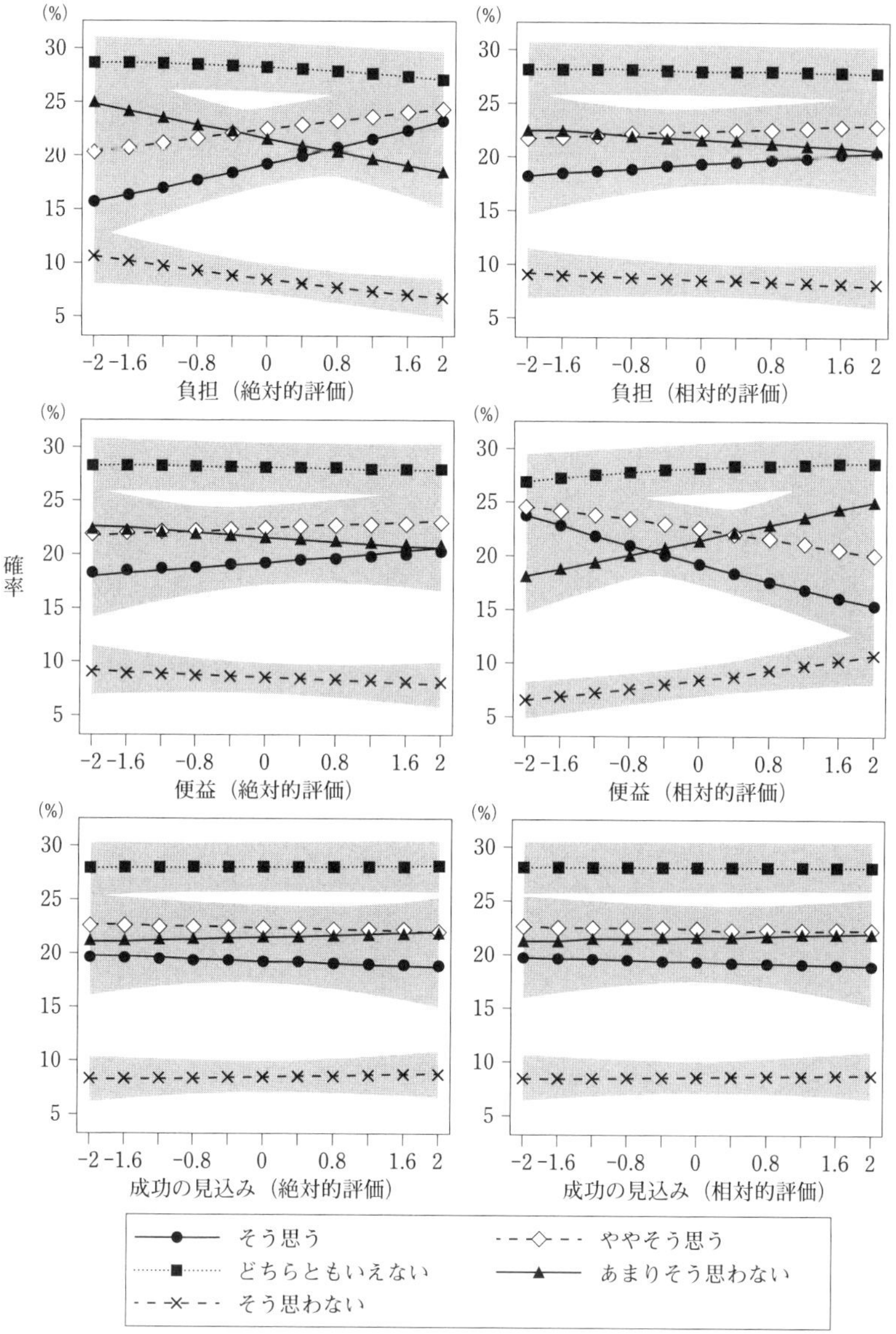

図 12‐5　やりたいことがなくても大学進学することに対する意見と評価との関連

注）灰色の範囲は 95%信頼区間.

出所）中学生と母親パネル調査（JLPS-J）.

については、図12-5に示した。縦軸は「そう思う」から「そう思わない」の5段階の回答それぞれについての確率であり、横軸は負担、便益、成功の見込みについての評価である。負担（絶対的評価）については、値が高くなるほど「そう思う」や「ややそう思う」といった賛成意見を答える確率が高くなり、「あまりそう思わない」や「そう思わない」といった反対意見を答える確率が低くなる。便益（相対的評価）については、値が高くなるほど「そう思う」や「ややそう思う」といった賛成意見を答える確率が低くなり、「あまりそう思わない」や「そう思わない」といった反対意見を答える確率が高くなる。他の評価については、その値の程度によって、やりたいことがなくても大学進学することに対する意見に変化はない（すべての線がほぼ平行になっている）。

説明割合について、モデル1で統計的に有意な関連が得られた変数についてのみ確認すれば、親学歴については24・0％、父親職業については2・6～15・4％、世帯年収について22・0％であり、高校や大学に対する評価の違いが、大学進学に対する意識の社会経済的差異をいくらか説明しているといえる。

五　おわりに

1　分析結果の要約

ここでは、教育を例に危機対応について考察した。得られた結果をまとめたい。

RQ1─大学と高校に対する負担、便益、成功の見込みについての評価はどの程度かこれについては、大学のほうが高校よりも経済的負担は大きく、勉強や卒業の難しさから測られる成功の見込みは小さいが、社会経済的便益は大きい傾向がある。

RQ2―評価の差は、子供の社会経済的背景によって異なるのか

子供の社会経済的背景によって、大学についても高校についても負担や成功の見込みは変化する。一般に社会経済的背景の有利な子供のほうが、大学についても高校についても負担は小さく、成功の見込みは高い。しかし、便益については異なる傾向を見せる。大学については、子供の社会経済的背景が有利であっても不利であっても高く回答する傾向があり、どのような社会経済的背景の子供にとっても、大学の便益は同様に高く考えられている。しかし、高校については、社会経済的背景の有利な子供のほうが便益を低く回答する傾向がある。つまり、不利な社会経済的背景の子供が大学を高く評価しないのではなく、有利な社会経済的背景の子供が高校を低く評価するのである。

したがって、相対的な視点から考えれば、高校と比較した場合の大学の負担や成功の見込みには、社会経済的背景による差はみられないが、高校と比較した場合の大学の便益については、社会経済的背景による差がみられ、それは有利な社会経済的背景の子供で高くなる傾向がある。

RQ3―負担、便益、成功の見込みに関する評価は子供の大学進学希望や大学進学に対する意識とどのように関連しているのか

大学についても高校についてもともに便益を高く考えているのであれば、それは大学進学希望とマイナスに関連し

てくる。これは高校についても便益を高く考えているのであれば、あえて大学進学する必要がないことを意味する。一方で、高校よりも大学の便益を相対的に高く考えるのであれば、大学進学希望とプラスに関連するし、やりたいことがないのに大学進学するという意見についても賛成する傾向がある。このような大学の相対的な便益の評価には社会経済的背景による差がみられ、したがって大学進学の社会経済的差異をいくらか説明している。

本章が強調したいのは、子供の進路選択の社会経済的差異を説明する上で重要なのは、大学をどのように評価しているのかではなく、高校に対する評価が子供の社会経済的背景によって異なるという事実である。不利な社会経済的背景にとって大卒が「遠い」というよりも、有利な社会経済的背景にとって高卒が「遠い」ということが、教育達成の社会経済的差を説明する上で重要となってくる。不利な層も有利な層と同様に、時代とともに全体としては進学意欲を高め、その結果大学への進学率が上昇してきたという事実とも、この解釈は整合的である。

それでは、有利な社会経済的背景にとって高卒が「遠い」のはなぜか。そこには、これまで維持されてきた家族の地位が、子供の世代になって下降するのを避けたいという、子供自身や家族（親）の意識が反映されているのだろう。親の職業的地位が高い子供にとっては、高校卒は下降移動の可能性を高める。親の学歴が高い子供にとっては、学歴の下降移動に結びつく（吉川 2006）。そして、収入が高い家庭の子供にとっては、高校卒は親の世代の経済水準を維持できない可能性を高める。彼らにとって大学進学という選択は、決して何かをやりたいという自己実現的なものだけに支えられているのではなく、消極的な、しかし親の世代の地位の維持のための必要条件という点では重要な動機に支えられている可能性が、本章の分析からは示唆される。一方で、不利な社会経済的背景にとっては、大学は何かをやりたいという明確な目標（しかもそれは親が大学進学したことがなければ十分にイメージしにくいかもしれない）がなければ、無理していく必要のない選択肢と捉えられる傾向がある。

教育の機会均等を考える上では、経済的支援が政策的な課題として上がってくる。これはもちろん間違いではない。

しかし、それまでの子供や家族の生活や選択が、そしてまた将来の職業に対する意識の社会経済的背景によって生まれる偏りが、教育選択の差となって現れてくることを忘れてはならない。

2　教育、家族、危機

現代日本社会は格差社会とも言われる。古くから社会階層研究は、社会的な格差や不平等の問題に対して取り組み、その存在を記述してきたが、2000年代になって、このような格差・不平等が一般的な社会問題として頻繁に取り上げられるようになり、また社会的な格差や不平等が以前と比べて高まっていることが（実際にどうであるかはともかく）強調される。自然災害によって生じる危機や経済的な危機だけではなく、社会にある格差・不平等もわれわれの生活に関わる危機として意識される。そして人々は格差という言葉に敏感な意識をもった社会で生活する（数土編 2015）。

有利な社会経済的背景の子供や親が、高校卒だけは家族や個人の存立基盤やアイデンティティとしての社会的位置＝地位を維持する上で不十分だと考えている以上、大学進学のインセンティブは高くなる。大学進学は、個人の地位を高めたり、自己実現のための手段ではなく、出身の地位を維持するのに必要となる防御的支出（defensive expenditure）（Thurow 1972）となる。大学進学は、有利な社会経済的背景の子供や親にとって、下降移動を回避するための、有効な戦略である。そして、それが結果として、教育達成の社会経済的な不平等として現れてくる。

このような考察から、教育機会の不平等を縮小するための政策的インプリケーションの一つを示したい。Erikson（1996）で議論されているように、教育機会の不平等の減少を経験したスウェーデンでは、その時期に収入の不平等は縮小しており、また積極的な労働市場政策や労働組合の強い働きかけによって、階級間の経済的安定性の差異が縮まったといわれている。そして失業率も低下しており、労働者階級の不安定さが解消された。このような経済的・社会的安定性の階級間格差の縮小や、全体的な底上げのもとでのライフチャンスの流動化は、教育に関する経済的負担だけではなく、便益についての社会経済的背景による差異の減少に結びつき、教育達成の社会経済的格差を縮小させる方向に働いたといえる。

日本においても、大卒者だけではなく、高卒者の条件を改善することによって雇用機会や収入における高卒者と大卒者の差異を小さくし、それを通じて特に社会的に有利な層からみた高校卒に対する忌避感を減少させることは、教育機会の不平等の縮小につながると考えられる。生徒が大学進学したいと思うのであれば、それに対する経済的支援も必要だろうが、(特に特定の層に対して)「どうしても大学に行かなければならない」といった圧力を生み出すような社会的状況や意識形成過程を、まず見直さなければならない。

もちろん、いくら全体的な社会・経済的状況が改善されたとしても、将来への不安があり不確実な状況のもとでは、(特に社会経済的に高い地位の)人々はより高い教育にたよるだろう。日本における高い教育熱は、かつては教育を利用した社会経済的地位達成という動機に支えられてきたかもしれないが、今日あるいは今後は、生活の危機に対する防衛的な側面がより強い可能性がある。このような教育機会の不平等の生成メカニズムの事例をもとに示唆されるのは、家族を中心とした危機への個別の対応は、今ある社会的な差異や分断的状況を広げうるということであり、さらなる別の危機へとつながるかもしれないということである。こういった例には、他にも住居選択や学校(区)選択、配偶者選択、移民や外国人に対する意識(6)など枚挙にいとまがない。もちろん災害に関する個別の危機対応も、こうした視点から注意深く検討しなければならない。そのような中で、家族の重要性が強調されればされるほど、家族や生活の連続性もまた強調されることになる。家族、親子、地域、友人、あるいは現在の生活など、何かをつなぎとめ、引き止める力(絆・しがらみ)が、社会経済的な地位＝位置によって異なった方向へと働く可能性、そしてそれが社会的な流動性を損なう形で現れてくる可能性に、われわれはもっと関心を向けるべきである。

〈付記〉本研究はＪＳＰＳ科研費ＪＰ１５Ｈ０５３９７、ＪＰ１６Ｋ１３５４５の助成を受けたものである。パネル調査データの使用にあたっては東大社研パネル運営委員会の許可を受けた。

注

（１）実際には不安定な雇用が減っていたり、教育に対する負担が減っていたとしても、個人が社会をそのように想定する以上、真実であろうがなかろうが、それは個人の意思決定に影響を与えるだろう。

（２）同様の説明は、職業だけではなく、学歴（吉川 ２００６）や収入についても適用可能だろう。つまり、親の収入が高いことは、子供が高い学歴を得るための資源となるだけではなく、親と同程度かそれ以上の収入を得るためには、できるだけ高い学歴を得る必要があることを意味するのである。

（３）ドイツについてはStocké（2007）の研究などを参照。

（４）大学進学希望者と非希望者に分けた集計を行っても、親の学歴が高いほうが大学に進学することで得られる便益を高く考える傾向が見られた。

（５）表にある数字からは直接計算することはできない。

（６）女性について家族や世帯に関するライフイベントが移民受け入れへの態度形成と関連していることが石田論文（上巻第13章）で示されている。

参考文献

Breen, Richard and John H. Goldthorpe（1997）, "Explaining Educational Differentials: Towards a Formal Rational Action Theory," *Rationality and Society*, Vol. 9(3), pp. 275-305.

Breen, Richard, Kristian Bernt Karlson, and Anders Holm (2013), "Total, Direct, and Indirect Effects in Logit and Probit Models," *Sociological Methods & Research*, Vol. 42(2), pp. 164-191.

Erikson, Robert (1996), "Explaining Change in Educational Inequality, Economic Security and School Reforms," in: Robert Erikson and Jan O. Jonsson (eds.), *Can Education Be Equalized?: The Swedish Case In Comparative Perspective*, Boulder, Colo.: Westview Press, pp. 95-112.

Ishida, Hiroshi (2018), "Long-Term Trends in Intergenerational Class Mobility in Japan," in: Takashi Yoshida (ed.), 2015 SSM Research Report 3: Social Mobility and Health, pp. 41-64. http://www.l.u-tokyo.ac.jp/2015SSM-PJ/report3.html

Stocké, Volker (2007), "Explaining Educational Decision and Effects of Families' Social Class Position: An Empirical Test of the Breen-Goldthorpe Model of Educational Attainment," *European Sociological Review*, Vol. 23(4), pp. 505-519.

Thurow, Lester C. (1972), "Education and Economic Inequality," *Public Interest*, No. 28 (Summer 1972), pp. 66-81.

荒牧草平（２０１６）『学歴の階層差はなぜ生まれるか』勁草書房。

石田賢示（２０１９）「移民受け入れへの態度をめぐるジレンマ――個人のライフコースに着目して」東大社研・玄田有史・飯田高編『危機対応の社会科学（上）――想定外を超えて』東京大学出版会、第13章。

石田浩（１９９９）「学歴取得と学歴効用の国際比較」『日本労働研究雑誌』第４７２号（１９９９年10月号）、46－58頁。

尾嶋史章（２００２）「社会階層と進路形成の変容――90年代の変化を考える」『教育社会学研究』第70巻、１２５－１４２頁。

片瀬一男（２００５）『夢の行方――高校生の教育・職業アスピレーションの変容』東北大学出版会。

吉川徹（２００６）『学歴と格差・不平等――成熟する日本型学歴社会』東京大学出版会。

近藤博之（２００２）「学歴主義と階層流動性」原純輔編『流動化と社会格差』ミネルヴァ書房、59－87頁。

近藤博之・古田和久（２００９）「教育達成の社会経済的格差――趨勢とメカニズムの分析」『社会学評論』第59巻第４号、６８２－６９８頁。

数土直紀編（２０１５）『社会意識からみた日本――階層意識の新次元』有斐閣。

中澤渉・藤原翔編（２０１５）『格差社会の中の高校生――家族・学校・進路選択』勁草書房。

藤原翔（２０１６）「中学生と母親パネル調査の設計と標本特性」東京大学社会科学研究所パネル調査プロジェクトディスカッションペーパーシリーズ、Ｎｏ．95。

藤原翔（２０１８）「親の教育意識の類型と子どもに対する教育期待——潜在クラスモデルによるアプローチ」中村高康・平沢和司・荒牧草平・中澤渉編『教育と社会階層——ＥＳＳＭ全国調査からみた学歴・学校・格差』東京大学出版会、１４９-１６７頁。

古田和久（２０１１）「教育機会の階層差に関する理論的説明の検討」『大阪大学大学院人間科学研究科紀要』第37巻、１９３-２１３頁。

第13章　移民受け入れへの態度をめぐるジレンマ
——個人のライフコースに着目して

石田賢示

【個別・集団】

〈本章への視座〉

①現在の日本は、新興かつ後発的な移民社会への移行期にある。石田論文では、未知の存在である移民を受け入れる人々の態度形成を、ライフコースの観点から考察する。そこではライフイベントの経験を通じた移民への態度の動的変化に焦点が当てられる。

②個人を追跡したパネルデータを用いた分析からは、結婚し、義務教育中の子どもを持ち、持ち家での暮らしを始めることが、女性では移民受け入れへの否定的態度の強化につながっていた。背景として女性に対する世帯内での強い役割期待が示唆される。

③一方、就労に関連するライフイベントの発生は、男女ともに移民への態度形成とは無関係だった。ただそれには日本人との競合を回避してきた現行制度の影響が考えられ、移民の可視性と競合性の高まりによっては、受け入れ態度が今後変化する可能性もある。

一　はじめに

1　新興移民社会・日本

日本が移民社会であるというと、違和感を持つ人が多いかもしれない。用いる統計によって違いはあるが、現在の日本社会全体では2％弱の外国籍者が生活している(1)。ここで外国籍者数を参照するのは、移民という概念に直接関連する唯一の公的統計の指標だからである。移民の数量的把握には血統主義と出生地主義の二つがあって、前者は日本のように国籍によって移民を把握し、後者は外国生まれであるか否かが基準となる。例えば、日本と同じように血統主義をとるスウェーデンでは、2016年の外国籍者の割合は約8％である(2)。数値自体はさまざまに解釈でき、日本国内でも外国籍者の割合に地域間分散が存在するが、日本が他の国・社会と比べて依然として移民の割合が小さい社会であることは確かであろう。

社会科学には移民を研究対象とする一分野がある。研究者たちも日本における移民人口の割合が相対的に小さいことを知っており、「後発移民社会」や「ネガティブ・ケース」と表現されることがある（Bartram 2000; Hollifield, Martin, and Orrenius 2014）。日本社会においても、実態として移民受け入れを表すようなことであっても、政府は移民という言葉を使わずに政策について議論をおこなってきた。しかしながら、以下で述べるように実際の移民の数が増えてきたことや、今後も移民労働者の数が増えると想定されることを鑑みれば、日本社会で生活するすべての人々にとって移民問題は他人事ではなくなりつつある。

実際、日本が新興移民国家であると位置づける論者は存在する（Hollifield and Sharpe 2017）。新興移民国家とは、過去において移民のインパクトはほとんどなかったが、それが徐々に顕在化しつつある過渡的な状況に置かれている国を指す。時系列的には、日本の外国籍人口は１９９０年初頭より急激に増加した。これは主として１９９０年の「出入国管理及び難民認定法」(入管法)の改正により、在留資格の再編を通じて日系外国籍者(主にブラジルやペルー国籍者)が自由に就労できる形で日本に移住してきたためである。また、技能実習制度の拡充などを通じ、中国や東南アジアなどからの移住者も増加した。国勢調査の結果を用いれば、１９９０年から２０１５年の四半世紀の間に、移民の人口は2倍以上に増加したといえる。また、あるシミュレーションの結果では、２０６５年までに外国をルーツに持つ者は日本全体の人口の10％超を占めるという試算もある(是川 ２０１８)。[3]

このような急激な外国籍人口の拡大の背景には、人手不足の生じる産業・職業における労働需要が存在する。日本人労働者だけでは埋められない労働力の需給ギャップは、とりわけ中・小規模、あるいは人口が減少している地方の企業において深刻であり、事業継続の危機を招来する。いわゆる「人手不足倒産」はこの数年間で上昇傾向にあり、[4]その危機対応の一方策として外国人受け入れが提案されてきた。１９９０年入管法改正は、日本経済の好況による人手不足が経緯の一つであり(上林 ２０１５、12頁)、２０１９年4月施行の改正入管法には、[5]さらに日本社会全体の人口減という不可避の社会変動への対応という問題意識がある。約30年間にわたって、日本社会における移民受け入れをめぐる議論の基本的な構図は変わっていないのである。

では、移民受け入れを人手不足という危機への対応として考えればそれで済むのかといえば、問題はそれほど単純ではない。移民は労働者としてだけではなく、当然ながら生活者としての一面を持つ。生活圏を共有する隣人としての移民と日本人が、どのように向き合ってゆけるかについての議論・考察をおざなりにしてしまうと、排外主義やそれに由来する犯罪・暴力を経験している現在の欧米社会と同じ轍を踏むことになりかねない。ある社会的問題への対応は、別の危機の発生とも潜在的に関わっている可能性があり、移民受け入れの問題はその一事例となると思われる。

2　本章の目的

そこで本章では、現在日本で生活する人々がどのようにして移民に対する態度を形成してゆくのかを明らかにする。移民への態度形成とその変化は、人口構成という面での生活環境変化に対する、人々による何らかの反応であると考えられる。先述の排外主義とまで言わなくとも、居住地域における同質性の想定が揺らぐことは、人々の身近な生活にとっての危機であるかもしれない。そのように考えれば、移民への態度は人口構成変動に対する意識面での個々人の対応を反映しているともいえる。その対応の背景に何が関連しているのかを明らかにすることは、日本社会が移民を受け入れる上で何に注意しなければならないのかを知る上で役に立つ。

移民への態度を取り扱う日本の研究は既に存在するが、本章の特徴の一つは、ライフコースという観点を分析に取り込むことである。ライフコースとは、個々人の生活状況を特徴づける社会的な地位や役割の移行過程を意味する（Elder 1985）。そのなかで、人々はさまざまな出来事（ライフイベント）を経験するが、それらが移民への態度の変化とどのように関連しあっているのかを分析する。

ライフイベントに着目するのは、その経験の有無について人々のあいだで差異（場合によっては不平等）が生じ始めているからである。１９９０年代半ば以降、日本社会は長期にわたる不況を経験し、人口の少子高齢化の影響も一層現実味を帯びるようになってきた。こうした社会変動のなかで、正規雇用のように安定した仕事を得て、結婚をし、子どもを産み、持ち家に住むといった、それ以前の世代では多くが順調に経験していたはずのライフイベントを経験しない若年・壮年者も増えてきた（石田　２０１７）。部分的には生活様式への志向性の変化を反映しているとも考えられるが、これらのライフイベント経験をめぐっては、社会経済的地位に沿った格差があることも知られている。また、上記のような理念型としてのライフコースを前提に、さまざまな社会制度や社会的・経済的生活が成り立っている。特定のライフイベントを経験しないことは、社会的・経済的に不利な立場にあると同時に、諸制度の恩恵を被れない可能性にもつながる。これらの不利は人々を不安や怒りに駆り立て、社会的な統合への失望を招く可能性があることも指摘されている（Thoits 1989, Jakoby 2016）。また、ネガティブな感情が自分自身にとっての外集団に対する敵対的、抑圧的反応につながりやすいという研究報告もある（Kim 2016）。

加えて、日本のようにまだ移民の人口規模が相対的に小さく、移民政策についても十分に議論の深まっていない社会においては、欧米における伝統的な移民研究の枠組みをそのままあてはめるだけでは十分な説明にはならないという問題意識もある。移民への態度に関する研究枠組みは、これまで伝統的な移民社会の文脈を前提に構築され、実証研究で応用されてきたといってよい。伝統的な移民社会とはすなわち、移民の人口規模のシェアがそれなりに大きく、移民の社会統合のための諸制度もある程度整備されているような社会である。そのような社会を対象とする研究では、移民の存在が自分たちの雇用機会や生活環境を脅かすのではないかという認識を通じて、移民への否定的な態度を形成するという集合脅威仮説や、移民との日常的、具体的な接触を通じてより肯定的な態度を持つに至るという接触仮説などが検証されてきた（Quillian 1995, McLaren 2003）。

これらの命題には一般性がある一方、日本の置かれている状況は異なる。歴史的な経緯によって特別永住者として戦後の日本社会で生活してきた韓国・朝鮮籍の人々は、オールドカマー移民とも呼ばれるが、彼らへの処遇に関する議論は何らかの総合的な移民政策に結実することなく今日に至っている。また、地域的な分散があるとはいえ、日本社会全体に占める割合という点で、移民はまだマイノリティである。これらの点から、日本は移民社会として新興であり、移民の意味づけられ方も伝統的な移民社会とは異なるといえる。国際的な研究の蓄積を踏まえつつも、日本社会におけるローカルな文脈も考慮しながら分析の枠組みを考える必要がある。

新興の移民社会の視点から移民への態度を分析した研究はあまりない。日本でも主に社会学者の手による実証研究は存在するが、集合脅威仮説や接触仮説のような典型的な研究枠組みの応用が中心的である（Nukaga 2006, 大槻 2007、永吉 2008）。欧米におけるこれらの枠組みが持つ暗黙の仮定は、移民の数が既に無視できない程度に存在し、日常生活のなかで現地の人々の目に入ることがありふれているというものである。現地の人々と雇用機会をめぐって競合しうる程度の多さで移民が存在し、移民との日常的な接触可能性が十分にあるからこそ、移民の人口規模の大小や接触頻度の多寡の間で態度を比較することに実質的な意味が生じる。

一方、日本のような新興の移民社会において、多くの人々はいまだ移民と直接の接触を持たずに生活している状態にある。たとえば、先に参照した法務省の在留外国人統計によれば、2017年末の時点で46％の移民が6％の地域に集住している。伝統的な移民社会の視点のみでは、移民と接しない人々が移民への態度をどのように形成するのかを具体的に説明することは難しい。そのため、移民によってもたらされると想定される脅威や接触機会だけではなく、受け入れ社会にいる人々の側の状況変化という観点からも、移民への態度形成が分析されるべきだといえよう。筆者がライフコースに着目するのはこのためである。

移民の流入は世界的に拡大しつづけており（OECD 2018）、現在移民人口の規模が小さな国であっても移民社会になってゆく可能性が高い。日本を対象として受け入れ側の視点に立った分析から得られる知見は、今後の新興移民社会に対する示唆にもつながるものと思われる。

二　移民受け入れの態度を分析するための視点

1　ライフコースの視点

ここでは、本章で依拠するライフコースの視点について述べておきたい。ライフコースとは、時系列に沿って個人に生じるさまざまな出来事や、それらを通じて獲得、維持され、時には失われることがある社会的な地位、役割の軌跡、配列を意味する。ライフコースの観点を持つ研究者は、個人の生活経験の軌跡の差異にとりわけ注目し、地位の変化に伴い何が生じるのか、ライフコースのパターンの違いによって生活状況がどのように異なるのかを説明しようとする（Elder 1985, George 1993）。関連分野では心理学でもライフコースに着目するアプローチはあるが、年齢に即した心理的発達段階への関心がより大きい点では、社会学的なアプローチとは異なるといえるだろう。

社会的な環境が、個人の主観的な状態や行動に対していかなる影響を及ぼすのかについては、社会心理学や、そのアプローチを共有する社会学的研究において検討が積み重ねられてきた。移民への態度に関心を持つ多くの研究者も同様のアプローチをとっており、彼らは通常「移民に反対するのは誰か」という問いに取り組んでいる（Mayda 2006）。多くの場合、ある時点で実施された調査データにもとづく個人間での比較が中心であり、社会的環境と態度の関連についての時系列的側面にはそれほど関心が置かれてこなかったといえる（George 1996, p. 253）。

時系列的側面に注目すべきか否かは問題設定の如何によるが、ライフコースの観点は移民への態度形成のさらなる理解に寄与できると考えられる。先に述べた集合脅威仮説や接触仮説は、いずれも移民と受け入れ社会側の人々との制度的、心理的な関係のあり方が重要である点を共有しており、集団間の関係の重要性については、少なくとも１９５０年代後半には既に議論されている（Blumer 1958）[(6)]。たとえば集合脅威仮説の枠組みでは、自分と同じような社会経済的地位の移民が大量に流入することで、さまざまな機会をめぐる競争相手が増えるため、そのような移民の存在を望ましく思わないという説明がなされる。特に欧米では、移民や難民のマニュアルワーカーの増大により、同様の職業階層、社会階級に属する現地の人々が、移民に対して否定的態度を示すという仮説などが検証されている。これを検証するためには、確かに特定の一時点の調査データを用いて個人間での比較を行えば事足りるように見える。しかし、上記のような仮説が正しいならば、受け入れ社会側のある個人の社会経済的地位が変化し、移民と競合しない状況が生じる場合、移民への態度も変化する可能性がある。先述の集団間関係が固定的である必然性はなく、個人のライフコースを通じて移民との競争関係が変化し、それが移民への態度に影響を及ぼすのかについては、一時点の調査データによる個人間の比較では直接検証のできない新たな論点である。欧米でも移民への態度形成の動的側面に着眼する研究が蓄積されつつあるため（Lancee and Pardos-Prado 2013）、さまざまな文脈をもつ社会の間で知見を重ねてゆくことが求められているといえるだろう。

社会経済的な有利さ、不利さにもとづく集団間関係のとらえ方だけでなく、社会的な地位、役割の移行も個人の置かれる社会的状況や関心を構成し、集団間関係に影響すると考えられる。それは、社会的な賞罰（サンクション）が、地位に対して期待される役割遂行の程度に応じてなされるためである[7]。つまり、何らかのライフイベントの発生によって個人がある地位につき、それに対して期待される役割が与えられたとき、役割遂行の可能性をできるだけ大きく確かなものにすることが合理的となる。逆に、役割遂行を不確実にするような状況、要因はできるだけ避けることが望ましい。日本社会における移民への態度形成という研究対象に即してみると、移民は競争相手になりうると同時に、多くの人々にとっては未知の存在である。移民自体が自身の社会的、経済的機会を奪うということがないとしても、よく分からない人々を受け入れることによって、自身の役割遂行の可能性が損なわれると想定される場合、やはり移民の受け入れに対して消極的な態度を示すことになるだろう。たとえば、結婚や出産というライフイベントを通じて、人々は夫・妻、あるいは親といった地位を得て、配偶者や子どもに対する責任を果たす役割を持つことになる。あるいは、持ち家を所有することによって、地域社会の構成員としての役割を期待されることにもなる。これらの役割遂行のためには、居住環境に対してより敏感にならざるをえず、自分にとって未知の存在としての移民に対して否定的な反応が生じると考えられるのである。この点を実証的に検証するためには、配偶者や子、持ち家の有無を個人間で比較するだけでは不十分であり、同じ個人のなかで結婚、出産、持ち家の取得が生じたときに移民への態度がどのようになるのかに光を当てなければならない。

以上をまとめると、ライフコースの視点を導入することで、移民受け入れ態度の動的な側面を明らかにでき、ライフイベントを通じて変化する家族や地域社会への依存、埋め込みの度合いの重要性も、役割遂行の可能性という点から意味づけてゆくことができる。すなわち、ライフコース・アプローチでは、受け入れ社会の人々による生活経験の経緯と、外集団への態度との関連を問うことになる。移民への態度に関するライフコースの視点が弱いことや、現在の日本が新興移民社会であり、直ちに移民が日本人と競合するという状況が想定しにくいことをふまえると、日本人の側のライフコース状況に着目する余地が十分に残されているといえよう。

2　家族・労働市場に関するイベントの発生と意識変化への着目

移民の受け入れへの態度を分析する際、個人の社会経済的状況に焦点をあてることは、多くの研究者が採用することである。先述の通り、集合脅威仮説の立場からは、社会的、経済的に不利な個人は機会のはく奪を移民の流入に帰するという想定を置くためである。それだけでなく、社会的、経済的位置はある個人の社会的、経済的関心や役割も表象する。特に世帯の状況は、人々が日常生活で何に重きを置くかと関連している。ここでは、家族、世帯、労働市場におけるイベントと移民への態度の関連について、これまでの研究でどのようなことが明らかにされてきたのかを簡単にまとめる。

世帯内、家族内での個人の地位は、他の世帯、家族構成員に対する責任と結びついており、各々はその役割期待に沿って社会的態度を形成するように動機づけられる。性別役割意識はその典型例であり、男女ともに親になると性別役割分業についてより伝統的な価値観をもつようになるという研究などがある（Perales, Jarallah, and Baxter 2018）。日本では、未成年の子どもを持つ男性が、固定的な性別役割分業意識を持つという指摘がある（佐々木 2012）。他方、パネル調査データを用いた分析では、子ども数自体が影響を及ぼさないという知見も報告されている（Yu and Kuo 2018）。性別役割意識については、データや方法によって知見にばらつきがみられるものの、親になることが態度・意識形成と関連しうるという想定は共通する。関連するところでは、有配偶者も伝統的な社会的価値観を持ちやすいという知見もある（Banducci *et al.* 2016）。家族内の地位に関するライフイベントの発生と社会的な利害関心の変化の関連を検証するには、パネルデータを用いた分析の蓄積が役に立つといえるだろう。

結婚や親になることと同じく、持ち家で暮らすことは世帯に関する重要なイベントである。個人にとって不動産は高額な資産であり、その価値は不動産のある地域の生活水準に依存する。エスニシティの構成は、住環境のなかでも主要な要素であり、実証研究では移民人口の増大に伴い住宅価値が減少するという知見が報告されている（Saiz and Wachter 2011, Accetturo *et al.* 2014）。居住地移動という点からは、マイノリティ人口規模の大きな地域から白人が出てゆきやすいという、ホワイト・フライト仮説なども検証されている（Crowder and South 2008）。

世帯状況の変化と移民受け入れへの態度の変化に焦点を当てた先行研究は非常に少ない。しかし、ここで参照した先行研究の知見からは、結婚、親になること、持ち家を持つことは移民受け入れに対して否定的な態度を導くと予想される。移民の流入によって近隣の人々の多様性が増し、住環境も変化することで、人々のあいだでのコミュニケーションにはより大きな負荷がかかることになろう。受け入れ社会側の人々にとっては、同質的な人々と暮らすほうが不確実性も少なく調和的であり（Guest, Kubrin, and Cover 2008）、家族や世帯のなかでの地位に由来する社会的な役割によって、人々が居住地域の国籍・民族的異質性に対しても敏感になると考えられる。

一方、社会経済的地位と移民受け入れへの態度については、先行研究でも数多く検証されてきた。集合的脅威仮説がしばしば参照され（Quillian 1995）、社会経済的地位の低いグループでは人々が移民を競合的にとらえ、自身の利益を害する存在としてみなすという想定がある。この自己利益の観点からは、労働市場における機会を守るために移民を拒否することが合理的となる。

仕事に就けるか否かは、労働市場におけるもっとも基本的な機会である。受け入れ社会の側のある集団と移民が労働市場において競合するならば、その集団に属する個人は失業のリスクを移民に帰責すると考えられる。先行研究でも、失業者が移民に対して否定的な態度を示すということが明らかにされている（Kunovich 2002, Lancee and Pardos-Prado 2013）。

そして、仕事を持っている人々のあいだでも、移民流入に対する賛否が分かれていると考えられている。社会階層の観点からは、社会経済的に不利な階層に属する人々は、経済不況に直面したときに立ち直ることが容易ではない。マニュアル層はその一例であり、欧米の先行研究では、マニュアルワークに従事する人々は移民の流入に対して否定的な意見を持ちやすいという知見が得られている（Quillian 1995, Kunovich 2002）。日本の文脈に即していえば、現在のところ移民がマニュアルワーカーとして雇用されることには制約が存在する。しかし、技能実習制度により移民は認められた範囲の職種のマニュアルワークに従事することができ、中国や東南アジアを中心に技能実習生の数は増大している。また、ブラジルのような南米からの移民は、定住者の在留資格で日本に移住することができ、その場合日本での就労制限は存在しない。マニュアル層における移民の相対的なインパクトは徐々に大きくなっており、日本人のマニュアルワーカーは移民に対して否定的な立場をとると予想することもできる。日本の先行研究でも、マニュアル層の人々は移民に対して否定的な態度を示しやすいという結果が報告されている（濱田　２００８）。

これらの先行研究の知見は、日本における移民への態度形成の理解を深めるうえで示唆的である。一方、これまでに何度か触れてきたが、対象となる社会を問わず、受け入れへの態度の動的な側面を検証した研究は、一部の例外を除きほとんどないといってよい（Lancee and Pardos-Prado 2013, Lancee and Sarrasin 2015）。ほとんどの先行研究はクロスセクションデータに依拠しているが、その場合、観察されない個人間の異質性を統制することは難しい。調査データの分析では、実際に測定されていない情報は直接コントロールすることが困難であるが、同一個人を追跡するパネル調査を用いれば、時間を通じて変化しないとみなせる要因については、固定効果モデルなどの統計技法を用いてコントロールすることができる(8)。観察されない個人間の異質性は、しばしば注目する説明変数と被説明変数のあいだに見せかけの関連を生み出すため、パネル調査による検証はより精確な結果を得るために役立つ。

技法の問題に加えて、動態的な観点は、移民への態度に関する実質的な議論においても重要である。前節で述べた通り、今日の日本は新興移民社会となっている。移民、および日本人を取り巻く社会的、政策的環境は１９９０年初頭より変化しており、移民と日本人の関係はマクロな要因だけでなく、ライフコース状況といったミクロレベルの要因によっても変化しつつあると考えられる。しかし、これまでの研究では、ライフコースへの着目がそれほどなされてこなかった。そのため、本章の分析では、ライフコースというもう一つのアプローチの可能性を探ることで、研究上のギャップを埋め合わせることも志向している。

三　分析に用いるデータと方法

以上の問題関心にもとづき、本章では「働き方とライフスタイルの変化に関する全国調査」（通称「東大社研パネル調査」）のデータを用いる。東大社研パネル調査は２００６年末に20～40歳であった男女を対象に、２００７年から毎年追跡調査を実施している。その後２０１１年には、24歳から44歳の男女が新たに対象者に加わっている。本章では、男女のサンプルそれぞれについて分析をおこなう。調査の概要等については石田（２０１７）に詳しい。

本章で用いる被説明変数は、移民の受け入れへの態度である。東大社研パネル調査では、この項目は「日本に定住

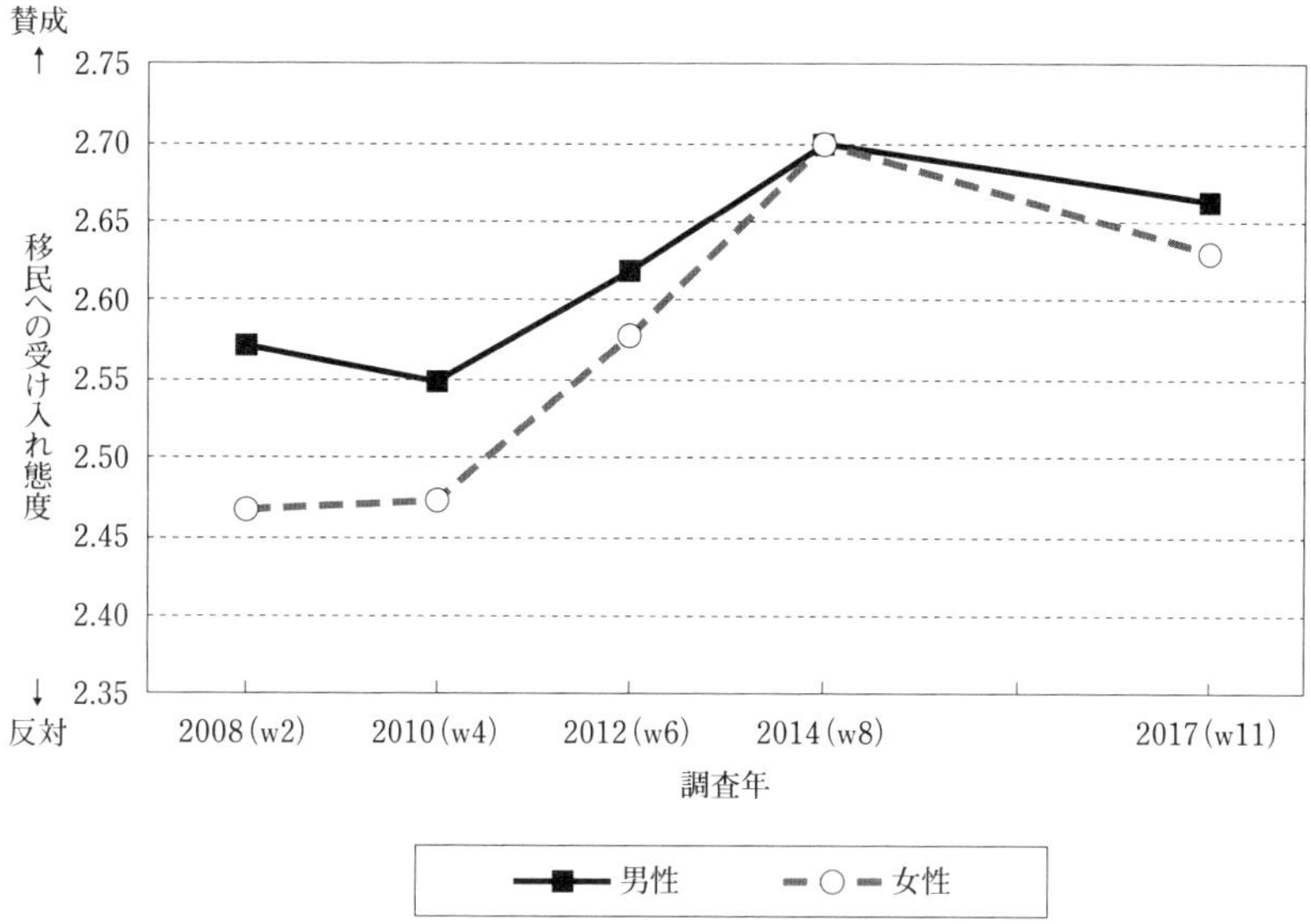

図 13－1　移民の受け入れ態度の調査年ごとの推移

出所）東大社研パネル調査データより筆者作成.

しようと思って日本に来る外国人は、もっと増えたほうがよい」という質問で測定されている。「そう思う」の1から「そう思わない」の5までの、5件尺度となっており、本章では回答選択肢の値を逆転させ、値が大きいほど移民の受け入れに対して肯定的であることを示す変数として用いる。図13－1は、従属変数の時系列的推移を男女別に示したグラフである。いずれの時点でも平均値は3（どちらともいえない）を下回っており、全体的にはやや否定的な態度であるが、2008年から2014年までのあいだには否定の度合いが緩和する傾向である。

本章では、二種類の説明変数に特に注目する。一つは社会経済的な地位であり、以降の分析では三つの変数を用いる。従業上の地位は個人の雇用機会の指標として用いており、非正規雇用の仕事になることは移民に対して反対することにつながると想定される。また、職業的地位の変数も使用し、専門・技術・管理的職業、事務・販売的職業、マニュアル的職業のあいだでの比較をおこなう[9]。これらに加えて、個人年収の変数も分析に含める。

もう一種類の主要な説明変数は、家族や世帯に関連するものである。本章では、配偶状態、単身世帯か否か、子どもの有無と持ち家か否かを分析で用いる。幼少期の子育てについて、親に対してより大きな責任が期待されると想定し、子どもがいる場合には15歳未満か否かも区別している。持ち家（分譲マンションを含む）については名義・持ち分については考慮せず、そこで暮らしているかどうかのみ区別する。

このほか、時間に伴い変化する他の説明変数も分析に含める。日本社会、および自身の仕事や生活に対する希望、主観的地位、政治的関心、他者への信頼、そして日本、アメリカ合衆国、中国に対する感情を分析モデルに含める。これらに加え、調査年、居住地域の人口規模、および居住都道府県も分析に含める。表13－1は、分析に用いる独立変数の要約統計量である。

なお本章では、固定効果モデルにより移民の受け入れへの態度を分析する。固定効果モデル自体の説明については、筒井・水落・保田編（２０１６）などを参照されたい。固定効果モデルを用いることによって、パネル調査の期間中における観察されない個人間の異質性を統制したうえで、時間に伴い変化する独立変数の効果を推定することができる。またこのモデルでは、説明・被説明変数の個人内平均を差し引いて回帰分析がおこなわれることから、ある個人のなかで生じる説明変数と被説明変数の値の変化の関連を検証することになる。一例を挙げれば、配偶状況が未婚から既婚に変化することと、移民受け入れへの態度の増減の対応関係を調べるということを意味する。したがって、固定効果モデルは、移民への態度の動的な側面を検証するという本章の目的にかなったものであるともいえる。

四　パネルデータ分析の結果

表13－2は、前節で説明した変数を用いた固定効果モデルの推定結果である。推定は男女別におこない、家族、労

表 13－1　説明変数の要約統計量

	男性サンプル		女性サンプル	
	平均・比率	標準偏差	平均比率	標準偏差
従業上の地位（基準：正規雇用）				
経営者・役員／自営業・自由業	0.113	0.317	0.057	0.232
非正規雇用	0.094	0.292	0.350	0.477
その他雇用形態	0.002	0.048	0.003	0.056
無業	0.034	0.181	0.218	0.413
学生	0.024	0.154	0.015	0.120
職業的地位（基準：事務・販売）				
専門・技術	0.253	0.434	0.207	0.405
マニュアル（サービス・運輸・通信・保安・現場職・農業）	0.398	0.489	0.189	0.391
個人年収（基準：250～300 万円）				
収入なし	0.023	0.150	0.173	0.378
150 万円未満	0.072	0.259	0.333	0.471
150～250 万円	0.100	0.300	0.174	0.379
350～450 万円	0.187	0.390	0.089	0.285
450～600 万円	0.210	0.407	0.059	0.237
600～850 万円	0.152	0.359	0.017	0.129
850 万円以上	0.062	0.241	0.004	0.060
不明	0.011	0.104	0.013	0.114
配偶状況（基準：既婚（事実婚を含む））				
未婚	0.396	0.489	0.301	0.459
死別	0.001	0.027	0.004	0.066
離別	0.025	0.155	0.043	0.202
末子年齢（基準：15 歳未満）				
子どもなし	0.519	0.500	0.414	0.493
15 歳以上	0.045	0.206	0.088	0.283
単身世帯（該当する場合 1，そうでない場合 0）	0.123	0.328	0.075	0.263
持ち家（該当する場合 1，そうでない場合 0）	0.661	0.473	0.691	0.462
一般的他者信頼（基準：場合による）				
はい	0.270	0.444	0.258	0.438
いいえ	0.092	0.289	0.072	0.259
日本社会への希望（値が高いほど希望あり）	2.588	1.062	2.593	0.947
自分の仕事や生活への希望（値が高いほど希望あり）	3.281	0.901	3.292	0.850
将来の暮らし向きの見込み（値が高いほど豊かになるという見込み）	3.235	1.094	3.074	1.000
主観的な地位（値が高いほど地位が高いという認識）	5.192	1.664	5.017	1.519
政治的関心（値が高いほど強い）	2.861	0.890	2.415	0.835
日本への感情（値が高いほど好感）	55.287	24.960	57.405	21.938
アメリカ合衆国への感情（値が高いほど好感）	50.507	18.951	49.803	17.546
中国への感情（値が高いほど好感）	26.823	21.248	27.086	19.952
調査年（基準：2008 年）				
2010 年	0.172	0.377	0.173	0.378
2012 年	0.211	0.408	0.216	0.411
2014 年	0.204	0.403	0.214	0.410
2017 年	0.176	0.381	0.190	0.392
居住地域（基準：20 万人以上の市）				
16 大市	0.369	0.483	0.319	0.466
その他の市	0.325	0.468	0.347	0.476
町村	0.074	0.263	0.079	0.270
観察数	6,823		8,005	
個人数	2,172		2,465	

注）居住都道府県の記述統計は省略．

出所）東大社研パネル調査データより筆者作成．

働市場に関連するライフイベントのみを説明変数として含めたモデル1－1（男性）、2－1（女性）と、時間に伴い変化する他の態度変数を含めたモデル1－2（男性）、2－2（女性）の、四つの結果について検討する。なお、居住地域の人口規模、居住都道府県に関するダミー変数はすべてのモデルに含まれているが、本章の分析関心からは離れているので議論を割愛する。

モデル1－1（男性サンプル）では、ライフイベントに関する変数についてはほとんど有意なものがみられない。個人年収について「収入なし」ダミーの係数が5％水準でプラスに有意であるが、他のダミー変数がいずれも有意ではない。そのため、個人年収の減少が移民受け入れに肯定的になるという判断には慎重でなければならないだろう。

モデル2－1（女性サンプル）では、男性とは異なる結果が得られている。モデル1－1と同様に従業上の地位、職業的地位に関するダミー変数は、いずれも統計的に有意ではない。個人年収についても同じく有意な係数がなく、社会経済的地位の変化が移民受け入れへの態度変化と対応しているとは判断できない。一方、世帯や家族の状況に関する変数については、統計的に有意な係数が得られている。配偶状況については、「未婚」ダミーが統計的に有意なプラスの係数を示している。「既婚」と比べたときの「未婚」における被説明変数の値が0・135だけ高いが、定義上既婚から未婚に変化することはありえないため、未婚から既婚への変化の影響として解釈すべきである。すなわち、配偶者を持つようになることで、移民受け入れに対する態度が否定的になるという結果として判断できる。末子年齢については、「15歳以上」ダミー変数がプラスに有意な係数となっている。比較基準が「15歳未満」であるため、義務教育段階までの子がいる場合、移民流入に反対することを意味している。「子どもなし」ダミーが統計的に有意ではないため、子どもの有無そのものではなく、生まれた子どもの年齢段階が重要であるといえるだろう。また、持ち家ダミー変数は負に有意な係数となっており、持ち家で暮らすようになると移民に対しネガティブになるといえる。

以上の結果は、ライフイベントを通じて社会的な役割を得ることで住環境に対して敏感となり、異質な存在に対して

表 13－2　移民受け入れへの態度に関する固定効果モデルの推定結果

	男性サンプル		女性サンプル	
	モデル 1-1	モデル 1-2	モデル 2-1	モデル 2-2
従業上の地位（基準：正規雇用）				
経営者・役員／自営業・自由業	0.059	0.070	－0.009	－0.011
非正規雇用	－0.104	－0.109	－0.005	－0.011
その他雇用形態	0.386	0.418	0.204	0.152
無業	－0.044	－0.042	0.014	0.014
学生	－0.142	－0.199	0.164	0.120
職業的地位（基準：事務・販売）				
専門・技術	－0.008	－0.010	－0.040	－0.027
マニュアル	－0.035	－0.035	－0.007	－0.003
個人年収（基準：250～300 万円）				
収入なし	0.278*	0.259	－0.063	－0.071
150 万円未満	0.113	0.117	－0.014	－0.018
150～250 万円	0.056	0.051	0.008	0.008
350～450 万円	－0.061	－0.072	0.017	0.010
450～600 万円	－0.070	－0.084	0.109	0.084
600～850 万円	－0.074	－0.097	0.151	0.137
850 万円以上	－0.147	－0.176	－0.065	－0.121
不明	0.045	0.072	－0.194	－0.215*
配偶状況（基準：既婚（事実婚を含む））				
未婚	－0.045	－0.042	0.135*	0.136*
死別	0.298	0.417	0.272	0.252
離別	－0.106	－0.051	－0.029	－0.013
末子年齢（基準：15 歳未満）				
子どもなし	0.016	0.031	0.076	0.071
15 歳以上	0.008	0.000	0.119*	0.110*
単身世帯	0.063	0.054	－0.016	－0.037
持ち家	－0.046	－0.042	－0.107**	－0.093**
一般的他者信頼（基準：場合による）				
はい		0.071*		0.030
いいえ		－0.042		0.015
日本社会への希望		0.120***		0.179***
自分の仕事や生活への希望		0.023		0.028
将来の暮らし向きの見込み		0.026		0.011
主観的な地位		0.013		－0.006
政治的関心		0.001		0.006
日本への感情		－0.001		－0.001
アメリカ合衆国への感情		0.002		0.001
中国への感情		0.003***		0.003***
調査年（基準：2008 年）				
2010 年	－0.030	－0.039	－0.006	－0.009
2012 年	0.029	0.062	0.108***	0.132***
2014 年	0.116**	0.109**	0.229***	0.198***
2017 年	0.103*	0.095*	0.191***	0.182***
観察数	6,823	6,823	8,005	8,005
個人数	2,172	2,172	2,465	2,465

注）居住地域人口規模，居住都道府県のダミー変数，切片の推定結果は省略．$^{*}p<0.05$, $^{**}p<0.01$, $^{***}p<0.001$（両側検定）．

出所）東大社研パネル調査データより筆者作成．

より防衛的になるという第二節の議論に沿ったものであるといえるだろう。

モデル2-1（男性）は、ライフイベント関連の変数に、調査時の他の態度の変数を追加したものである。モデル1-1で用いたライフイベント関連の変数は、いずれも統計的に有意ではなく、個人年収の「収入なし」ダミーも有意ではない。社会的態度に関する変数のなかでは、見知らぬ他者を信頼できる（「はい」ダミー）ことが5％水準で統計的にプラスに有意であるほか、日本社会への希望と中国への感情が、プラスに有意な係数を示している。どちらかといえば自己利益と関連すると想定される自分の仕事・生活への希望や将来の暮らし向きの見込みではなく、より上位の単位である社会のレベルにおける見通しにもとづき移民受け入れに対して判断を下している点は興味深い。また、入管法改正後に特に増加しているのが中国国籍者であることを踏まえると、中国への感情変化との関連は不自然な結果ではない。また、日本に対する感情は関連しておらず、個人内の変化という点では、ナショナリスティックな価値観と移民受け入れへの態度は独立な関係にあるといえるだろう(10)。

同様の変数からなるモデル2-2（女性）の結果をみると、モデル2-1で有意であった配偶状況、末子年齢、持ち家のダミー変数の係数はほとんど変化せず、かつ統計的に有意である。他の時間依存の要因とは独立にこれらのライフイベントが移民への態度形成と関連しており、より頑健な結果が得られたといえるだろう。社会的態度の説明変数については、一般的信頼については有意な係数が得られなかったが、日本社会への希望と中国への感情に関するプラスに有意な係数については、男性と同様の結果である。

最後に、男女ともに調査年のダミー変数が近年になるほど、プラスに有意な係数を示していた。この結果を個人の加齢、時代変化のいずれの影響として解釈すべきかについては、この分析からは断言できない。本章の分析結果をふまえれば、ライフコースの進行にともない発生する出来事は、移民受け入れに否定的な作用を及ぼすことから、近年の人手不足言説などを背景として移民受け入れを許容する考えが徐々に高まったのだと考えることも可能かもしれない。この点については、さらなる検証が必要である。

五　おわりに——日本社会が移民と共生してゆくために

以上の分析から、ライフイベントのうち、家族、世帯に関するものが女性についてのみ、移民受け入れへの態度形成と関連している結果が得られた。具体的には、女性が結婚をし、義務教育段階までの比較的小さな子どもを持ち、そして持ち家での暮らしを始めることが、移民受け入れに対して否定的な態度を持つことにつながる傾向が実証的に示された。一方、男性については、労働市場での経験も含めてライフイベントとの関連がみられなかった。これらの知見は、先行研究ではほとんど指摘されなかった点である。

家族、世帯に関するライフイベントの影響が女性でのみ見出されたことについては、女性のほうが家族、世帯内でより能動的な役割遂行を期待されていることが背景にあるのかもしれない。性別役割分業意識が依然強いと指摘される日本社会においては（Yu and Kuo 2018）、夫は妻に家庭にまつわる諸事を任せがちである可能性がある。結婚、出産、持ち家の保有は、居住地域社会との関わりをより強めることに繋がりうるイベントであるが、女性が妻として、あるいは母親として地域社会に関与してゆく役割を担いやすいことから、住環境に対して敏感になるのであろうと思われる。社会的に望ましいとされるライフイベントを経験すると、移民受け入れに対してネガティブになるというジレンマ状況がみられるのである。

他方、男女ともに労働市場に関するライフイベントの発生は、移民への態度形成とは関連していなかった。ただし、この結果をもって、新興移民社会としての日本では、移民労働力の受け入れが日本人労働者からの反発を招かないと結論するのは早計である。労働市場経験が移民への態度形成に直結しないのは、現在のところ移民が、日本の労働市場において日本人と競合しない制度的背景が存在するからだと考えられる。労働力不足が日本人では満たせない業種、職種である限りにおいて、移民労働力は大きな異論なく受け入れられるのかもしれない。しかし見方を変えれば、日本人との接触、あるいは競合が生じにくい場合に受け入れが限定される可能性を意味している。仮に移民の流入が、日本人の目に見えない形で進むことを前提に受け入れが肯定されるのだとすれば、今後移民労働力を受け入れる分野を拡大し、長期の滞在を認めるような政策を推進した場合、日本人労働者との競合・葛藤が生じるリスクは大きくなる。以上の点は、移民受け入れに関する潜在的なジレンマ状況だと言えるかもしれない。

移民受け入れに対するこのような潜在的危機を抱えている可能性があるなかで、鍵となるのは女性の理解である。性別役割分業構造のなかに少なからず埋め込まれていること自体は別途議論すべき問題であるが、現在の日本社会において女性は、家庭と近隣社会をつなぐ媒介者となっている。本章の分析結果がそのような側面を反映している可能性があることは先述の通りである。本章のデータでは検証できないことであるが、家族内でのコミュニケーションを通じて否定的な態度が伝播すれば、地域レベルで移民に対する忌避意識が生まれてしまう可能性もある。

日本社会が求めている存在であるにも関わらず、移民受け入れが中長期的に葛藤・対立を生み出すことは歓迎しがたい皮肉である。そのような状態を招かないためにも、地域社会に意識が向いている人々が安心できる受け入れ体制の議論と実践が求められる。身近なところでは、地域社会での決まりごとなどについて、移民、日本人双方への十分な情報提供と意思疎通の仕組みを考案し、地域社会で共有・実践することから始めなければならないだろう(11)。その際に、地域と家庭の媒介者となっている女性の役割は大きく、身近な生活圏における移民の受け入れへの理解と準備が進むことで、ポジティブな情報が伝播するかもしれない。無論、ワーク・ライフ・バランスの進展を通じて、男性が果たすべき役割も大きくなってゆくだろう。

安心できる移民受け入れ体制という意味では、本章の分析で男女共通にみられた日本社会への希望との関連にも言及しておきたい。本章で用いた東大社研パネル調査データでは、２００８年から２０１２年にかけて日本社会に対する希望は微減傾向にあったが、２０１４年にかけて上昇している。その詳細な背景については改めて検討が必要だが、「よりよい社会の姿」を人々が求め、それについて考えることが一因かもしれない。「よりよい社会の姿」とは曖昧で、人々のあいだで容易に合意できるものではない。しかし、合意が難しいからこそ人々はあるべき社会や、それを実現するために何が必要であるかを前向きに考え、議論しあうことができるともいえる。日本社会に希望を持つことがそのような前向きな態度の表れだとすれば、移民への肯定的態度（データに即していえば、否定的態度からの漸次的変化）は、人々が未来の日本社会に対する想像をめぐらし、未知の存在や事態を理解しようとする結果として生じているのかもしれない。[12] そのように考えると、より多くの人々が「社会がもっとこうなったらよいのでは」と考えるきっかけを得られるよう、社会科学には様々な知見、アイディアを提供してゆく役割がまだあるといえるだろう。

〈付記〉本研究は、日本学術振興会（ＪＳＰＳ）科学研究費補助金・特別推進研究（２５０００００１、１８Ｈ０５２０４）、基盤研究（Ｓ）（１８１０３００３、２２２２３００５）の助成を受けたものである。東京大学社会科学研究所（東大社研）パネル調査の実施にあたっては、社会科学研究所研究資金、株式会社アウトソーシングからの奨学寄付金を受けた。パネル調査データの使用にあたっては東大社研パネル運営委員会の許可を受けた。なお、本章は Ishida（2018）の内容に加筆・修正を加えたものである。

注

（１）２０１５年の国勢調査（総務省）の結果では、外国籍者数は約１７７万人である。他には在留外国人統計（法務省）がある。国勢調査との比較のために2015年12月末時点の情報をみると、約223万人である。前者が回答者の申告にもとづく全数調査統計であるのに対し、後者は在留カードの発行数にもとづく届出の統計である。いずれが正しいというよりは、把握の仕方に違いがあることに留意すべきである。本章では、外国籍者のことを移民と表現し、以降の分析・議論を進めてゆくこととする。

(2) OECD Statistics より筆者算出。ちなみに、スウェーデンにおける出生地にもとづく移民の割合は約17%である。

(3) 発展途上国への技能移転を目的として1993年に設立された制度である。特定の職種に従事する外国人を受け入れ、合計3年間の研修・就労をおこなう。この「研修」が労働ではないという解釈にもとづく、研修生に対するきわめて不当な処遇が問題とされてきた。旧来の外国人技能実習制度の実態や問題点については、上林(2015)に詳細な論考がある。

(4) 「人手不足倒産が最多/昨年求人難と人件費高騰で」(『日本経済新聞』2019年1月6日朝刊)や、東京商工リサーチによる『全国企業倒産状況』を参照(http://www.tsr-net.co.jp/news/status/)。

(5) これまで単純労働として外国人の受け入れを認めてこなかった業種・職種について「特定技能1号・2号」を創設する制度である。受け入れ数については2018年11月14日の衆議院法務委員会理事懇談会にて5年間で34万人とする試算が示され、同年12月25日の閣議決定で「外国人受入れの上限として運用する」とされた(「特定技能の在留資格に係る制度の運用に関する基本方針について」)。

(6) 労働市場や社会制度上での対等さや、より感情的な側面などを意味している。

(7) たとえば、周囲の人々からの承認、称賛や、それらを通じた各種便益の獲得といったポジティブなものもあれば、その逆に相当するネガティブなものもあるだろう。

(8) たとえば、筒井・水落・保田編(2016)は、パネルデータ分析の考え方について丁寧な解説をしており、実際の分析例としての研究論文も所収されている。パネルデータ分析について関心を持った読者には、一読をお勧めしたい。

(9) 従業上の地位が無業の場合、職業的地位の情報は得られない。そこで本章では、無業者の職業的地位を事務・販売と同じカテゴリに含め、無業であることの効果は従業上の地位の変数で捕捉できるように操作化をおこなっている。

(10) なお、本章のもとになった Ishida (2018) では、個人間の差異という面からも分析を試みており、そこでは日本への好意的感情が強い人ほど移民受け入れに反対するという結果が得られている。政治的なイデオロギーと移民受け入れの関係については先行研究でも指摘されているが(Cohrs and Stelzl 2010)、Ishida (2018) の分析結果は、イデオロギーの問題はライフコースを通じた変化に伴う側面というよりは、時間を通じて安定的な個人間の違いとして理解すべきであるという可能性を示唆している。

(11) このような懸念は外国籍者の集住地域では既に生じていることでもあり、多くの人々にとって他人事ではなくなるのは時間の問題である。我々が移民に関する先進地域・自治体から学ぶべきことは既に存在する（『読売新聞』２０１８年12月８日三重県版朝刊「入管法改正／住民と共生どうなる／外国人多い四日市、鈴鹿」）。

（12）このような筆者の解釈は、かつて東大社研の全所的プロジェクトであった「希望の社会科学」の成果である『希望学』全４巻（東大社研・玄田有史・宇野重規・中村尚史編、東京大学出版会、２００９年）での問題意識や議論にも触発されている。

参考文献

Accetturo, Antonio, Francesco Manaresi, Sauro Mocetti, and Elisabetta Olivieri（2014）, “Don’t Stand so Close to Me: The Urban Impact of Immigration,” *Regional Science and Urban Economics*, Vol. 45(1), pp. 45–56.

Banducci, Susan, Laurel Elder, Steven Greene, and Daniel Stevens（2016）, “Parenthood and the Polarisation of Political Attitudes in Europe,” *European Journal of Political Research*, Vol. 55 (4), pp. 745–766.

Bartram, David（2000）, “Japan and Labor Migration: Theoretical and Methodological Implications of Negative Cases,” *International Migration Review*, Vol. 34(1), pp. 5–32.

Blumer, Herbert（1958）, “Race Prejudice as a Sense of Group Position,” *Pacific Sociological Review*, Vol. 1(1), pp. 3–7.

Cohrs, J. Christopher and Monika Stelzl（2010）, “How Ideological Attitudes Predict Host Society Members’ Attitudes toward Immigrants: Exploring Cross-National Differences,” *Journal of Social Issues*, Vol. 66(4), pp. 673–694.

Crowder, Kyle and Scott J. South（2008）, “Spatial Dynamics of White Flight: The Effects of Local and Extralocal Racial Conditions on Neighborhood Out-Migration,” *American Sociological Review*, Vol. 73(5), pp. 792–812.

Elder, Glen H., Jr.（1985）, “Perspectives on the Life Course,” in: Glen H. Elder, Jr.（ed）, *Life Course Dynamics: Trajectories and Transitions, 1968–1980*, Ithaca: Cornell University Press, pp. 23–49.

George, Linda K.（1993）, “Sociological Perspectives on Life Transitions,” *Annual Review of Sociology*, Vol. 19, pp. 353–373.

George, Linda K.（1996）, “Missing Links: The Case for a Social Psychology of the Life Course,” *Gerontologist*, Vol. 36(2), pp. 248–

255.
Guest, Avery M., Charis E. Kubrin, and Jane K. Cover (2008), "Heterogeneity and Harmony: Neighbouring Relationships among Whites in Ethnically Diverse Neighbourhoods in Seattle," *Urban Studies*, Vol. 45(3), pp. 501–526.

Hollifield, James F. and Michael Orlando Sharpe (2017), "Japan as an 'Emerging Migration State'," *International Relations of the Asia-Pacific*, Vol. 17(3), pp. 371–400.

Hollifield, James F., Philip L. Martin, and Pia M. Orrenius (2014), "The Dilemmas of Immigration Control," in: James F. Hollifield, Philip L. Martin, and Pia M. Orrenius (eds.), *Controlling Immigration: A Global Perspective*, 3rd ed, Stanford: Stanford University Press, pp. 3–34.

Ishida, Kenji (2018), "Life Course Events and Attitudes toward Immigrant Inflow in Japan: An Analysis of the Japanese Life Course Panel Survey Data," Institute of Social Sciences, University of Tokyo, Japanese Life Course Panel Surveys, Discussion Paper Series, No. 109. https://csrda.iss.u-tokyo.ac.jp/panel/dp/PanelDP_109Ishida.pdf

Jakoby, Nina (2016), "Socioeconomic Status Differences in Negative Emotions," *Sociological Research Online*, Vol. 21(2), pp. 1–10.

Kim, Jaeshin (2016), "The Effects of Collective Anger and Fear on Policy Support in Response to Terrorist Attacks," *Journal of Social Psychology*, Vol. 156(5), pp. 455–468.

Kunovich, Robert M. (2002), "Social Structural Sources of Anti-Immigrant Prejudice in Europe: The Impact of Social Class and Stratification Position," *International Journal of Sociology*, Vol. 32(1), pp. 39–57.

Lancee, Bram and Sergi Pardos-Prado (2013), "Group Conflict Theory in a Longitudinal Perspective: Analyzing the Dynamic Side of Ethnic Competition," *International Migration Review*, Vol. 47(1), pp. 106–131.

Lancee, Bram and Oriane Sarrasin (2015), "Educated Preferences or Selection Effects? A Longitudinal Analysis of the Impact of Educational Attainment on Attitudes Towards Immigrants," *European Sociological Review*, Vol. 31(4), pp. 490–501.

Mayda, Anna Maria (2006), "Who Is against Immigration? A Cross-Country Investigation of Individual Attitudes toward Immigrants," *Review of Economics and Statistics*, Vol. 88(3), pp. 510–530.

McLaren, Lauren M. (2003), "Anti-Immigrant Prejudice in Europe: Contact, Threat Perception, and Preferences for the Exclusion of Migrants," *Social Forces*, Vol. 81(3), pp. 909-936.

Nukaga, Misako (2006), "Xenophobia and the Effects of Education: Determinants of Japanese Attitudes toward Acceptance of Foreigners," *JGSS Research Series*, No. 2, pp. 191-202.

OECD (2018), *International Migration Outlook 2018*, Paris: OECD.

Perales, Francisco, Yara Jarallah, and Janeen Baxter (2018), "Men's and Women's Gender-Role Attitudes across the Transition to Parenthood: Accounting for Child's Gender," *Social Forces*, Vol. 97(1), pp. 251-276.

Quillian, Lincoln (1995), "Prejudice as a Response to Perceived Group Threat: Population Composition and Anti-Immigrant and Racial Prejudice in Europe," *American Sociological Review*, Vol. 60(4), pp. 586-611.

Rustenbach, Elisa (2010), "Sources of Negative Attitudes toward Immigrants in Europe: A Multi-Level Analysis," *International Migration Review*, Vol. 44(1), pp. 53-77.

Saiz, Albert and Susan Wachter (2011), "Immigration and the Neighborhood," *American Economic Journal: Economic Policy*, Vol. 3(2), pp. 169-188.

Thoits, Peggy A. (1989), "The Sociology of Emotions," *Annual Review of Sociology*, Vol. 15, pp. 317-342.

Yu, Wei-hsin and Janet Chen-Lan Kuo (2018), "Does Parenthood Foster Traditionalism? Childrearing and Alterations in Gender and Family Attitudes in Japan," *Social Forces*, Vol. 97(1), pp. 221-250.

石田浩（２０１７）「ライフコースから考える若者の格差――研究の意義と調査研究の特色」石田浩編『教育とキャリア』勁草書房、３－34頁。

大槻茂実（２００７）「外国人の増加に対する日本人の見解――ＪＧＳＳ－２００３データを用いて」『社会学論考』第28号、１－25頁。

上林千恵子（２０１５）『外国人労働者受け入れと日本社会――技能実習制度の展開とジレンマ』東京大学出版会。

是川夕（２０１８）「日本における国際人口移動転換とその中長期的展望――日本特殊論を超えて」『移民政策研究』第10巻、

13-28頁。

佐々木尚之（2012）「JGSS累積データ2000-2010にみる日本人の性別役割分業意識の趨勢——Age-Period-Cohort Analysisの適用」『日本版総合的社会調査共同研究拠点研究論文集』第12号、69-80頁。

筒井淳也・水落正明・保田時男編（2016）『パネルデータの調査と分析・入門』ナカニシヤ出版。

永吉希久子（2008）「排外意識に対する接触と脅威認知の効果——JGSS-2003の分析から」『日本版General Social Surveys研究論文集』第7巻、259-270頁。

濱田国佑（2008）「外国人住民に対する日本人住民意識の変遷とその規定要因」『社会学評論』第59巻第1号、216-231頁。

あとがき

2016年にこの全所的プロジェクトが始まって以来、どんな範囲の危機をプロジェクトで取り上げるべきなのかということを、一介のメンバーにすぎなかった私も一丁前に気にしてきた。

初めのうちは、研究期間は4年もあるのだから狭い意味での「危機」に限定してしまうのはもったいない、能う限り広い範囲の「危機」を扱いたい、と軽く考えていた。ところが、プロジェクトが進展していくにつれて、私自身はそんなに危機対応のことばかり考えていたわけではないのにもかかわらず、目に入るあらゆるものが「危機」に関係しているように見えてきてしまった。

危機が生じる可能性があるのは人間にとって大事なものが失われそうになる場面であり、そうした場面ではどこでも危機は現れてくる。逆に言えば、物事（自分自身を含む）がどうでもよいことにしか見えない限りは危機に遭いようがない。だから、危機がまったくなければそれが幸せなのかと言うと、たぶんそうではない。たしかに危機は望ましくはなく、できれば避けたいものだろう。だが、危機の意識は、どうでもよくない大事なものがあることを示すバロメーターでもある。

「どうでもよいこと」と「どうでもよくないこと」の分け方はもちろん人によってまちまちで、正解があるわけではない。この分け方は、部分的には、その人が身の周りの世界をどう理解・把握しているかによって変わってくるであろう。どんな「危機」でも、その切実さの程度は社会認識のしかたと密接に関わっている。

さて、本巻は四つのパートから構成されており、それぞれ「危機と世界」、「危機と政策」、「危機と組織」、「危機と選択」という表題が付されている。概ねマクロレベルからミクロレベルへ、あるいは大きい単位における危機から小さい単位における危機へと配列されていると言ってよい。

このように「危機」がさまざまなレベルにあるということは、人間にとって大事なものも複数のレベルに重なって存在することを意味する。重層的に存在しつつ、ときに相互に抵触する「大事なもの」をどうやって確保し、そして新たな「大事なもの」をいかにして生み出していくか。このような対応の問題を考えるための材料は、どんなところにも転がっている。

上巻に収められている諸論稿から、読者の方々はたくさんのメッセージを引き出すことができたのではないかと思う。多くの危機対応に共通する重要事項もある。たとえば、多様性や柔軟性を保つこと、熟慮の過程を端折らないこと、そして想定に囚われすぎないこと、などなど。何が主要なメッセージであるかはおそらく読者の方の関心によって違うだろうが、そこはまったく問題ない。今はただ、未来の「大事なもの」を見据えながら、「危機」を考えるための時間を読者の皆さんと共有できればそれでよい。引き続き下巻でもお付き合いできるとすれば、私たちの喜びも一入である。

2019年10月

飯田　高

編者・執筆者紹介

［編　者］

東大社研（とうだいしゃけん）

東京大学社会科学研究所の略称．研究所は，①日本の現実だけでなく諸外国の実情をも正確に把握し比較すること，②社会科学分野における学際的総合研究を行うこと，③理論と実際との結合を考え，学問研究を国民生活の基底まで浸透させること，を目的として，1946 年に設立された．

玄田 有史（げんだ・ゆうじ） 第 10 章

東京大学社会科学研究所教授．専門は労働経済学．

飯田　高（いいだ・たかし） 総説

東京大学社会科学研究所教授．専門は法社会学，法と経済学．

［執筆者］（掲載順）

宇野 重規（うの・しげき） 第 1 章

東京大学社会科学研究所教授．専門は政治思想史，政治哲学．

ケネス・盛・マッケルウェイン（Kenneth Mori McElwain） 第 2 章

東京大学社会科学研究所教授．専門は政治制度設計．

保城 広至（ほしろ・ひろゆき） 第 3 章

東京大学社会科学研究所教授．専門は国際関係論，現代日本外交．

丸川 知雄（まるかわ・ともお） 第 4 章

東京大学社会科学研究所教授．専門は中国経済，産業経済．

松村 敏弘（まつむら・としひろ） 第 5 章

東京大学社会科学研究所教授．専門は産業組織，公共経済学．

田中　亘（たなか・わたる） 第 6 章

東京大学社会科学研究所教授．専門は商法，会社法．

佐々木 彈（ささき・だん） 第 7 章

東京大学社会科学研究所教授．専門は法と制度の経済学．

中村 尚史（なかむら・なおふみ） 第 8 章

東京大学社会科学研究所教授．専門は日本経済史，経営史．

森本 真世（もりもと・まよ） 第9章
東京大学社会科学研究所講師．専門は日本経済史，炭鉱労働史．

中川 淳司（なかがわ・じゅんじ） 第11章
中央学院大学現代教養学部教授，東京大学名誉教授．専門は国際法，国際経済法．

藤原　翔（ふじはら・しょう） 第12章
東京大学社会科学研究所准教授．専門は社会階層論，計量社会学．

石田 賢示（いしだ・けんじ） 第13章
東京大学社会科学研究所准教授．専門は社会階層論，経済社会学．

索　引

アルファベット

あ　行

か　行

さ　行

た 行

な　行

は　行

ま　行

や　行

ら　行

わ　行

危機対応学
危機対応の社会科学　上
想定外を超えて

2019年11月25日　初　版

［検印廃止］

編　者　東大社研・玄田有史・飯田　高

発行所　一般財団法人　東京大学出版会
代表者　吉見俊哉
153-0041　東京都目黒区駒場4-5-29
電話 03-6407-1069　Fax 03-6407-1991
振替 00160-6-59964

印刷所　大日本法令印刷株式会社
製本所　牧製本印刷株式会社

ISBN 978-4-13-030215-9　Printed in Japan